一部纪事本末体史书

道光平叛

文元 著

中国文史出版社

图书在版编目（CIP）数据

道光平叛 / 文元著 . —北京 : 中国文史出版社，2018.5

ISBN 978-7-5205-0201-6

Ⅰ . ①道… Ⅱ . ①文… Ⅲ . ①中国历史－清代－通俗读物 Ⅳ . ① K249.309

中国版本图书馆 CIP 数据核字 (2018) 第 063182 号

责任编辑： 张春霞

出版发行： 中国文史出版社
网　　址： www.chinawenshi.net
社　　址： 北京市西城区太平桥大街 23 号　邮编：100811
电　　话： 010-66173572　66168268　66192736（发行部）
传　　真： 010-66192703
印　　装： 北京温林源印刷有限公司
经　　销： 全国新华书店
开　　本： 710mm×1000mm　1/16
印　　张： 22
字　　数： 316 千字
版　　次： 2018 年 5 月第 1 版
印　　次： 2018 年 5 月第 1 次印刷
定　　价： 58.80 元

谨以此书

缅怀道光初年

为平定回疆张格尔之乱

而流血牺牲的大清将士们

语录

失寸土者，不得立碑。

——（清）爱新觉罗祖训

（此处所立之碑即指“圣德神功碑”。该碑是皇帝驾崩后，立于陵前，记述他生平功绩的重要建筑。据说清代爱新觉罗家族世代相传这一祖训，凡帝王有失国土之尺地寸土者，不得立此碑。）

朕志先定，默叩天祖，勉竭寸忱，非敢邀功拓土，只以失守旧疆是惧。

——（清）道光帝御制序

（这是道光帝在命令绘制平定回疆、剿擒逆裔四十功臣像于紫光阁时，所作序言中的一句话，表达了他恪守祖业的心志。这是一个封建帝王最起码应有的气魄，治国无此气魄，一定愧对祖宗江山、愧对天下苍生。）

中国之山川形胜，皆起自西北，弃西部即弃中国。

——（清）左宗棠

自序

掌灯时分，潇潇雨歇，这本题为《道光平叛》的书稿算是写成了。我轻轻搁下笔，望着雨后窗外那栖于晚霞落晖中的一脉远山，慨然想见古之豪杰。

故国神游，往事并不如烟；时而清风徐来，又翻乱案头这堆故纸……

话说大清朝道光初年（19 世纪 20 年代），位于天山南路的回疆地区爆发了“张格尔之乱”。叛首张格尔于道光帝即位当年——嘉庆二十五年（1820 年），及道光四年（1824 年）、六年（1826 年）、七年（1827 年），前后四次窜犯回疆作乱，总共闹腾了八年之久。其间，尤以第三次为烈，叛军一度攻占回疆西四城，即喀什噶尔、英吉沙尔、叶尔羌、和阗，进逼东四城之阿克苏、乌什，还建立了所谓的“张格尔苏丹”割据政权。

眼见山河失色，生灵涂炭，道光帝不胜其忿，派令伊犁将军长龄、陕甘总督杨遇春、山东巡抚武隆阿，统领大军平叛。转年发起反攻，收复失地。尽管张格尔屡屡兔脱，但最终仍被清军生擒，槛送京师处死。乱平。

本书记叙的正是道光帝即位八年来，与回疆分裂势力、境外敌对势力，以及朝中那些在大是大非前，苟且、迟疑，甚至试图开历史倒车行为的斗争。

这是一位守成之君的奋斗。清代方略称之为“平定回疆，剿擒逆裔”。这里虽然没有开疆拓土那般雄才大略，但也并不缺少恪守祖业之坚定意志。他要用一次全胜来力挽王朝中衰之势，去捍卫大清领土主权与完整，绝不能把疆土守小，绝不能把主权守丢！

这是一位封建帝王应有之气魄。无此气魄，当愧对祖宗江山！

遥想宣宗当年，春秋鼎盛，指授方略，命将西征平叛，声罪致讨；以数万大军奔赴回疆，转斗千里，连战皆捷；更将剩勇追穷寇，生擒首逆于西陲；由八百里加急红旗报捷，午门受俘；建碑喀尔铁盖山前，宣示天威。

君不见，大风起兮，威加海内；天山如画，一时多少豪杰！

在下感佩之余，朝夕发愤为作；五阅寒暑，终竟裒辑成书。

本书记一事之本末，论从史出。所引史料源自《大清宣宗成皇帝实录》和《钦定平定回疆剿擒逆裔方略》以及重要当事人年谱、列传等原始档案记载，并参考了大量今人著述及研究成果；每章每节意在言之有物，逐字逐句务求言必有据。在主写道光初年平定回疆突起之边乱而外，对嘉道中衰之内忧亦附带略述一二；另，随文配发数十幅历史插图，画面生动形象，大多出自当年宫廷画家以及那些对我天朝上国略知一二的西洋画师之手，皆为写实之作，足以穿越时空，情景再现；至于在写作中运用了些修辞手法，那只是为了展现历史事件和历史人物富于情趣的一面。闲来读之，若曾感发怀古之幽情，不亦快哉？

客观而论，道光皇帝是一位非常本分的守成之君，属于极易在历史长河中被湮没的一时人物，若非鸦片战争落败之辱，人们甚至都不会记住他。既然如此，那么就让我们顺便也记住他在鸦片战争之前所立下的奇功一件吧。须知，平定张格尔之乱，乃大清朝最后一次全胜武功，且行之未远，功在当代，利在千秋。在下埋头故纸著此书，就是不想让鸦片战争的重重硝烟，遮住那面由八百里加急、与落霞齐飞的报捷红旗。

书中插图，笔底修辞，亦复如是。

清明时节
作者谨识

目录

001 / 引子

003 / 第一章 乾隆西师 故土新归

009 / 第二章 智者千虑 终有一失

017 / 第三章 张格尔初露锋芒，第一次入卡作乱
浩罕国久怀觊觎，暗地里助纣为虐

032 / 第四章 边乱牵出“斌静案”

043 / 第五章 张格尔第二次入卡作乱，旋败诈降
巴大臣四百里孤军进剿，妄杀覆没

059 / 第六章 日薄西山红霞飞

074 / 第七章 张格尔第三次入卡作乱，裂土称王
壮直公七十日战守孤城，杀身成仁

097 / 第八章 英夷谍影 现身南疆

105 / 第九章 败军之将 犹可言勇

121/ 第十章 命将出征 指授方略

129 / 第十一章 奋武中衰 进不知退

143/ 第十二章 抠门皇帝大手笔 自掏腰包筹饷银

156 / 第十三章 万里转输 源源接济

160 / 第十四章 浑巴什河之战：激烈攻防，剿贼先声

169 / 第十五章 柯尔坪之战：转守为攻，夺取前进基地

174 / 第十六章 和阗回众缚贼投诚

178 / 第十七章 决策：兵分奇正？抑或并敌一向？

185 / 第十八章 出师：天戈所指，旬日三捷

196 / 第十九章 决胜浑河沿 收复西四城

215 / 第二十章 首逆漏网 主上震怒

220 / 第二十一章 出卡穷追 两路驰捕

246 / 第二十二章 善后未善 严责弃守

258 / 第二十三章 书生忧国 首议新疆设省

266 / 第二十四章 走马换将 密查长龄

278 / 第二十五章 设谋用间 张网以待

290 / 第二十六章 新春伊始 天示奇象

293 / 第二十七章 除夕之日 生擒首逆

299 / 第二十八章 红旗报捷 论功行赏

307 / 第二十九章 午门受俘 宣示天威

325 / 第三十章 得胜还朝 功过评说

340 / 平定回疆 剿擒逆裔 大事记

342 / 主要参考史料

引子

闲叙千古事，沏茶一室香。

话说清嘉庆二十五年（1820年）秋来叶落之时，大清朝正沿着其生老病死的命数轨迹，又进行着一轮新的帝统更迭。

这年七月二十五日，嘉庆帝突然驾崩，皇子绵宁匆忙即位。八月二十七日，绵宁在紫禁城太和殿前举行登基大典，改元“道光”。这便是大家所熟悉的道光皇帝。

就在道光帝登基后的第三天，回疆叛乱报闻京师。驻守回疆乌什的办事大臣巴哈布自万里之外驰奏：本年八月十一日，卡外有安集延、布鲁特滋事扰边，现已派兵三百名，兼程前往喀什噶尔防堵。

当时，道光帝正忙着料理父皇的丧事，无暇多加考虑，仅在这份奏折上朱批“报可”两字，以示照准。

显然，对回疆此番发来的首个烽火信号，道光帝并没有给予应有的重视。

七天后，即九月初七日，驻节回疆喀什噶尔的参赞大臣斌静的紧急奏报也驰递京城，直达御前。由于喀什噶尔紧临边界，一旦外寇入侵，则必首当其冲，所以，斌静的奏报要比巴哈布详细得多。斌静在奏折中说：境外的布鲁特首领苏兰奇勾结萨木萨克之子张格尔，率众三百余人起事叛乱，将驻守卡伦（边防哨所）的官兵杀伤，抢走马匹。

后经喀什噶尔领队大臣色普征额带领官兵追捕，杀死叛贼五十余名，生擒八十余名，其余残存叛贼纷纷逃窜。现已从叶尔羌、乌什两城各调官兵三百名，还准备从伊犁派发官兵二千名。待各路官兵会齐后，共同进剿。

转天，道光帝又接到叶尔羌办事大臣长庆与帮办大臣福勒洪阿的联名奏折，进一步证实了张格尔叛乱的真实性。

看着这些奏报，道光帝满腹疑团：

回疆，自乾隆爷平定“大小和卓之乱”以来，已有六十余年平安无事，怎么突然发生叛乱了呢？

萨木萨克，不是说境外并无此人吗？或者说萨木萨克并无子嗣吗？怎么现在又冒出一个萨木萨克之子张格尔来了？

张格尔，究竟何许人也？

还有，布鲁特首领苏兰奇本是我朝功臣之后，他怎么也反了？

——道光帝所疑惑的，正是我们往下所要讲述的。

不过，为了理出个头绪，我们还得先从道光帝的爷爷乾隆帝发起西师之役与平定“大小和卓之乱”讲起。

第一章

乾隆西师 故土新归

众所周知，乾隆朝武功极盛，风萧萧，扬威绝域。乾隆帝也自我标榜有“十全武功”。尽管后人在评说这些武功时，认为有些付出了高昂的代价却没取得什么战果，有些是以大欺小、恃强凌弱，并不值得炫耀，有些明明是打了败仗，只因事后凭借强大国力挽回些颜面，进而被大加粉饰一番，所谓“十全”多属拼凑、吹嘘之作；但唯独对二征准噶尔、一定回部的西师之役，却众口一词，认为冠以“武功”名副其实，而且具有深远历史意义，诚乃乾隆朝最为华彩壮丽的一章！

想当初，早在公元 17 世纪中叶，大清朝底定中原之时，在我国古称“西域”的西北边疆，有一个强悍的游牧部落也正在迅速兴起。这，便是准噶尔部。它控制着天山南北广大地区，雄心勃勃，欲与天朝试比高，时常侵掠大清西北疆界，即使是息兵罢战之际，也让清廷感同头悬一把利剑，时刻提防着来自西北方向的巨大威胁。

大清朝早就想灭之而后快！然而，历经多次交战，就连像康熙、雍正这样的英武之君，也都感到心有余而力不足。康、雍两朝均与准噶尔发生过大规模激烈战争，尽管其父子二人同仇敌忾、再接再厉，但也未能解决这一心头之患。结果是打打停停，双方互有胜负，被迫形成长期对峙的局面。随着时间的推移，解决准噶尔这一巨大边患的历史重任，便最终落在承继大统的乾隆帝肩上。

二征准噶尔

乾隆初年，准噶尔发生内讧。乾隆帝闻风而动，雄姿英发，奋祖、父之余烈，振长鞭而御宇内，于公元1755年（乾隆二十年）春，力排众议，决定主动出击，发起西师之役。

事后证明，这一决策极其英明，而且时机把握得非常之好！

清军西出嘉峪关，一路势如破竹，直捣伊犁，几乎兵不血刃，便迅速扫灭了那个曾经不可一世的准噶尔部，圆满完成了康雍两朝“未竟之绪”。此乃一征准噶尔。

西师之初，乾隆帝也试图做一只文明可亲的狮子，于是在灭掉准噶尔部后，摆出一副人畜无害的样子，释放善意，就地将投降的准噶尔人分封为四大汗部，恩准他们与外蒙古喀尔喀四大汗部相仿，享有高度自治权利，并寄予殷切希望，幻想着准噶尔人也能像喀尔喀人那样，成为大清朝可以倚重的藩篱。可是，万没承想准噶尔人并不领情，降而复叛，对清军发动恐怖袭击，妄图分裂独立。

直到这时，乾隆帝才发现此前所释放出的善意，简直就是徒劳无功的一厢情愿，折损了不少将士不说，还自取其辱。这令乾隆帝恼羞成怒，下令二征准噶尔。令行之下，清军分路进击，攻势凌厉，很快剿灭叛军，最终平定准噶尔。

一定回部

准噶尔部原先的势力范围包括两大部分：一是天山北路准噶尔盆地，一是天山南路塔里木盆地。清廷把天山北路称为“准部”，把天山南路称为“回部”，即所谓“南回北准”。

清军征服了天山北路的准部，并不等于就控制了故准噶尔部全境。因为天山南路的回部此前虽被准噶尔吞并，但现在准噶尔没了，而回部上层大、小和卓却不愿意再受制于清廷，于是发动叛乱。

回部具体是指位于天山南路、信仰回教（伊斯兰教）的维吾尔族百姓所聚居的地区。回部范围即塔里木盆地的范围，当中是浩瀚的塔克拉玛干大沙漠，在沙漠西端，罗列着喀什噶尔等十几个繁荣的城镇，盆地内百分之九十的维吾尔族百姓都集中在这些城镇之中。

在清代，“回部”亦称作“回疆”，今称“南疆”。需要指出的是，这里是中国历史上最重要的古西域之故地。

往事越千年，遥想当初，公元前 2 世纪，张骞凿通孔道，通使西域；公元前 60 年，汉宣帝在这里设立西域都护府；公元 1 世纪，班超在这里开疆拓土，威震列国。7 世纪时，唐王朝的军队再度进入，把它归并于中国。其后，不仅宋朝时期，西域各地方政权保持着与宋的朝贡属国关系，元朝更是对全国实现了大一统，国脉绵延不绝……

丹霞飞渡，千年易过。

当时间进入 18 世纪中叶，清军挟平定准噶尔之余威，越过天山南下时，所面对的已不是当年古色古香的西域，更不见传说中唐僧西天取经所走过的佛国香界，而是呈现出奇异陌生的回部风光。

原来，一切都早已发生了沧桑巨变。

就在 17 世纪初，在塔里木盆地周围，形成了一个以维吾尔族百姓为主、信奉伊斯兰教的封建部落，这便是清朝所称的“回部”。在回部，有一个自称为“和卓”(圣裔)的教主，其地位跟西藏喇嘛教的达赖相仿，只不过和卓是可以结婚的，所以，教主的宝座父子相传，积日累年，进而形成了一个世袭的和卓家族。

天山北路的准噶尔部曾蛮横地把回部第二十五代和卓阿哈玛特，连同他的两个儿子波罗尼都、霍集占，诱到伊犁，当作人质囚禁起来。波罗尼都是阿哈玛特的大儿子，人称“大和卓”；霍集占是小儿子，人称“小和卓”，二人合称“大、小和卓”。其后不久，阿哈玛特逝世，大、小和卓仍被继续囚禁，受尽屈辱与压迫，直到清军打过来，灭掉了准噶尔部，他二人才得以翻身解放。清廷对大、小和卓颇为优待，让他俩重新执掌回部事务。当然，这一切都缘于乾隆帝原想利用他们的影响，希望他二人翻身不忘大皇帝，现身说法，去招抚当地信教百姓，率部接受朝廷的统治，大清朝就此和平统一回疆。孰料没过多久，大、小和卓非但没有翻身道情，反而公然兴兵作乱，杀害朝廷命官，妄图独据回疆，史称“大小和卓叛乱”。

乾隆帝再一次被这种背叛行为所激怒，还在征准之战接近尾声时，便明确发出“西师不可中止，回部必须诛讨”的战斗号令。正是大、小和卓包藏祸心的投顺与背叛，导致乾隆帝一波三折的怀柔与征讨，天山南路遂于血火交迸中上演了一幕本不该发生的人间悲剧。

清军平定准噶尔后，随即又乘胜越过天山南下，以摧枯拉朽之势，席卷回部，向西一直打到帕米尔高原，大、小和卓兵败被杀。回部一举而定。

“故土新归”之功

二征准噶尔，一定回部，统一天山南北的西师之役历时五年，最终大功告成，“十全武功”有其三。大清朝最终完成了对西北边疆的统一，将准噶尔部面积约 190 万平方公里的领地全部纳入版图。大清版图自此拓展至中亚，深入欧亚大陆腹地，臻于极盛。

乾隆西师取得的巨大胜利，不仅打造了中国历史上极为辽阔的疆域，而且在中亚地区，形成了巨大的向心力。在清朝统一天山南北的过程中，帕米尔以西的诸多汗国、土邦和氏族部落纷纷内附，如浩罕、布鲁特、哈萨克、布哈尔、安集延、巴达克山、爱乌罕（阿富汗）、博洛尔、乾竺特（坎巨提）等先后遣使入贡，表示归顺、臣属于大清。一时间，故友新交，万国来朝。

此番情形正如乾隆帝在叙述“西师成功始末”时所讲到的：“今统计用兵，不越五载。内地初不知有征发之劳，而关门（玉门、阳关）以西万有余里，悉入版图……以亘古不通中国之地，悉为我大清臣仆，稽之往牒，实为未有之盛事。”

关门以西，天山南北，古称“西域”。这片广袤的疆域早自汉宣帝时期就被纳入了汉家版图，使得“自古以来就是中国一部分”的说法成为无可争辩的历史事实，直至乾隆西师之大功告成，可以说，这是从汉朝起，1800 多年以来，中国封建王朝对西域经略的完满收官。

毋庸讳言，乾隆帝追求的是夯实爱新觉罗家族的千秋帝业，但在客观上，也顺应了数千年来中国历史发展的必然趋势，特别是，在西方帝国主义列强即将侵略中国的前夕，乾隆帝能够及时地完成了多民族国家的统一，其功至伟。

当年乾隆帝自己也颇为自得。他晚年曾总结道：我在位五十年以来，总共就干了两件大事：一件是西师，另一件是南巡。其原话是：“予临御五十年，凡举两大事：一曰西师，一曰南巡。”乾隆南巡六下江南是为了笼络内地广大汉族士农工商，自不待言；而由他发起的西师之役，则将康乾盛世推向极盛，迎来了中国封建社会末期之盛世辉煌，而且，正是这一时期的乾隆朝，最终奠定了今日中国之基本疆域版图。

西师告捷之际，乾隆帝取“故土新归”之意，将西域改名为“新疆”。

新疆，自清乾隆二十四年（1759 年）起，就一直处于中国中央政府长期、持续、稳定、有效的管辖之下。尽管清末丧失了西部 40 多万平方公里的土地，但至今仍保有余下的 160 多万平方公里的疆域。主体无恙。

君不见，乾隆御制记功碑，危乎高哉，至今仍屹立于格登山上，守望西陲，饱经岁月沧桑，阅尽人间春色；而且，自立碑时起，古往今来，凡曾游历新疆之迁客骚人，每每登临天山，穷览瀚海，无不发出这般感慨：

不到新疆，不知中国之地大！

最后还要说明的一点是，自康熙年间准噶尔东侵以来，持续七十余年的西北边患，历经康、雍、乾祖孙三代，以乾隆西师告捷而画上圆满句号。此后，终乾隆、嘉庆两朝，直至道光帝即位之初的六十年间，新疆没有发生大的变乱，总体安澜。

一仗打出六十年太平光景。

第二章

智者千虑 终有一失

——和卓后裔萨木萨克漏网在逃，终成隐患

荡平准部、戡定回疆后，乾隆帝深谋远虑，推行“慑之以兵，怀之以德”的方针，在新疆施行军府制，即军政合一、以军统政的行政管理制度。同时，慎选出色能干的满洲亲贵或蒙古重臣出任军政长官。当年，清廷在新疆北路设伊犁将军，统辖全疆军政事务；在新疆南路设喀什噶尔参赞大臣，受伊犁将军节制，管辖回疆军政事务，统领分驻回疆南八城的办事大臣及领队大臣。

所谓“回疆”即“回部”，前文说过，就是指天山南路维吾尔族聚居区。

所谓“回疆南八城”，是指位于天山南路的喀什噶尔、英吉沙尔、叶尔羌、和阗，以及乌什、阿克苏、库车、喀喇沙尔这八座城池。而南八城又以塔里木盆地为参照物，分为“西四城”和“东四城”，即：喀什噶尔、英吉沙尔、叶尔羌、和阗分布在盆地的西缘，合称“西四城”；乌什、阿克苏、库车、喀喇沙尔分布在盆地东缘，合称“东四城”。

对于天山南路的“回部”，乾隆帝本着“因俗施治”原则，“修其教，不易其俗；齐其政，不易其宜”，以“军府制”下的“伯克制”协

力行政，仍沿用回疆旧有的“伯克制”（土官制度），同时参照内地官制，进行了适当的改造。当时，回疆各城镇、村庄仍设伯克，依照当地习俗管理民政事务，一如从前。但这些伯克均由参赞大臣奏请皇帝简放，禁止世袭，确定品级自三品至七品不等，拟定员额及俸禄，实行回避制，并置于驻扎当地的朝廷命官的约束之下。于是，通过这种有限度的“改土归流”，伯克阶层由世袭贵族转变为由清廷任命的地方官吏（少数民族干部）。

在驻防上，天山南路以喀什噶尔参赞大臣为首，回部各城设驻扎大臣，统领八旗与绿营兵丁镇守各城，兼辖周边村镇治安。驻防清军在各城附近修筑了规模略小的城堡要塞，用以驻扎兵马，囤积粮草，同时还供入疆的满、汉官员和内地商民居住，故被称为“满城”或“汉城”，而原有的旧城，则被称为“回城”，仍由伯克（土官）依照旧法管理。

另外，新疆地处西部边陲，幅员辽阔，交通不便，为了及时传递信息，清廷在天山南北主要交通线上普遍设立“军台”（相当于内地驿站）。

总之，军府制度的建立，保证了清朝中央政府对天山南北路的有效控制。日后，清廷慎选边吏，实行轻徭薄赋，同时广辟屯田，治水灌溉，颁行制钱，使当地出现了吏治较为清明、经济恢复和发展、各民族和睦相处、物阜民丰、安乐祥和的大好局面。稳定是福！乾隆年间，满洲正蓝旗人椿园在他所著的《新疆舆图风土考》中记载：“自底定以来，滋养生息，家给人足，迄今最贫苦之小回，亦有牛羊驼马，出有衣，入有食，吉凶皆能成礼，歌舞升平矣。”

终乾隆、嘉庆两朝，全疆形势总体向好，边境安定，西陲巩固，南疆广大回户得以休息，视朝廷命官为“天人”，乃至奉为“救星”。对此，道光帝曾于即位之初发表感言：“我朝平定回疆以来，各部回众咸隶版图，纳赋交粮……回子安居乐业者，垂六十余年。”

须知，这可不是清朝统治者在自我吹嘘。此番繁盛安宁景象，确实只有在大清朝统一治理之下才会出现。在此，我们可以列举当时曾到过新疆的英国人包罗杰的相关论述作为旁证。他说：在清政府统一新疆以前的几个世纪里，南疆的历史“都只是连绵不断的灾祸而已”，那年月，回疆广大维吾尔百姓露宿枯草丛中，啃食干馕果腹，为躲避准噶尔人的搜刮，把仅有的一点点家财深埋于地下……但自18世纪清政府统一新疆之后，该地区便“很快成为中亚最繁荣幸福的地区”。具体而言，他是这样生动地加以描述的：

“喀什噶尔、叶尔羌、阿克苏与和阗城成了一等城市。1800年这个地区的人口达到从没有达到过的数目。喀什噶尔、英吉沙尔、叶尔羌三城的附近地区变成驰名亚洲的花果园，谷物和水果出产丰富，从叶尔羌到天山南麓，旅行者可以一直在无边的果园中行进。各方面所看见的都是富裕和满足，平静的农舍和微笑的居民……”并认为这些都是中国政府治理下的成果（见包罗杰所著的《阿古柏克传》，商务印书馆，1976年版）。

然而，智者千虑，终有一失。乾隆帝在新疆的南疆地区也留下了并未完美解决的“历史遗留问题”。

当年，乾隆帝指挥清军平定大小和卓之乱，大小和卓兵败身亡自不待言。另外，鉴于和卓家族在南疆民间的世袭性影响力，乾隆帝还非常注意对大小和卓诸子的搜寻，以防止他们死灰复燃，成为危害统治秩序的根源。

经过查访，得知大和卓波罗尼都生有多子，小和卓霍集占妻妾虽多却无子嗣。不久，清军便得获大和卓波罗尼都之妻妾和子嗣六人，一并送往京师。他们分别是：珠赉哈（维吾尔人）及其与波罗尼都所生之子阿斯玛；巴特玛（厄鲁特蒙古人）及其与波罗尼都所生之子阿卜都哈里克；额尔克扬（柯尔克孜人）及其与波罗尼都所生之子巴哈敦。其中那个叫阿卜都哈里克的，又译成“阿布都哈里”，表现不错，似乎是“孺子可教”，后来被清廷编入正白旗蒙古。此人我们后面还会提到。

但波罗尼都除此三子而外，尚有一子名为“萨木萨克”，却不知去向。

一年过后，阿克苏办事大臣向乾隆帝奏报，查获“波罗尼都之妾爱什阿哈察所生之子萨木萨克”。乾隆帝指示“送来京师”。但事后查明，这个萨木萨克是假的，仅是同名而已，而真的萨木萨克仍查无结果。

其实，真的萨木萨克已流亡境外，他原名叫“和卓·穆罕默德·伊敏”，生于喀什噶尔，确实是大和卓波罗尼都与其妾爱什阿哈察所生。不过，萨木萨克出生后，波罗尼都就与爱什阿哈察离异，他自小便由乳母一手抚养。当乾隆二十四年（1759 年），大小和卓之乱被清军讨平之时，只有四五岁的萨木萨克，被其乳母携往境外，长期流亡于中亚的巴达克山（今阿富汗境内）、浑都斯（今阿富汗昆都士）、色默尔罕（撒马尔罕）、浩罕（今乌孜别克斯坦）、安集延（今乌孜别克斯坦境内）等地。

这个被生父所弃的萨木萨克，颠沛流离，匿身异域，逃亡浩罕，渐渐长大并确知自己的身世之后，小小的年龄便抱着丧失“祖业”之恨，无时不幻想着求得外力支援，恢复和卓旧业，下决心夺回失去的天堂。为此，他开始在浩罕汗国各城游说，宣称自己是喀什噶尔“和卓政权”的合法继承人，早晚要打回喀什噶尔复辟执政。尽管当时他的这些言行，并未使浩罕人乃至当地维吾尔族侨民产生什么共鸣或同情，而且大多数听者认为他不过是穷得发疯，在胡言乱语而已，但，这却引起了浩罕当局的注意。

书中暗表，尽管和卓后裔仅此一人漏网在逃，但这对清朝来讲，终究是个隐患。斩草未除根，日后难保其不萌蘖滋蔓，理当尽早根除。可是，假萨木萨克事件却使清廷自以为和卓后裔均已找到，便不再继续进行这方面的努力，故而贻误了根除隐患的最好时机，就此埋下了 19 世纪上半叶，发端于浩罕，蜂起于喀什噶尔的一次又一次旨在复辟分裂的叛乱祸根。

直到假萨木萨克事件发生二十多年后，真相才浮出水面，而这时的萨木萨克已长大成人，他藏身浩罕安集延城，作为一个极端的民族分裂主义分子，一直与其父旧属——喀什噶尔白山派的大小头领保持着密切联系，暗通消息，图谋不轨。

乾隆四十五年（1780 年），年已 25 岁的萨木萨克就已开始派人潜入喀什噶尔、英吉沙尔等地探听情报。

乾隆四十九年（1784 年），萨木萨克派人潜回喀什噶尔，暗中联络该家族的世袭信徒。此事被当地官员发现，奏报乾隆帝，引起严重关切。这是自假萨木萨克事件以来，清廷首次发现境外还有一个真萨木萨克，并且得知真萨木萨克此时已年届三十，在浩罕的撒马尔罕城居住，身旁只有十几个亲信门徒，长期求乞度日，“糊口无资，状同乞丐”，故而与境内信徒联系，索要钱物。

清廷随即采取相应措施，涉案者被查获正法。这一事件成为清廷对境外和卓后裔加以防范和打击的开端。

乾隆五十三年（1788 年），萨木萨克流窜到浩罕领地霍占特，清廷闻讯后谕令浩罕方面协助缉拿。此前，清政府已多次对浩罕当局发出严厉警告，提出过引渡萨木萨克的要求，而浩罕当局却置若罔闻。不过，当时浩罕已开始与清朝在边境地区开展频繁的商贸活动。鉴于清朝的国威及其自身的经济利益，浩罕当局曾于 1789 年（乾隆五十四年）和 1793 年（乾隆五十八年）两度拘捕了萨木萨克，但想到他对清朝所能够形成的威胁，以及在必要时可供利用，于是便做做样子之后又两次将他释放。这引起清廷极大不满。

乾隆五十五年（1790 年），距上次发现萨木萨克派人潜入境内联络党羽一案的第六年，喀什噶尔又查获一起当地住民“私通逆裔案”。清军迅速将涉案者抓获，审讯后全行正法。

乾隆五十六年（1791 年），清廷再次敕谕浩罕协助将萨木萨克拿解，未果。

迨嘉庆二年（1797 年），萨木萨克已有亲自出马、窜犯边境之举。这年，萨木萨克带着他的长子迈玛特・玉素普，试图窜犯喀什噶尔，但途中被浩罕兵阻截。当时，乾隆帝虽已禅位于自己的儿子嘉庆帝颙琰，退位称太上皇，但大清朝仍由老皇帝做主，威势不减。浩罕作为大清属国，自然不愿意那个受它庇护的萨木萨克给它招惹是非。不过，浩罕这一行为着实让萨木萨克有些灰心丧气，第二年遣人上书清政府，希望携家返喀，并让其子上京朝觐，一度打算归降。当时，驻喀什噶尔任参赞大臣的长麟向清廷奏报“萨木萨克输诚向化，恳请内投”，称境外萨木萨克因“穷蹙无依”，经他派人前往劝说，现有投诚之意，并打算令其子“先行进京瞻觐”，尔后“再带家口同来”。

对于长麟的这一奏报，太上皇乾隆乐见其成，并抱着很大希望："可期永除余孽，回疆益臻宁谧，实属极好机会。"于是，他令长麟派人"迎出卡伦，将萨木萨克父子俱行送京安插"。此事反映出乾隆帝直至晚年仍极为关注西部边陲的安宁，欲借萨木萨克主动请求内附的机会，彻底解决境外和卓后裔这一心头之患。

乾隆帝明白，和卓家族在南疆地区尤其是在白山派信徒集中的喀什噶尔一带，具有世袭性的社会影响力，而这种影响力可对当地的政治稳定构成极大威胁。

想当初，在清朝征讨准噶尔汗国之前，回部是由准噶尔人统治。在那一悲惨时期，回部广大穆斯林饱受准噶尔的残酷压迫，奸淫掳掠时有发生，他们吃的是干硬的饼子，睡的是枯草，他们将自己仅有的一点值钱的东西都埋在地里藏起来。后来，清朝皇帝派大军前来驱逐了准噶尔人，并释放了大小和卓，但是，当地穆斯林却叛乱了，因为他们只对大小和卓虔诚崇拜，而对于大清皇帝的恩典并不领情。和卓家族已世世代代从精神上控制了白山派信徒，只要和卓家族成员发出号召，其众多信徒势必闻风响应。这正是乾隆时期为何要对和卓家族成员采取严密防范措施，并力求全部拿获归案的原因所在。

遗憾的是，乾隆帝的这一愿望不久又落空了。据说是由于萨木萨克的妻兄"从中播弄"，使他改变了主意，未能成行。贼心不死的萨木萨克最终还是没有走上自动归降这条路。不久，萨木萨克携眷远遁，继续流亡境外，而且下落不明。

萨木萨克这一反复无常、出尔反尔之举使清廷颇为恼火，尤其是，该件事对不久之后亲政的嘉庆帝产生了很大的消极影响，令他对萨木萨克之事厌烦至极。这是后话。

总之，乾隆帝执政期间，包括他做太上皇那三年，清廷一直都在密切关注萨木萨克与境内信徒的相互勾结，一经发现即严惩不贷；同时，对境外萨木萨克的动向始终保持着警觉，还派人设法了解境外和卓后裔动向，多方购觅，以相机消灭之。但萨木萨克有浩罕庇护，终未成擒。

不过，正是由于乾隆帝的高度重视和当地官员的积极防范，萨木萨克在乾隆帝在世时始终未能入境作乱（最多也就是派人入境敛些钱财而已）。即使在日渐衰朽的迟暮之年，乾隆帝从他那双昏花老眼中所发出的警惕目光，仍能震慑着暗处滋生的邪念。这足以说明只要坚持执行对和卓后裔的防范政策，就能有效地防止大规模变乱的发生。

令人遗憾的是，终因耽搁过久，该和卓后裔早已长大成人，难以就范，这一历史遗留问题在乾隆帝有生之年始终未能解决，也算是“智者千虑，终有一失”吧。

而更为遗憾的是，在乾隆之后的嘉庆一朝，清廷便改变了乾隆朝对境外和卓后裔积极防范的政策，甚至可以说是放弃了这一正确的政策。

嘉庆四年（1799 年）正月初三，太上皇乾隆驾崩。当年五月，也就是距太上皇驾崩仅四个月的时候，刚刚亲政的嘉庆帝又接到喀什噶尔参赞大臣长麟关于“萨木萨克逃赴布噶尔地方”的奏报。对此，他的反应竟是对长麟大加指斥。

长麟多方侦察萨木萨克及其子嗣踪迹的做法，显然是在积极执行乾隆时期对和卓后裔的防范政策，这种做法不仅无可厚非，更应该给予肯定与褒奖才是。但，嘉庆帝却斥之为“殊属多事！”而且猜测长麟的动机是为了“邀功”，进而警告说若因此“妄挑边衅”，将被治以“重罪”！

为什么嘉庆帝亲政伊始，便在和卓后裔问题上采取了与乾隆朝大相径庭的方针，非但不再积极进行防范，而且也不准驻地官员再调查此事了呢？

原来，嘉庆帝对于萨木萨克这个和卓后裔，起初是轻视他的存在，认为不值得重视，后来就干脆否认实有其人。在给长麟的谕旨中，嘉庆帝宣称：“萨木萨克，久在边外逃窜之犯，本可置之不问，内投与否于边务何关？朕意中并无此事，亦无萨木萨克其人。”

这段话可以理解为，虽然明知确有其人，但由于认为其存在与否无关紧要，更恐边臣因此轻启边衅，便索性否认萨木萨克其人存在的事实。

境外的和卓后裔与其境内党羽的相互勾结，在乾隆末年已是一个不容忽视的常态化现象。这确实是一种极大的隐患，而作为最高统治者的嘉庆帝，竟然对境外和卓后裔采取这样一种不闻不问的“鸵鸟”政策。这一政策失误，使躲在境外的和卓后裔可以不受限制地与境内党羽信徒相互串通，从而酝酿发动叛乱的各种条件，只不过终嘉庆一朝，和卓子孙或没形成气候，或年龄尚小，这才隐而未发。但到道光帝即位时，情况却发生根本性变化：萨木萨克诸子长大成人、反叛势力已成气候，加之浩罕业已坐大，英国殖民者在中亚逼近中国西部边陲，所以，境外和卓后裔一俟风吹草动，就会入境制造事端，直至形成大规模暴乱，南疆地区终将进入动荡多事之秋。

境外和卓后裔正在蓄势待发，而我天朝“鸵鸟”政策却大行其道。上有所好，下必甚焉。到了后来，这种“鸵鸟”政策竟导致内地还流传着萨木萨克无子的传闻。这种精神胜利法，让大清君臣就此彻底放下心来：不是都说岁月如同一把杀猪刀吗？好了，那就任其自生自灭吧。

大清朝上上下下自欺欺人，而境外从来就无此说！

事实是：萨木萨克不但早有子嗣，而且还有若干个。

当初，萨木萨克在浩罕居住时，一口气生有三子，长子迈玛特·玉素普（亦称迈玛玉素，即玉素甫）、次子札罕格尔（即张格尔）、三子巴布顶。若干年后，长子玉素甫长期在布噶尔（布哈拉）居住，当阿訇传教，给人念经，藉获养赡；次子张格尔在阿富汗喀布尔游学；幼子巴布顶狞猛短命。在他们中间，萨木萨克对张格尔抱的希望最大。因为，当萨木萨克感到大势无望时，只有此儿是他最忠实的支持者。

在本章快要结束之时，让我们再看看萨木萨克的结局吧。

尽管机关算尽，但，他那狂热的复辟野望，终其一生也未能求得一逞。

大约是清嘉庆三年（1798 年）深秋的一天，残阳的回光透过毡包穹顶上的破洞，散落在昏暗污秽、散发着霉味的帐幕内。贫病交加的萨木萨克形似槁木、面如死灰，蜷曲在一张兽皮上，再也折腾不动了。临终前，他不胜悲哀凄惨，将其可悲的遗愿托付给自己的三个儿子：玉素甫、张格尔与巴布顶。还特别把他那个在外散混多年的二儿子张格尔唤到身边，满怀悲切地倾诉道：这个世界混生活的人太多了，但混到死也是一副臭皮囊，你爹我就是这个样儿。但，你愿意也是这样吗？不，你要成就一番恢复和卓统治的大业啊！

是年，萨木萨克病死在中亚古城布哈拉。

第三章

张格尔初露锋芒，第一次入卡作乱
浩罕国久怀觊觎，暗地里助纣为虐

张格尔在其父萨木萨克死后不久，便自立门户。尽管那时他还只是个黄毛小儿，但已开始拿“圣裔”自我标榜，拉大旗作虎皮，欲借此蛊惑南疆地区广大维吾尔民众，特别是那些伊斯兰教白山派信徒，使之甘愿为其效命。

张格尔其人

张格尔乃清代回疆逃亡境外的伊斯兰教白山派和卓（贵族）后裔。他大约生于清乾隆五十五年（1790 年）前后，原名“和卓·亚海亚”，后被白山派信徒尊称为“张格尔和卓”。“张格尔”一词，其准确的音译应为“江罕尕尔”或“札罕格尔”，乃“征服者”之意。这是一个非常张狂的名号，实际上倒也人如其名。

张格尔出自叛逆世家，乃大和卓波罗尼都之孙、萨木萨克之次子。其祖大和卓波罗尼都作为南疆地区回部末代政教合一首领，于乾隆年间

“以叛伏诛”；其父萨木萨克当时因年幼侥幸得脱，流亡于中亚各地，一直妄想复辟，但至死未果。不过，萨木萨克在境外颠沛流离期间，竟连得三子，次子张格尔便是他潜居浩罕时所生。

张格尔自幼居浩罕城，早年曾在英国势力下的阿富汗首府喀布尔游学多年，学成后，便追随其父萨木萨克为谋求复辟而奔走于中亚各地传教。他从小深受萨木萨克反动教唆，每每东望，心事庞杂，暗暗以还乡南疆、恢复祖上“昔日荣光”为人生目标。

如果说，道光帝对他的皇爷爷乾隆帝将西域新疆纳入版图的丰功伟绩，敬佩得如黑龙江之水滔滔不绝的话，那么，张格尔对其祖上曾经独霸回疆，也佩服得如塔里木河洪水泛滥，浊浪排空。他自视甚高，以为他们和卓家族也曾有过需要大清朝尊重的“骄傲历史”，而且在这方面，张格尔比他老子萨木萨克更冥顽、更亡命。

须知，萨木萨克虽怀野心，却受浩罕监视与约束，不能轻举妄动，而张格尔则较其父有胆力，长大后，以“诵经祈福”为名，传食各部，网罗党羽，还不时派人潜往南疆联络白山派信徒，散布谣言，惑众敛财。南疆回众受其蒙惑，渐有动摇之状。

据清朝史料记载，张格尔中等身材，广眉深目，一张紫黑色的脸上留着三绺黑须，鼻梁上有些碎麻子，一副意兴阑珊的颓象。他久居浩罕，蓄谋造反，还颇有些混打出来的名声，故而引起浩罕统治者的注意，他本人也因此受到浩罕的庇护。依托着这一庇护，张格尔逐渐壮大自己的声势，宣称“要发起一场圣战”，后来竟然真的发展到反复入卡作乱的地步，成为清代回疆变乱的罪魁祸首。

在此，我们不禁要问，浩罕为什么要庇护张格尔这个流亡境外的和卓后裔呢？

当然，其中必有蹊跷。

浩罕其国

浩罕，乃大清朝西极之外一个番邦小国。本来无足轻重，只因与和卓后裔发生些瓜葛后，这才有了粉墨登场的戏份。

它最初只是一座古城，地处中亚帕米尔高原以西的费尔干纳盆地。18 世纪初，乌兹别克人进入中亚。在他们当中，有一个叫沙鲁克的氏族首领，于公元 1740 年建立起一个以浩罕城为都邑的伊斯兰教小国。沙鲁克就此成为第一代浩罕国王。

浩罕这个小国有一大特点：举国热衷经商。尽管它的经济是绿洲农业与畜牧业并重，但上至国王，下至平民，却都以长于经商而闻名于中亚。不过，其经商理念似乎不同于中原内地的“和气生财”那种。为了谋取商业利益，该国统治者往往不惜采取政治和军事手段，其国民本性很有点像“浩罕”这个词的本意。

在阿拉伯语中，“浩罕”这个地理名词有两个含义，一为“野猪之城”，另一为“盆地之城”。后者与浩罕所处的地理位置相符，一望而知，至于前者则颇为费解。不过，细细想来，也许当时那个地方因野猪出没而得名?

正所谓“一方水土养一方人”，定居此地的浩罕人既贪图财货，又好勇斗狠，倒颇有几分野猪式的贪婪与凶狠。

不过，一物降一物，浩罕国建立之初，国家较为弱小，经常受到位于天山北路的准噶尔人的侵掠。至乾隆二十三年（1758 年），大清最终灭掉准噶尔部，并于次年平定天山南路大小和卓之乱，统一了整个西域新疆，这才使浩罕从此免受准噶尔威胁，同时还有幸与天朝比邻而居。这一地缘政治的变化，首先导致许多丧家落败的喀什噶尔和卓后裔流亡到浩罕境内，比如前回书讲过的大和卓波罗尼都之子萨木萨克就是其中一例。这样一来，浩罕便成为清廷眼中潜在的威胁。

于是，清军大兵压境，迫使当时第四代浩罕国王额尔德尼于乾隆二十五年（1760 年）臣服于清廷。浩罕摇身一变，成为大清属国。

其实，“属国”这个特殊词汇，貌似彰显着中原政权不可一世的霸气雄风，但实质上，这只不过是番邦外国暂且臣服于中原强权之下的一种姿态而已。以浩罕为例，乾隆年间，浩罕国力尚不强大，而大清朝正处于全盛时期，所以浩罕上表称臣，成为大清众多属国之一。双方建立起宗主藩属关系，浩罕不定期地向喀什噶尔派遣使者入贡，并随同回部年班进京朝觐；清廷也要求它一切事务听命于驻疆大臣的吩咐。但一般来说，清廷并不过问其内政外交，亦不对其首领进行册封，经济上不责贡赋，俯允通商减税，互利往来。

在此需要指出的是，额尔德尼率浩罕国臣服清廷是有条件的，该条件是确保其与新疆地区的通商权。事后证明，额尔德尼如此重视在天朝看来纯属“末业”的通商权，甚至不惜将其作为臣服的前提条件，是很有头脑的。正是这一条件，确保了浩罕对新疆地区的贸易。此后，大批浩罕商人如过江之鲫涌入南疆，遍布各城，使浩罕与新疆形成了密切的商业往来，成为清廷低税政策的最大受益者，而且贸易额越做越大，为日后浩罕经济繁荣打下了基础。

总之，中亚地区在乾隆二十三年（1758 年）发生的这次地缘政治变化，直接导致两个结果，首先是和卓后裔流亡到浩罕境内，再有就是浩罕商人进入南疆经商。而且，这两个结果还相互作用，尤其是后来，随着浩罕国力的膨胀而不断发酵，渐渐地，前者成为浩罕用以要挟清廷的一张王牌，而后者则成为清廷用来控制浩罕的重要手段。

起初，浩罕国王在天朝面前还表现得颇为恭顺，自我谦称“伯克”（土官）。清廷也乐得用“伯克”这一带有轻蔑性的称呼对它下发谕旨。但后来到了第八代浩罕国王爱里木在位时，随着浩罕国力的膨胀与清王朝势力见衰，情况开始起了变化。

1800 年，爱里木征服吞并了塔什干城及其周边地区。塔什干城是中亚地区为数不多的大都市之一，占据了它，便打通了进入哈萨克草原的通道，由此可带动国家走向强盛。这一功绩使得当时处于浩罕统治下的各个部落一致推举爱里木为“大汗”。爱里木也头脑发热，竟然自加“汗”号，成了浩罕国的所谓“大汗”。自此，他的国家也开始称为“汗国”。其后不久，远在北京的清廷已经注意到浩罕伯克采用“汗”的称号。这简直就是一种僭越！因为在突厥语和满洲语中，“汗”是清帝本人的称号。清廷对浩罕伯克自加“汗”号未予认可，官方文书继续沿用早些时候的头衔“伯克”来称呼他。而在浩罕方面，其统治者对大清皇帝的“不认可”似乎并不在乎，继续称自己为“汗”，其有意摆脱藩属地位、与大清平起平坐之心初露端倪。

于是，宗主国与其属国各说各话，一个浩罕，两种表述。好在这只是形式上的事，无关紧要。但是，自清军平定大小和卓叛乱后，浩罕便成为和卓后裔的庇护所，这可不是形式上的事那样简单了。当时，浩罕收留和卓后裔，认为“奇货可居”，以至后来在浩罕庇护下，流亡到浩罕的和卓后裔及其党羽多达二百余口，他们随时准备窜返回疆作乱，进而成为影响回疆稳定的重要因素。这可实实在在地成为大清朝严重隐患。

作为宗主国，清廷曾多次向浩罕要求引渡大和卓波罗尼都后裔萨木萨克，浩罕则以种种借口予以拒绝，而且，仍我行我素暗中加以庇护。

浩罕之所以这么做，开始也可以理解为是它出于对同为穆斯林的和卓后裔的同情，后来则由于它在庇护和卓后裔的过程中，尝到了意想不到的甜头。于是，浩罕当局以其商人所独有的眼光，发现在这些由回疆逃亡过来的和卓后裔身上，有着某种可资利用的巨大价值。

最初，萨木萨克逃到浩罕后，浩罕为了避免因庇护和卓后裔与清廷结怨，便将此事报告了清政府，并表示“愿监守逃人”，也就是说，浩罕愿意替清廷承担监守逃犯的责任。没承想，这一惺惺作态，竟很快得到酬劳，由清廷委任的喀什噶尔阿奇木伯克（总管），每年都向浩罕统治者馈银一万到五万两不等。这可真是一笔飞来横财，着实让浩罕当局感到眼前这些和卓后裔“奇货可居”，可不能轻易放手，而且只要握在掌中用心打理，便可牟取暴利，甚或必要时还可以要挟清廷一把，当作可与宗主国讨价还价、以小博大的王牌。

其实，浩罕当局的如意算盘打错了。

以当时清朝的强大国力及其以天朝上国自居的傲慢心态，清廷决不会为了对付和卓后裔而去花钱讨好一个区区番邦小夷。因此，这种送礼行为决不会是出自清廷的旨意，只能算是喀什噶尔阿奇木伯克其个人行为。

当年，回疆地区的伊斯兰教派分为白山派和黑山派，大小和卓属白山派。清廷平定大小和卓叛乱后，在回疆地区便倚重作为白山派的对立面黑山派，其所委任的各城伯克（土官），包括喀什噶尔阿奇木伯克（总管）在内，多属黑山派首领。这些黑山派首领坐上地方土官这把交椅后，发自内心地不愿意让白山派和卓后裔再回来滋事，破坏他们当官发财的和谐社会。所以，为了让浩罕约束看管萨木萨克等逃往境外的和卓后裔，保一方平安，每年都拿出一大笔钱给浩罕方面送礼。这完全是一种“破财免灾”的心理。而浩罕当局却把喀什噶尔阿奇木伯克私下这番良苦用心，当作是代表着大清皇帝的旨意，进而似乎感到他们捏住了宗主国的“七寸”命门。显然，浩罕这是在妄猜圣意，误读误判。

正是这一误读误判，后来时常引发双方纷争，而且愈演愈烈。

1810年，爱里木的弟弟穆罕默德·奥马尔（一称“爱玛尔”）即“大汗”位，当上浩罕第九代国王。在奥马尔执政期间，浩罕汗国迎来鼎盛期。

首先是疆域的扩大。浩罕立国时，领土仅限于费尔干纳盆地一带，随着不断的军事扩张，到奥马尔执政的19世纪早期，其疆域范围东接大清帕米尔高原，南邻阿富汗，西到锡尔河流域，北达巴尔喀什湖。

随之而来的是贸易空前繁荣。浩罕汗国一方面保持着对清朝的朝贡关系，利用清政府对其提供的种种贸易优惠条件，加强自身政治地位和经济地位，它在中国回疆的活动范围已从喀什噶尔扩展到叶尔羌、和阗、阿克苏、库车一带。与此同时，浩罕与俄罗斯也确定了贸易关系，从而打通了东西方的贸易通路，进而霸占通商孔道，由此获取巨大经济利益。尤其是，由于浩罕此前向清朝争取到的与新疆地区的通商权，使得浩罕商人垄断了新疆的进出口贸易，从中国出口到西方的茶叶、大黄、丝绸、陶瓷器等商品，都要通过浩罕进行贩运；而当时中亚市场上流通的金银饰品、军火武器，甚至日用品也都由浩罕所垄断。浩罕汗国进而成为中亚当时最大的货物贸易国。

贸易的繁荣给浩汗国带来滚滚财源，从而加速其国内基本设施建设。浩罕人于19世纪上半期修建了空前规模的水利灌溉工程，促进农业特别是植棉业的发展。另外，养蚕业和园艺业也很发达，布匹、纸张、陶器等商品享有盛誉。当时的浩罕城与塔什干城，双双成为中亚最大的工商业中心，整个汗国也改变了原来那种一穷二白的局面，一跃成为地区军事强国与宗教政治中心。以至在当年的中亚地区，一度堪称“地区小霸”，治下人口达百万之众。

国势日炽，奥马尔的野心也随之膨胀起来。

自嗣汗位之始，他就有意摆脱清朝藩属地位，只不过由于与大清边贸早已成为汗国经济命脉，所以，奥马尔表面上对清朝皇帝尚能表现出恭顺，可内心却谋求进一步扩张，甚至开始把贪婪的目光投向帕米尔高原以东的回疆地区，尤其对当地最为富庶的喀什噶尔更是垂涎三尺，觊觎已久。

在对待和卓后裔问题上，奥马尔在萨木萨克死后，接着庇护继起的张格尔。这时已长大成精的张格尔，无疑是他手中一张用来与清廷博弈的王牌。他可以利用这个流亡境外的和卓后裔梦想复辟的狂妄念头，去要挟清廷，以达到其垄断边境贸易、进而夺占大清领土喀什噶尔的目的。

一份当年由奥马尔遣使递交奥斯曼宫廷的呈文宣称：本汗（奥马尔）所辖之疆自费尔干纳至喀什噶尔；本汗为解救中国异教徒统治下之伊斯兰诸城战事近已取胜。

此言既出，浩罕统治者蓄意插手张格尔事件、鲸吞喀什噶尔之野心立马昭然若揭！

还在嘉庆二十二年（1817 年），奥马尔便暗中利用在它那里政治避难的和卓后裔受其所谓“看管”，向清廷驻疆官员施压，反复提出在喀什噶尔享受贸易特权、出入卡货物全部免税的要求，企图在新疆攫取更多的商业利益。更为过分的是，浩罕还向清廷提出自派“呼岱达”（征税官）的无理要求，也就是说它要将自己的税收人员及机构派到中国境内的喀什噶尔，对在华经商的浩罕商人征税。此举真正目的是要替换清政府所认可的“呼岱达”（在华浩罕商人自治机构的头领），将这一原本是浩罕在华商人的自治机构，改造为浩罕当局的外派机构，直接将其行政权力伸展到中国境内。

起初，清政府为了维持西陲安宁，有时也不得不采取息事宁人、妥协迁就的政策，但浩罕贪得无厌，无论怎样善待他们，也无法满足其日益膨胀的经济扩张野心，加之浩罕长期包庇纵容和卓后裔，严重威胁南疆安全，于是引起了清廷朝野上下普遍关注与不满。所以，面对浩罕这等无理要求，清廷予以严厉痛斥："尔霍罕（浩罕）部落，不过边外小夷，天朝准令来往贸易，已属格外施恩，今尔敢为无厌之请！"最后，清廷的答复是：停止对浩罕茶钱赏赐，并撤销浩罕派遣使节到北京这一有利可图的特权。

奥马尔随又派遣两名使节提出一个折中方案，即由浩罕派遣两名没有司法权限的代表驻在喀什噶尔，简称为"阿克沙哈勒"（直译为"灰白胡子"，即长者之意），作为常驻商务代表。清廷再次拒绝，打发使节回去，并对他们的货物足额征税。显然，这是大清朝为了扼制浩罕的经济扩张野心，开始在南疆地区逐步限制其商贸活动，打算以此约束浩罕安分守已些。

商业贸易对于浩罕非常重要，尤其是对新疆的贸易更是浩罕的经济命脉。想当初，浩罕国王额尔德尼就是以确保其与新疆地区的通商权为条件，才臣服于清廷的。现而今，清廷限制浩罕在南疆的商贸活动，这无疑是断了浩罕的财路。断人财路，杀人父母。奥马尔急眼了。他本想捏住对方七寸，没承想反被对方捏住了七寸。双方关系迅速恶化。

强盛起来的浩罕汗国对清廷这种反制措施颇为不满，浩罕国王奥马尔汗怀恨在心，决意打出张格尔这张王牌。也就是说，如果清廷不满足他的要求，他就威胁要放出和卓后裔滋事，支持图谋复辟的和卓家族在南疆制造事端。

不过，当时清廷对境外和卓后裔的真实情况知之甚少，内地甚至传说萨木萨克并无子嗣，所以，在清廷看来，到底有没有张格尔这个人都还难以确定，至于张格尔由奥马尔掌控之说，恐怕都是浩罕自己编造出来用以唬人的鬼话。

奥马尔似乎也意识到这些，于是他接下来就故意放跑了那个一直在叫嚣"要发起一场圣战"的张格尔，好让清廷见识一下他的手段。

总之，浩罕统治者窥测到清廷希望保持边疆安宁，不愿在边陲引发动乱的心思，便肆意在贸易特权上与清廷纠缠，而当其无理要求无法得到全面满足后，就决定利用和卓后裔充当鹰犬，将蓄意复辟的张格尔放了出来，暗中助其打一场所谓的"圣战"。

张格尔第一次入卡作乱

嘉庆二十五年（1820年）五月间，张格尔向浩罕国王奥马尔汗借兵，打算前去抢掠喀什噶尔。尽管奥马尔对清廷怀恨在心，但他另有盘算。

见奥马尔不予应允，张格尔便向他透露了一个“埋藏心底多年”的秘密：他爷爷波罗尼都当年曾在位于喀什噶尔城西的“古勒巴格要塞”下面埋藏了无数金银珠宝，企图以此来引诱浩罕出兵。

“古勒巴格”原是波罗尼都在喀什噶尔城西郊的私人庄园，在他逃走时，将财宝埋在花园地下也未尝不可，但浩罕当局的图谋与贪欲，可远不是那一点儿私人窖藏就能喂饱的，况且奥马尔认为出兵清国的时机尚不成熟。为了不引起清廷的猜疑，奥马尔还故作姿态，将张格尔“扣押”起来，稍后，却又听任张格尔“逃出”浩罕城。

张格尔虽然没有得到浩罕方面的实力支持，但他已看出奥马尔对他明擒实纵，暗中放任他跟清廷作对。这年夏天，张格尔流窜到边境一带窥探动静，得知清廷驻喀什噶尔参赞大臣“益以荒淫，失回众心”，觉乎有机可乘，于是便有了伺机入境，号召当地回众起来造反的企图。他首先带着十多个亲信随从窜入帕米尔深山老林之中，悄悄来到靠近大清边界的布鲁特人聚居的冲巴噶什、萨雅克等部落，在此网罗党羽数百，筹备八月起事。

布鲁特，是清代对柯尔克孜族的称呼，源自蒙古语，意为“高原人”。布鲁特人信仰伊斯兰教，主要从事畜牧业，其各大部落沿大清西北边界一带星罗散布。乾隆帝将西域新疆纳入版图后，布鲁特便臣属于清廷。

当时，冲巴噶什部落有一个名叫苏兰奇的布鲁特头领，在得知张格尔谋反后，便出于对朝廷的忠心，抢先入卡报警。然而，当他匆匆赶到喀什噶尔参赞大臣衙署时，却没能见到参赞大臣斌静本人，只得将这一紧急情况透露给斌静手下一个叫绥善的回务章京，提请清军要有所防范。可没想到，这么重要的情报不仅没能引起参赞衙门的重视，反而遭到回务章京绥善的一通喝斥。

回务章京，其实就是参赞大臣手下一个掌管回民事务、类似秘书的四品官员。官位不算多大，可那厮脾气却不小。

当下，绥善对苏兰奇厉声喝斥：休得胡言！我大清一派升平景象，岂容你在此危言耸听，难道想借机邀功领赏不成？！

言罢，将苏兰奇逐出衙署。

长久以来，清廷方面对当地部落首领表现出的哪怕只是一点点的恭顺与忠诚，都会及时给予奖赏，没承想，现而今却“信而见疑，忠而被谤”，能无怨乎？苏兰奇恼羞成怒，愤走出卡，一气之下投奔了张格尔。

很快，苏兰奇帮助张格尔煽惑纠集了三百多布鲁特匪徒（其中也包括一些安集延人），随后，他本人又以贸易为名，入卡组织内应。

嘉庆二十五年八月十一日午后，张格尔在光天化日之下，公然入境，对清军设在喀什噶尔以西的卡伦（边防哨所）发动恐怖袭击。

此乃张格尔第一次入卡作乱。

在经过阿尔图什等地回庄时，张格尔沿途传呼“有和卓前来”。已提前入卡的苏兰奇，领着被他煽惑的七八十个庄民跑来迎接，其后又有庄民陆续跑来追随张格尔作乱。这着实让张格尔喜不自禁：没想到这么多年过去了，和卓仍活在人们心中。

张格尔有了内应，便于当晚顺利抵近图舒克塔什卡伦。而守卡清军却浑然不知，毫无戒备。副护军参领音德布仓促迎敌，英勇战死。张格尔纵兵放火烧毁卡伦，杀害守卡清军十四名。另外，还有一名协同守卡的当地土官——玉斯图阿尔图什庄六品阿奇木伯克（总管）阿布都尔满，也同时被害。值得称道的是，阿布都尔满在遇害之前，最先向喀什噶尔发出“卡外有布鲁特滋事”的敌情警报，更值得称颂的是，阿布都尔满不幸被捕后，仍抗言不屈，申明大义，致被戕害。

张格尔在图舒克塔什得手后，又连夜奔袭伊斯里克卡伦，杀害了两名传递公文的清军马兵，抢得马匹，直趋喀什噶尔，妄图凭着手头这点人马抢占城池。

再说喀什噶尔这边，参赞大臣斌静于当日申刻（下午四时许）接到阿布都尔满遇害前发来的紧急军情，大惊，匆忙凑集步队一百五十名、马兵四十余名，急令帮办大臣色普征额带往剿捕，又飞调乌什、叶尔羌官兵前来应援。

八月十二日，色普征额率清军火速赶赴边境迎敌，一交手，便将这帮乌合之众击溃，斩杀五十余贼，擒获百八十口。苏兰奇与幸存贼匪落荒而逃。张格尔仅带二三十个残兵，一路打马狂奔，直至坐骑活活累毙，随又舍骑步行，狼狈窜出卡外。

清军跟踪追至霍尔罕庄，见天色已晚，乃就地扎营。次日，追出卡外，发现贼匪前夜宿营处“遗火犹燃”。显然，张格尔并未跑远。当时清军如果放马再追赶一程，就很可能将徒步逃命的张格尔一举擒获。但，帮办大臣色普征额竟勒兵不前了。原来，他事先已与斌静约好中秋欢宴，而当时距八月十五中秋节就只剩一天的时间了，所以心随管弦飞，急于返回喀城行乐。

正是由于色普征额没有及时乘胜追剿，张格尔这才得以侥幸逃脱，大清朝也因此坐失良机，没能将叛乱扼杀在萌芽中。

色普征额押解俘虏回城，斌静对所俘百余人不加审讯，就下令全部诛杀。

这期间，乌什派出的三百援兵尚在途中，而相距较近的叶尔羌派出的三百援兵已分两批抵达喀什噶尔，斌静令头批援兵一百五十名驰赴色普征额营中效力，第二批援兵一百五十名留城防守。

八月十七日，中秋小长假过后，色普征额复又督兵出卡，带领叶尔羌援兵及原有兵马进山剿捕。次日，追至位于喀浪圭卡伦外七十余里处的苏兰奇家族聚居地，当地布鲁特人早已逃散一空，只留下未及收割的庄稼和来不及带走的三十余顶毡包。色普征额传令焚毁，绝其居食。随后打探到苏兰奇、张格尔等已带领匪众由山间僻道窜往西北方向。色普征额估计苏兰奇已被张格尔引入浩罕境内，追捕行动难以得手，只得带兵折回。

书中暗表，色普征额此番出卡，虽与前次追剿仅隔数日，但战机早已错失，贼匪远窜无踪，一无所获，当属情理之中事。

清廷如梦方醒，原来如此……

此番张格尔第一次入卡作乱，尽管时间短促，规模并不大，附从者也不多，而且肇事者几乎被全歼，清军仅有少量伤亡，但回疆烽烟突起，张格尔初露锋芒，却对清廷震动不小。因为这是自乾隆中期以来新疆发生的最为严重的动乱。

当张格尔入卡作乱的告急文书传至北京时，道光帝及其手下一班军机大臣头脑一片混乱，他们只是一味发问："从前屡传萨木萨克滋事，及经查办，皆无其人。此次张格尔称系萨木萨克之子，何以突如其来？"又，"萨木萨克之事传闻异词，张格尔是否果系萨木萨克之子？"

历代封建帝王对于胆敢起兵反叛者，素来是"首恶必究"、"擒贼擒王"，对"首逆"打听得最为积极。道光帝对张格尔也不例外。他不能坐视一干恶意之徒上蹿下跳、败坏人心，但却迟迟弄不清这厮到底是何方妖孽？

于是，道光帝责令伊犁将军庆祥迅速查明。直到第二年（道光元年）初，庆祥才具折奏明："乾隆年间办理萨木萨克，多方购觅，总未就擒……

（今）查迈玛特·玉素普、札罕格尔（即张格尔）、巴布顶弟兄三人，为牌罕巴尔后（即和卓后裔）。萨木萨克屡于奏案内层见叠出，是萨木萨克无子一节，不过内地之传闻，而外夷究无此说。”

至此，清廷才如梦初醒，不得不痛苦地接受张格尔确有其人这一事实。

而且，庆祥还在奏折中讲明“该逆等潜逃浩罕地方藏匿”。

不过，起初，清廷并不清楚张格尔与浩罕狼狈为奸的关系，半梦半醒之间，仅凭被俘贼匪一面之词便作出了判断。当时，有一个被俘获的张格尔跟役，名叫迈玛特里提普，他向清廷驻回疆官员供述：“张格尔于本年五月内，曾向浩罕伯克奥马尔借兵来抢喀什噶尔，未允。”大清君臣一听即信，以为浩罕伯克奥马尔“不敢助逆”，“尚属恭顺”，于是派人传谕奖励，还郑重其事地令其访查张格尔逃匿之处，期之“献贼立功”。

奥马尔则逢场作戏，一本正经地对前来传谕嘉奖的大清使节表示“感激欢喜”，但却声称：“张格尔实未在浩罕居住，无从擒。”还好，这位出使浩罕的大清使节颇有几分头脑，未受蒙蔽，他在当地打探到张格尔入卡滋事正是由浩罕伯克奥马尔授意，而且，奥马尔之所以让张格尔入卡滋事，就是为了使内地知道萨木萨克“实有子嗣”。尤其令大清使节错愕的是，在浩罕逗留期间，竟还亲眼见到张格尔本人。显然，这是张格尔战败遁逃出卡后，又溜回浩罕，在奥马尔的庇护下，继续逍遥法外。

直到这时，大清君臣才开始认清浩罕的真实嘴脸，原来奥马尔“藉张格尔为奇货，暗令其滋扰边界，复匿之境内，故使内地闻之，其情实为狡谲”。其实，浩罕这点鬼心眼儿就连张格尔本人也非常清楚，正如他日后所供述的那样：“浩罕伯克将我圈禁，以我向喀什噶尔参赞大人们讨便益。”

原来如此！看来，奥马尔在玩弄政治手腕，更形象地说，他是在玩弄奸商惯用的那套“囤积居奇”的把戏：一方面，他声称张格尔不在浩罕，并以此为由拒绝交出张格尔；但另一方面，他又有意让清朝使节见到张格尔，表明张格尔由他所掌握，以此作为讨价还价的筹码。

既然能将张格尔玩弄于股掌中，那么，浩罕统治者便仍具备继续与清廷周旋的本钱。于是，奥马尔汗遣使到喀什噶尔，向驻地清朝官员表示：自己当上大汗后，屡次求觐，未得答允，后来又断绝往来，感到很失体面。

书中暗表：当年天朝周边的那些番邦属国，都非常乐意到北京觐见大清皇帝。这既是一种无上荣耀的政治待遇，又是一个不可多得的发财机会。首先，大清皇帝为了显示自己作为“天朝上国”的富有与大度，总是本着“薄来厚往”的原则，对朝贡者给予大量的赏赐，其价值远远超过朝贡者所进贡的那点土特产；再者，各属国在进京朝贡的同时，都随行携带大批土特产品，除了上贡那一点外，其余全部沿途贩卖，与内地进行免税贸易。由此可见，每次觐见，既有皇帝所赏，又有沿途贸易所得，来回一趟总能满载而归。所以，浩罕请求觐见不被清廷应允，又眼见其他属国都被允许进京吸金，一副欢天喜地的模样，由此感到“很没脸面”，这倒也是其发自肺腑的大实话。

数月后，浩罕使节再赴喀什噶尔，送上水獭皮、驼绒等礼物，正式呈请进京朝觐，并要求贸易免税。

应该指出的是，当时清廷对浩罕奥马尔的“藉张格尔为奇货”的“狡谲”，是有所认识的，但此时却宁愿装糊涂。伊犁将军庆祥在奏折中这样陈述道：若必识破该伯克情伪，责令擒献，转坠该伯克“居奇”之计。惟有就其口述之词，佯信为实，以示大方。所以，庆祥坚持认为：“擒获张格尔等诸逆，其事轻，恢复浩罕数年未通之情事重。”于是，他建议：如果浩罕求觐，出于安边考虑，应予恩准，即所谓“逾格准令进京，则夷心既安，边圉日靖矣”。

清廷阅研了庆祥的奏折，对浩罕此次提出的“进京朝觐”、“贸易免税”等请求，回复如下：

首先，同意恢复喀什噶尔阿奇木伯克（总管）与浩罕伯克进行通信联系——清廷采纳了庆祥的建议，认可恢复这种联系，既可消除浩罕的疑虑，又可疏通信息渠道，不至于再如这次张格尔来犯时那样事前毫无所知，以致仓促无备。

其次，允许浩罕使节进京朝觐，但又指示驻疆大臣“不可特意招致”——道光帝初登皇位，百废待兴，真没闲工夫接见那些脑后长着反骨的浩罕使臣，他表面上允许浩罕使节进京朝觐，而内心却很不情愿。

再次，对浩罕伯克差人携带来的货物免税——这是给浩罕人点甜头。用军事和政治的压力进行控制，又以经济和物质利益加以安抚，羁縻而已。

最后，清廷指示驻疆大臣，对张格尔“只可听其苟延残喘”，“断无带兵远越外夷部落追擒之理”，也不再要求浩罕“献贼立功”——既然浩罕视张格尔“奇货可居”，那就随他去吧，我大清并不在意，无须被他牵着鼻子走。

这一年正值道光元年（1821 年），开局之年，新皇帝本着勤俭节约的原则，暂缓年班（清制，番邦属国首领各按人数多寡编定若干班次，每年各一班，于年节时，轮流入京集体朝觐皇帝，称为“年班”）。于是，清廷驻回疆大臣借此劝阻浩罕朝觐，这就是等于变相地拒绝了浩罕随同年班朝觐的请求。不过，浩罕这次还算知趣，据后来接任喀什噶尔参赞大臣的武隆阿奏报：“伊闻知天朝规矩，毫无拂意之容，具征恭顺。”清廷随又颁发回谕，赏给浩罕些物件，也算是对它做了些安抚。

经过一番周旋，浩罕与大清在表面上还维持着藩属关系。

总之，张格尔第一次入卡作乱直接导致三个结果：

其一，清廷痛苦地接受张格尔确有其人这一事实，也就是说，和卓后裔萨木萨克一族并没有自生自灭。

其二，清廷认清了浩罕的真实嘴脸：“藉张格尔为奇货”，暗中庇护纵容和卓后裔。

至于第三个结果，那便是我们在下一章所要讲到的：清廷在究查张格尔入卡作乱的起因时，意外牵出一起让道光帝为之震怒的驻回疆大臣贪腐案。

第四章

边乱牵出“斌静案”

张格尔第一次入卡作乱很快就被击溃，清军轻而易举取得了胜利。问题似乎已经解决了。但是，刚刚登基的道光帝却没有轻易放过这件事，他仍在寻思：

回疆自入版图以来，迄今六十余年，内外相安，回民乐业，附卡各布鲁特部落亦皆通商贸易，效顺天朝。即使从前间有逆裔窥卡之时，实未有如张格尔披猖之甚者！疆圉以无事为福，而衅端必有因而起。

张格尔因何起衅？这是道光帝最为关心的。自发往新疆第一道平乱谕旨之始，他就饬令伊犁将军庆祥调查此次叛乱因何起衅，而且穷追不舍，态度越来越强硬，指责越来越尖锐。从当时道光君臣来往的奏谕中可以看出，道光帝对叛乱起因的追究，主要集中在三个问题上：

1. 布鲁特首领苏兰奇为何串通叛乱？
2. 俘获叛匪百余活口为何全部杀戮？
3. 斌静是否与激变张格尔叛乱有关？

布鲁特首领苏兰奇为何串通叛乱？

还在嘉庆二十五年九月初七日，刚刚登基第十天的道光帝接到回疆紧急军书，驻节回疆的喀什噶尔参赞大臣斌静奏报：图舒克塔什卡伦之冲巴噶什爱曼布鲁特比苏兰奇，串通萨木萨克之子张格尔滋事，贼众约有三百余人。

书中暗表，“爱曼”是氏族、部落的意思，“比”是首领、头领的意思。冲巴噶什是布鲁特人一个大的氏族部落，与清军驻守的图舒克塔什卡伦比邻而居，苏兰奇是该部落的一个头领。

显而易见，在这份奏折里，斌静把张格尔入卡作乱归咎于布鲁特头领苏兰奇串通所致，似乎没有别的什么原因。

道光帝阅罢，大惑不解。

与张格尔出身叛逆世家不同，苏兰奇当属根红苗正，其祖、父向化已久，皆有劳绩于朝廷，其祖阿瓦勒在乾隆年间曾协助清军平定回疆乌什叛乱，其父博硕辉曾被清廷赏给二品翎顶。苏兰奇本人受封袭职，平素办差也颇为出力，还被赏加翎顶。总之，苏兰奇祖孙三代世受皇恩，论情论理，均不应反叛。

道光帝疑虑重重，他很想了解此次边乱究竟因何起衅。起初，他怀疑是由内地官兵横行不法，酿成事变，而斌静在奏折中却只字未提。道光帝深恐斌静不能办理好此事，所以，他对斌静的奏折未作批复，而是于当天给伊犁将军庆祥下了一道谕旨，要他“星夜兼程”，赶赴喀什噶尔，对苏兰奇究竟因何事激变，详细察访。

九月十一日，道光帝又接到斌静奏报，与先前不同的是，斌静这次改口报称是张格尔串通苏兰奇滋事。针对斌静的第二次奏报，道光帝仍有疑问：“惟苏兰奇系布鲁特比，因何遽尔生心，谋为不轨，欲占喀什噶尔城池？其中必有起衅根由。”故而再谕伊犁将军庆祥确查苏兰奇谋逆根由。

两天后，即九月十三日，道光帝接到伊犁将军庆祥的奏报，内称他本人根据斌静发来的请援公文，已经“豫派伊犁官兵二千名备调”，如果喀什噶尔情况紧要，就马上前往接应。

道光帝见庆祥也未奏明叛乱原因，于是又一次发出疑问：“斌静原奏内称系苏兰奇串通张格尔滋事。苏兰奇袭职受封，安居已久，何以此次忽萌异志？且仅有众三百人，遽思抢掠城池，谋为不轨，亦觉太不自量？恐斌静前奏尚多不实不尽”，再次谕令庆祥“须加详察并讯获供词，据实参奏，不可稍有隐饰”。

然而，事态的发展却再一次出乎道光帝的意料。

九月二十二日，道光帝又接到斌静的奏报，内称：他派色普征额追击苏兰奇等贼匪，将擒获的二十余名活贼，讯供后俱已正法；他本人也将此前拿获的逆贼八十余名，均于取供后即行正法。

这道本来是报功请赏的折子，可是道光帝却从中看出了问题：

俘获叛匪百余活口为何全部杀戮？

张格尔犯边入卡后，喀什噶尔帮办大臣色普征额率兵剿捕，有过两次小规模战斗。第一次生擒叛匪二十余名，被色普征额就地正法；第二次战斗又生擒叛匪八十余名，解送到喀什噶尔后，被斌静尽行杀戮。按说，在封建社会，战斗结束后，诛杀俘虏，也是常事。令道光帝起疑的是，既然抓获叛匪百余名活口，完全有可能就此审出叛乱起因，可是，为何全被杀戮？当日，道光帝对斌静的奏报发出了极为强烈的质疑："其所获活贼，自应先将其起衅缘由讯问明确，并查明孰为起意？孰为胁从？分别办理，乃将卡外所获之贼全行正法？"道光帝由此推断："恐系斌静等因事激变，此时转妄行杀戮，希图灭口。"边陲重地，所关甚巨，道光帝催令伊犁将军庆祥迅速驰往喀什噶尔，细访起事根由，察访真确，如实有激变及妄杀情事，即行据实严参，不可因斌静是其下属，就瞻徇讳饰。

十月十八日，喀什噶尔参赞大臣斌静又有折子上来，奏言：张格尔、苏兰奇俱已远逃无踪，刻下冬令，山内雪大草枯，大兵亦难行走……

道光帝阅后认为“所奏殊未明晰”，上报内容很不清楚，故而仍在追问：“事已一月余，岂有仍未查明起衅缘由之理！前后所俘百余人又因何全部杀害？究竟是逆贼？还是布鲁特？或无辜回民？”他斥责斌静“一味滥杀，以期灭口”，指出斌静这是在以“雪大草枯”为词，“希图含糊了事”。次日，他又再次晓谕庆祥“斌静奏事可疑”，“其中必有办理错谬”之处，告诫庆祥“据实参奏，不可代人受过！”

十一月十三日，道光帝又接斌静奏言：“此时卡内外安静如常，张格尔等逃匿远方，不过苟延残喘，今冬未必敢复来滋事，官兵在卡外扎营旷日持久，于事无益，已将行营官兵暂行撤回……前调到乌什、叶尔羌官兵已令各回本城防守，以免糜费，并咨明伊犁将军庆祥将备调官兵二千名暂为停止。”

这份匆忙收兵的奏折让道光帝完全失去了对斌静的信任，未等庆祥查明回奏，就以妄杀为由，当即降旨将斌静“先行解任，听候查办”。随后调满洲正黄旗官员武隆阿接任喀什噶尔参赞大臣。

当时，道光帝仅凭斌静杀俘这一点，便推断叛乱起因是由斌静激起事变所致。那么，实际情况究竟怎样？也就是说：

斌静是否与激变张格尔叛乱有关？

这个问题，与前两个比起来，是道光帝更为关心的。如果说前两个问题似乎还可以不了了之的话，那么，这个问题必须查清！因为它关乎大清吏治。

道光帝在接到斌静从回疆发来的奏报之初，当然不会知道这次叛乱与斌静有关，本应对斌静有所指示，但神奇的是，道光帝却有意绕开了作为回疆最高军政长官——喀什噶尔参赞大臣的斌静本人，而是直接给伊犁将军庆祥发去了一道谕旨，让驻节北疆的伊犁将军庆祥南下回疆调查处理。这说明道光帝一开始就对斌静有所怀疑了。而且自九月份起，道光帝屡次下谕，严令之外，还不断提醒庆祥“不可代人受过”，甚至警示庆祥“若稍有包庇欺瞒，将来一旦发觉，将难逃重责”。

道光帝中年登基，对本朝吏治腐败状况多有了解，特别是那些驻节边地的封疆大吏，天高皇帝远，缺乏有效监督，什么为非作歹的事情都可能干得出来。于是，这才有十一月十三日尽管还未查明叛乱原因，道光帝便将斌静“先行解任”，对其立案调查。

书中暗表，在清朝中期，自乾隆二十四年（1759 年）平定大小和卓之乱以来，新疆总体保持了六十年稳定发展的局面。大约在 1800 年前后，英国当局曾暗地派官员到南疆去考察，考察之后，他们对中国政府在南疆地区的施政大加赞赏，认为当时中国在那边的管理能力，以及官吏的廉洁程度都非常高。然而，到了乾隆末、嘉庆初，随着国势盛极而衰，清廷对新疆的治理也日渐松弛乏力。制度丧失了权威性和严肃性，明镜高悬的公堂便很快沦为各色人等各取所需的私人会所，正如当时名士魏源一针见血指出的那样，驻防新疆的大小官员“视换防为利薮，以瓜期为传舍”。而恰恰这一时期，清廷在回疆任用的参赞大臣极为不当，甚至带病提拔，招致当地民众怨声载道。

吏治的腐败交织着民族矛盾，19 世纪初叶的回疆地区，已处于动荡不安的前夜，稍有诱因激变，就会酿成大乱，而令朝野震惊的“斌静案”就是在这种形势下发生的。

关于斌静其人，生年不详，满洲镶红旗人，属宗室成员，故而官运亨通，至嘉庆十四年（1809 年），升任黑龙江将军，成为正一品朝廷大员。但他却放松了对道德信念的坚守，因心态失衡，导致追求失道，所以，担任黑龙江将军不到四年，就因索贿犯案，被发往新疆乌鲁木齐效力赎罪。就是这样一个被革职的官员到新疆以后不久，却在嘉庆二十二年（1817 年）被重新起用。是年五月，清廷赏斌静为“二等侍卫”，并委以“叶尔羌办事大臣”。第二年（1818 年）十月，又授副都统衔，充任喀什噶尔参赞大臣。至此，在新疆效力赎罪仅四年的斌静，一跃又成为统领回疆八城事务的一品封疆大吏。

复任以来，斌静鄙吝复萌，把边防重地当成自家的聚宝盆、美人窝。他事事妄为，放纵属下官员及家奴敛派回户、贪赃枉法，尤其是，其荒淫无耻的恶劣本性彻底暴露无遗。他强迫各族年轻妇女“更番入值”陪侍，还常于城外回庄门楼上抛撒铜钱，招引回民争拾，借机窥觅身段妙曼、容颜姣好之回女，唤入衙署内奸宿。广大回民百姓“怨苦久已”，直至“积怨入骨髓”，但慑于官威，敢怒而不敢言。

更有甚者，斌静还长期霸占浩罕商人（一说安集延商人）萨赖占之女，先曾奸宿，后反复传唤，以致闹到最后，萨赖占忿极自戕，力阻其女前往，几乎酿出人命。

须知，萨赖占来自浩罕国安集延城，绝非普通商人可比。首先，安集延人本性既长于经商，又好勇斗狠，再有就是萨赖占与其父两代都是“呼岱达”。所谓“呼岱达”就是指在疆浩罕商人自治机构的首领，清朝人称之为“商目”，即今之商会会长。因此，萨赖占在当地很有声望。而当时，浩罕正处于国力上升且风头强劲之际，大批浩罕商人（包括安集延商人）遍及回疆各地从事商业贸易活动，并滞留于喀什噶尔、英吉沙尔、和阗等各大城市，在当地形成了一股颇具影响的势力，尤其在喀什噶尔这座商贸重镇，留居者甚众，势力尤大。

正所谓“一石激起千层浪”，尽管萨赖占自残造成的伤口过后平复，也没闹出人命，可坊间却疯传“萨赖占杀女雪耻”的悲情故事，而且传得有鼻子有眼儿，鲜血淋淋，说是萨赖占因女儿被斌静奸污，羞忿之极，遂把女儿杀死，割下头颅，挥舞着，抛入斌静署内以泄愤……

喀什噶尔一时间满城风雨，民怨鼎沸。当地回民百姓本来已深受吏治败坏之苦，斌静荒淫更令官府在当地失去回众民心，现在又诱发了浩罕人、安集延人大规模抗议。安集延人从此与清廷结仇，致使日后有很多安集延人投身叛乱。

正是斌静的狂悖荒淫，恰恰给张格尔创造了举事条件。当时，正在境外窥伺动向的张格尔，得知这一情况后，便乘机入卡作乱，利用当地民众的反清情绪，点燃回疆烽火。这便是斌静激变张格尔之乱的由来。

由是观之，道光帝的推断没有错。他有意绕开斌静，信任庆祥，让庆祥调查，只等庆祥查获实证，据实参奏，他便手起刀落，严惩不贷。

按理说，斌静惹上泼天麻烦，离死不远了。但事态的发展又一次让道光帝始料不及，庆祥的调查结果与他的推断不尽相同。

且说伊犁将军庆祥，奉旨于九月三十日自北疆伊犁起程，驰赴南疆喀什噶尔，途中又连续接到多道催办的圣旨。庆祥一面兼程赶路，一面向皇上保证，他一到喀什噶尔，“即将张逆等滋事根由逐细查访确实，迅速具奏。倘斌静前奏有不实不尽，抑系内地官兵有激变情事，立即据实奏参，不敢稍有徇隐。”

十月二十四日，庆祥抵达喀什噶尔。

此番奉命到回疆查办张格尔反叛缘由，庆祥通过一路之上所见所闻，加上抵达后当地回民官吏（伯克）对斌静的控告，当然不会不知道斌静的所作所为。但斌静是庆祥的下属，喀什噶尔参赞大臣受伊犁将军节制，一旦斌静案发，必将殃及庆祥，他最起码要负“失察”之责。所以庆祥有意包庇回护斌静，只字不提其强占民女、激起民愤之事。同样出于避责思维，庆祥对回务章京绥善斥逐苏兰奇，贻误军情，把苏兰奇推向张格尔叛乱阵营，以及色普征额击溃叛军后，逗留不进，匆匆收兵，急于返城与斌静欢度中秋，以致贻误战机，让张格尔侥幸逃脱等重要情节，也都不敢据实参奏。

在道光帝的一再逼迫下，庆祥才于十一月二十七日将两份调查报告呈递上去，稍后，又于十二月初十日将第三份调查报告奏报到京，总算对道光帝追查的三个问题作了个完整的回复。

其一，对于布鲁特首领苏兰奇为何串通叛乱，庆祥的解释是：苏兰奇因为“久蓄逆志”，所以才“煽惑当地回子助逆，烧毁卡伦，戕害官兵”。

其二，对于俘获叛匪百余活口为何全部杀戮，庆祥的解释是：色普征额临阵捕获的二十余名贼匪，因当时扎营之处距城已远，不能分人护送来城，所以就在营内讯结正法；至于斌静杀戮八十余人，那是出于一时愤慨，当然了，“未免草率”，“实难辞咎”，但被戮者均为叛逆，“诚无妄杀灭口情事”。

其三，对于斌静是否与激变张格尔叛乱有关，庆祥的解释是：此案乃张格尔“久蓄逆谋”所致，“尚无激变枉杀情事”。

总之，庆祥以章法颇为严缜的行文，基本上解答了道光帝的三个疑问，就连道光帝对其奏报的条理性也不由得朱批点赞：“所奏甚属明晰。”不过，既然张格尔之乱不是斌静激变而成的，那么，到底是别的什么原因呢？

庆祥在十二月初十日奏报到京的折子里是这样陈述的：“此案张格尔与苏兰奇暗通信息，纠众谋逆，现审各犯供词，均称张格尔因穷苦起意抢占喀什噶尔。”也就是说，庆祥根据审讯所获各犯所得到的供词看，张格尔与苏兰奇勾结叛乱，纯属是因为张格尔在卡外穷苦得过不下去了，这才企图抢占喀什噶尔弄口饭吃。而且，庆祥还特别强调：“变自外生，非由内起。”

书中暗表，庆祥这一表述可以说是救了斌静一命。不过，庆祥也给自己留有后手。他心里也明白既然奉旨查办斌静，总不能查了半天什么都没查出来，而且什么都与斌静无关吧，这岂不就等于全盘否定了皇上此前作出的圣明推断吗？借给庆祥一百个胆子，他也不敢。所以，庆祥在奏折中也义正词严地向皇上如实反映了他所查访到的“斌静行止不端”等问题，参他“不知自爱”，而且还深入查找根源，不管涉及谁，即使是斌静的手下，哪怕是其家人临时工，也要一查到底，绝不姑息！请看，庆祥在奏折中又接着报告：

臣到喀什噶尔之日，就接到众伯克（当地回民官吏）共同递来的一份呈文，控告斌静行止不端，斌静的下属回务章京绥善、原任知县贾炳（类似当下协管员），与斌静家人张得福（类似当下临时工）结拜弟兄，饮酒取乐，而且，斌静这个家人还倚势凌辱伯克，勒索回民，引起回众不满。伏思，斌静身任参赞大员，不知自爱，又不能约束家人，而手下司员这么卑鄙无耻，肆意妄行。种种款迹，如果真确，均已触犯法纪，必应彻底审办。

显然，庆祥这是以避重就轻之障眼法隐瞒重大情节，又用舍卒保车之弃子法，有意回护斌静。

道光帝当然不会轻易相信这种自圆其说的解释，他对庆祥的奏报仍表示怀疑：张格尔等纠集贼众仅三百余人，何以遽敢图为不轨？均非情理，其中必另有激变缘由！他斥责庆祥“因斌静等已有办理不善之咎，即存化大为小之见，欲将就完案，辄将起衅根由匿不奏闻”，强调自己对此案“亦不能将就了事”。接着，道光帝还语重心长地晓谕庆祥，此时若这么糊涂马虎定案，不将罪状明白宣示，当地回众必心怀不服，以为天朝办事如此蒙混草率，其何以伸国法而震边陲？而且还使以后派驻的官员越来越无所儆戒，这对于新疆全局关系很大啊！

随后，道光帝还是传旨将斌静革职拿问，交给庆祥严行审讯，要求庆祥“务再详细严究，并密加访察，秉公据实审拟具奏，不得稍有不实不尽，自蹈欺隐”。

此后，道光帝一再催促庆祥“认真办理”，但庆祥却装聋作哑，一直拖着不报，直到来年二月二十八日，道光帝这才接到庆祥呈上来的最终调查报告。庆祥奏言：张格尔纠约苏兰奇等滋事，实因穷苦起意抢掠，并非由斌静激变。现据众伯克出具甘结（画押作保），尚属可信。至于张格尔仅有二三百人就敢入卡作乱，那无非是张格尔“以和卓自雄”，狂妄自大而已。

显而易见，庆祥的最后结论与先前并无二致，只不过他这次做通了当地众伯克（当地民族干部）的思想工作，促成他们都来出面作证，证明自己“所言不虚”。而且，庆祥在这份奏折里还别有意味地提了一句：“据称斌静年老常病，精神衰惫，张得福等恣意妄为”，众伯克“是以控告”。这分明是在暗示斌静家人趁其年老糊涂才敢胡作非为，当地伯克们的控告是针对张得福这个家奴“临时工”，与斌静本人无直接关系。

道光帝虽满腹疑团，但见众伯克都已“画押作保”，也只得就此罢了。

最后，清廷认为斌静身为参赞大臣镇守边疆，年老昏聩，行止乖方，对家人属下约束不严，以致众心不服，毫无察觉，实属辜恩负职，以“办理不善”，将其“发往黑龙江效力赎罪”，而不是以强占民女、激起民变的死罪，押往京城开刀问斩；原帮办大臣色普征额以其“将捕获各犯不问名姓，全行正法，办理乖谬之至”，著以革职，而不是以贻误军机的死罪处以斩首；原回务章京绥善以“身为职官，结交奴仆，饮酒宿娼，卑鄙无耻”，判处“枷号一年，期满发往伊犁”，而不是以贻误军情的死罪处斩；至于贾炳这个“协管员”与张得福那个“临时工”，便没什么多说的，被就地砍头正法。

斌静案就此草草收场。事态似乎平息下来，一切似乎又都恢复如常。其实不然。

斌静虽被“革职拿问”，但民愤未平，回众心怀不服，张格尔之乱非但未被彻底肃清，反而愈演愈烈。张格尔这次带有试探性的袭扰，揭开了后续大规模叛乱的序幕。道光四年（1824年）、六年（1826年），张格尔又两次窜犯回疆作乱，给南疆地区带来极大的破坏，也给当地回族百姓带来深重的灾难。

总之，道光帝信任庆祥，而庆祥却将诸多关键情节瞒报。事实上，不论是张格尔的入卡作乱，还是苏兰奇的叛变投敌，都与统管回疆八城的喀尔噶尔参赞大臣斌静有关。

当然了，回疆之乱，其最根本的原因是和卓后裔的存世，但斌静等一干边臣疆吏的贪腐荒淫，最起码给张格尔提供了入卡滋事的导火索，成其诱因无疑！当年，张格尔第一次入卡作乱正是借口反抗清廷官员的荒淫贪腐而发起的。

清代新疆地区，尤其是回疆地区较之我国边疆其他地区有其自身的政治、历史和宗教环境，民族关系和宗教问题交织，外部敌对势力也时时觊觎介入。这一切都成为影响回疆稳定和发展的主要因素。就外在因素而言，外来敌对势力和分裂势力往往利用民族问题和宗教问题挑起事端，制造动乱；就内在因素而言，中央政府的治边政策和吏治建设等都影响到当地的稳定。

令人遗憾的是，随着嘉道中衰，中央政府对边疆地区的控制力的松弛，在官僚体系中已经扎下根的官员们的惰性以及暴行逆施的后果，便在这一地区凸显出来。毋庸置疑，这对于19世纪20年代张格尔之乱的发生，起了激变的作用。

当地伯克土官的贪腐会引发民愤——阶级矛盾，自不待言，而中央政府派驻大臣的贪腐则既会引发阶级矛盾，又会引发民族矛盾。前者尚可调和，而后者则往往要付出血的代价，危害更烈。

单就喀什噶尔参赞大臣斌静因荒淫狂悖失去当地回众民心而论，则更能说明政治人物管好自己的裤腰带十分必要！因为，当男人，尤其是大权在握的男人，一旦把权力当成乱性的春药时，它同时也是毒药，既害己，又误国。

斌静一案，直到过去了六年多后，才最终由新任伊犁将军长龄查明事实真相，并于道光六年年底奏报：“斌静在任，事事妄为，其狂悖荒淫，实已确凿。”据此，道光帝这才知道斌静任内行止不端，奸宿回妇，以及色普征额追剿中途逗留不进、贻误军机等详情。盛怒之下，令宗人府会同刑部重新严加治罪。年底，斌静照激变良民律，色普征额照失误军机律，均因罪“拟斩候”。可是，到了来年秋天，在得知斌静双目失明后，道光帝又“法外施仁”，将两人分别交宗人府、刑部“永远圈禁”了事。毕竟是宗室成员和八旗将领，打断骨头连着筋，怎可忍心杀之？故均免一死。此乃后话不提。

第五章

张格尔第二次入卡作乱，旋败诈降
巴大臣四百里孤军进剿，妄杀覆没

恶邻在旁

道光元年（1821年），浩罕再次向驻喀什噶尔的清朝官员交涉免税。清廷方面恢复了其入卡贸易和进贡的权利，但不许免税，并且仍然拒绝浩罕派一名使节留驻在大清境内的要求。浩罕并不死心，打算继续纠缠下去。不料，转过年来，也就是道光二年（1822年），浩罕国王奥马尔死了。

奥马尔死后，其子马达里承袭汗位。马达里全名是“穆罕默德·阿里”，又译成“迈玛达里”或“迈买底里”。

这是一个年轻气盛的汗王，知人能任，狂放不羁。在他统治期间，浩罕国力急剧膨胀，任意侵略，于19世纪中期进一步走向鼎盛，成为一个发育不全却扩张成性的沙漠汗国。先是威服近旁的哈萨克、吉尔吉斯诸部落，迫其承认浩罕享有宗主权，后来竟然发展到即使对我天朝上

国，浩罕也不像以前那样来得恭顺了。在前往喀什噶尔的每次朝见中，马达里汗派来的使节并未能履行规定的礼仪，更为过分的是，在其呈递的官文中，马达里的名号竟然是由泥金书写的。这对清廷来说，简直就是一种严重的冒犯。

宵小之辈，竟也胆敢冒犯天朝?

的确，这时的浩罕，箕踞于大清西极之外，如恶邻在旁，桀骜不驯，常怀非分之想，新国王马达里汗仍念念不忘向清廷谋求免税常规，甚至还有领土权利方面的要求。但让浩罕人没有料到的是，张格尔趁着浩罕国内王位更迭的乱季，携其弟巴布顶，改扮成回妇模样逃离了浩罕。这样一来，就使浩罕手里失去了唯一一张可与清廷讨价还价的王牌。自此，清廷与浩罕便失去了达成互利协定的前提条件。

张格尔第二次入卡

再说张格尔，自其第一次入卡作乱被驻防清军击溃后，尽管遭到惨败，甚至险些丢了性命，但当地回众自发出来的宗教狂热却让张格尔既感到惊讶，又自鸣得意，显然，他竭力追求的“和卓事业”仍然活在广大回众的心里。所以，第一次入卡失败并未使张格尔气馁。这次他趁乱一从浩罕逃脱，便如脱缰的马、下坡的驴，翻蹄亮掌，往来奔窜于边境一带布鲁特各部之间，继续打着“和卓后裔”的旗号，煽动所谓“圣战”，仍妄想着再次打回回疆。

至道光四年（1824 年）夏六月，张格尔与其弟巴布顶在阿赖地区纠结了二百余人，准备二次入卡作乱，劫掠喀什噶尔。

事已迫在眉睫，而清军这边却无察觉。直到这年入秋后的一天，浩罕马达里汗派人向喀什噶尔阿奇木伯克（回务总管）迈玛萨依特郡王报信，称张格尔由浩罕逃出，浩罕派人追至阿赖地界，不及而还。

书中暗表，浩罕之所以向清廷方面通报张格尔行踪，并非为大清边防着想，而是在于当时浩罕尚属大清藩属，表面上还负有替天朝约束境外和卓后裔的职责，这是其一；再有就是浩罕当局也有意让清廷看到，它在防范境外和卓后裔方面还是不可或缺的，为其日后再向清廷交涉免税常规备下讨价还价的筹码。基于此，浩罕这才于张格尔从它那里逃走两年多后，而且即将再次举事，在“纸里包不住火”的情况下，便借坡下驴，做个顺水人情，向清廷透露了张格尔（两年前）的行踪。

迈玛萨依特赶紧将这一重要情况禀报给喀什噶尔参赞大臣。这时的喀什噶尔参赞大臣已由永芹充任，其前任武隆阿已于道光二年九月调离。

永芹乃宗室成员，而且与道光帝的父皇嘉庆帝（颙琰）同属爱新觉罗家族“永”字辈，换句话说，永芹是道光帝的长辈，是本朝地地道道的“皇叔”。承蒙侄哥道光帝所器重，前于道光二年年底，永芹被委以喀什噶尔参赞大臣（回疆最高军政长官）这一要职。

对浩罕传递的上述信息，永芹起初将信将疑，随即吩咐迈玛萨依特派妥干之人出卡探查，这才探明张格尔确实由浩罕逃出，仅随带七八人，逃到阿赖后，纠约各布鲁特约数百人，随聚随散，现于奈曼部落一个叫库尔的地方逗留，行踪未定。

永芹不露声色，坐镇喀城，严诫沿线守卡清军加强防查。不久，他又接到布鲁特奈曼部落首领伊满送来的情报，称张格尔与其弟巴布顶带着二百多布鲁特人，前不久由其部落地界经过，他已探知张格尔正打算由英吉沙尔所属的图木舒克、乌鲁克两卡伦入境，前往喀什噶尔滋事。

闻报，永芹急忙调兵遣将，精心布置了一个“两路合围”的剿擒方案：他首先调集索伦兵五十名、绿营鸟枪兵五十名，连同回兵二百名，共计三百名兵丁，迂回出伊尔古楚卡伦，用以截贼后路；随后又调集索伦、锡伯兵一百名、绿营鸟枪兵一百名，分头驰往图木舒克、乌鲁克两卡伦，迎堵贼锋。

为确保合围成功，永芹特派其手下的帮办大臣巴彦巴图，统领上述兵马前往英吉沙尔，并指示巴彦巴图先与英吉沙尔领队大臣色普征额议定防守之策，然后立即赶赴乌鲁克、图木舒克两卡伦，设法擒拿张格尔。

书中暗表，色普征额就是前面讲过的那位，曾于原喀什噶尔参赞大臣斌静手下任帮办大臣，四年前与张格尔交过手，因滥杀战俘被“著以革职”，后被降级使用，充任英吉沙尔领队大臣。

八月二十一日，巴彦巴图督兵驰抵英吉沙尔，次日夜半，正与色普征额商议分兵防捕事宜，忽有戍守乌鲁克卡伦的清军头领、侍卫护军校花山布差兵来报：有贼到卡滋扰，现正在极力抵敌。巴彦巴图闻讯，当即督兵驰援乌鲁克卡伦，令游击刘发恒带领鸟枪兵头前迎敌，又派委协领巴克塘阿带兵出伊尔古楚卡伦，驰赴喀拉他什西山口截堵。

永芹布置的“两路合围”剿擒方案由此展开。

且说刘发恒一马当先带兵赶往乌鲁克卡伦，却因带路回人误引歧途，远绕数十里，直到夜间远望火光起处，这才辨明乌鲁克卡伦所在方位。当他们赶到时，正遇见贼众在卡内烧杀抢掠。刘发恒当即指挥鸟枪兵列队放枪，连毙多贼，余贼始退，纷窜卡外。

巴彦巴图、色普征额随后赶来，目睹眼前卡伦被烧、守卡官兵被杀惨状，心中不免纳闷：永芹大人事先已谆谆告诫各卡伦注意防备，他们也增派兵力加强防守，何至任贼如此猖獗？

原来，张格尔与其弟巴布顶纠集了二百多号人马，从阿赖谷地出发，悄悄越过喀拉他什、达巴罕，于八月二十二日夜窜至乌鲁克卡伦（今新疆英吉沙县西依格孜叶）。是夜，守卡清兵闻听有贼叩关，一个叫贾贵的低级军官轻敌冒进，抢先领兵出栅迎敌，但其弓马稍欠娴熟，未及交战便马失前蹄，落马翻弓，众兵丁急忙上前扶救，就在这当口，贼众围拢上来，贾贵起身持刀格斗，又被伤，贼匪乘势闯入栅内。守卡清军头领侍卫护军校（正六品武职京官）花山布，率兵在卡伦城上施放枪箭，奋勇抵抗。贼匪忽退忽进，相持之时，张格尔指挥贼匪先点燃草堆，烧毁城门，随后一拥而进，大肆砍杀。官兵伤亡大半（伤亡三十余人），花山布不幸阵亡。就在张格尔纵兵在卡内搜掠财物时，游击刘发恒率援兵赶来，张格尔见抵挡不过，便由来路窜逃卡外。

巴彦巴图一面派人追探贼踪，一面赶紧整顿被毁卡伦，补派官兵防守，另又差人查看附近回庄是否安静，防止庄上回民追随张格尔闹事。还好，当地回众未被蛊惑，宗教狂热暂时还没被煽动起来，附近回庄地面还算平静。

间隔一日，色普征额于二十四日带兵先行出卡追贼，巴彦巴图随于二十六日也带兵出卡。清军沿途斩获抢卡布鲁特贼匪二十余名，并拿获贼目伊斯拉木。伊斯拉木被清军认定属“助逆最要之犯”，据他交代，张格尔被官兵击败后，率领四五十人拼命奔逃，已奔过达巴罕。

这时，坐镇喀城的永芹料定张格尔既已奔过达巴罕，那么，下一步必将逃入喀拉他什山。此山峭崖壁立，险峻辽阔，道路杂出，谅他一时半会儿也逃不出山内。而且，从乌鲁克卡伦外向北一直到伊尔古楚卡伦，沿途各路皆通往喀拉他什山，事先派往伊尔古楚卡伦方向，负责出卡截堵的那队官兵，估计此时已抵达山口设伏。

于是，永芹给巴彦巴图发去紧急公文，要他“上紧追擒”，以实现“两路合围”之剿匪方案。

对此，永芹很有把握：想那张格尔自嘉庆二十五年入卡滋事败走后，逆心不悔，这次胆敢冒险重来，正是天夺其魄！我军“两路堵剿，即当成擒！”他在给道光帝的奏折中还表达了一番必胜的决心：乘此时雪未封山，剿捕尚属得力，唯有竭力督率官兵，早擒逆孽，永绝边患！

然而，永芹却没有等来预期的结果。

原来，张格尔被清军击退后，的确由达巴罕—喀拉他什一线窜归，要不是一个清军头领的玩忽愚蠢，张格尔恐怕这次还真是在劫难逃了。

且说巴彦巴图派往伊尔古楚卡伦方向的那队清军，由委协领巴克塘阿带领出卡堵截张格尔归路，但由于行动迟缓，迟延数日才赶到伊尔古楚卡伦，在距喀拉他什三十里处的布隆库尔驻营一宿。次日，巴克塘阿不辨真假，竟轻信一个布鲁特奸细的谎报，误以为“张格尔已由他路窜逸”，旋即带兵退转数十里堵截，待其醒悟为贼所骗、带兵折回时，张格尔已于前一日由喀拉他什西山口远遁而去。

永芹事后非常沮丧，硬着头皮向道光帝奏报：巴克塘阿带兵出卡，缓程行走，又轻信诈言，游移退兵，致张格尔等乘间窜逸。道光帝闻报大怒，当即下旨将巴克塘阿革职，枷号发遣，遇赦不赦！并斥责永芹、巴彦巴图“用人不当，以致坐失机宜”。

此时，道光帝已将张格尔视作严重边患，谕称“张格尔豺野性成，胆敢仗和卓名目招摇惑众，殊属可恶！”他指示永芹“督饬将弁，务必迅速将该逆犯张格尔捕获”，又谕：“趁此雪未封山，即著巴彦巴图等上紧追擒”，“如能拿获张格尔及伊弟巴布顶，明正典刑，永绝根株，方为妥善”。

然而，巴彦巴图奉命带兵追剿却收效甚微，除上面提到的歼灭贼匪二十余人，抓获一个叫“伊斯拉木”的要犯之外，连张格尔的影子也没看到。须知，张格尔为人狡猾，行踪飘忽，加上当时卡内回户又多为其耳目，所以，每次清军退走后，他便往来各地进行叛乱准备；一旦清军开始对他展开抓捕，又能轻易逃脱。清军总是乘兴而去，扫兴而归。其后，永芹商同巴彦巴图，只得撤兵，严守卡伦一线。

直到这年九月，喀什噶尔阿奇木伯克（回务总管）迈玛萨依特，派出一个叫西里布的七品伯克，带人打听到了张格尔的行踪。其实，张格尔第二次犯卡被清军击溃后，仅带二十六人逃脱，起初并未跑远，先是窜入喀拉提锦山区的布鲁特部落，陆续纠集了当地无业贫民六七十人，谋划着一起去抢劫喀什噶尔，并约定“凡有所得，彼此平分”。随后，便潜往靠近卡伦的喀拉霍尔罕一带，在伊尔古楚卡伦外游移不定，寻机偷袭。但终因清军防守严密，张格尔见无机可乘，这才窜往更为遥远的塔什霍尔罕（又称色勒库尔）。

道光帝既知其远遁，也只好下令撤兵严防，晓谕永芹：“该逆现既逃至卡外，潜匿无定，不值再劳兵力远出追拿。”不过，道光帝仍心有不甘，又指示永芹最好利用当地布鲁特人将张格尔擒献，否则，就传令各处卡伦严密防范，待其再来窥伺，相机擒捕。

永芹接旨，一面“慎固边防”，一面派当地可靠的布鲁特人出卡“勤加侦探”。

无巧不成书，窜往塔什霍尔罕的张格尔，在路上正遇见前来为清军探信的布鲁特奈曼部落头领伊满。一开始，张格尔还煞有介事，令人将伊满捆绑起来，审了二十多天，但伊满始终不屈，还向张格尔详尽叙说了喀什噶尔回众有多么安居乐业，大清官兵有多么强盛等等，张格尔听后有所惊悟，似乎也想给自己留条后路，于是便释放了伊满，并且还与他抱经修好。

当时，张格尔不敢再回浩罕，只得向卡外各布鲁特部落求食，他纠集的那伙不逞之徒因分不到财物，时间一久，便作鸟兽散，就连他的亲弟弟巴布顶也与他分伙，自行远往浑都斯（今阿富汗卡塔冈）寻找活路。随行之人越来越少，最后只剩下十几个人、七八条枪，苟延残喘。

张格尔诈降

就在张格尔辗转于塔什霍尔罕山区、穷困无着之际，曾突发奇想，打算亲往喀什噶尔投诚，恳求清廷“赏地安置”。不过，他也知道自己罪孽深重，唯恐清廷不容，反被拿获就戮，故而游移不定。直到这年十二月，张格尔来到柰曼部落，与前不久邂逅相遇的布鲁特头领伊满抱经起誓，表示“欲行投诚”。伊满见张格尔如此信誓旦旦，于是便派其弟提拉巴尔底，先行前往喀什噶尔向清军报信。

书中暗表，伊满，是卡外布鲁特柰曼部落的一个头领，一直被清廷所笼络，赏戴四品顶翎。他本人对清廷“诚心出力，坚心向顺”，在清廷眼里，伊满实为卡外夷人中不可多得的“心地可靠、胆识可用”之人。所以，对他送来的这份有关张格尔“意欲投诚”的情报，清廷方面极为重视。

当下，喀什噶尔阿奇木（回务总管）迈玛萨依特，派其手下熟悉卡外情况七品伯克（回务官吏）西里布出卡，由伊满陪同，赶赴塔什霍尔罕去探查张格尔虚实。

转过年来，也就是道光五年，一月二十八日，张格尔派其亲信阿集迈莫特，跟随西里布、伊满前来喀什噶尔，面呈总管迈玛萨依特一纸信函，表示愿与迈玛萨依特本人及当地通经教主抱经发誓，只要清廷指给他一处回庄维持生计，他便“即来投诚”。

迈玛萨依特见事情已有眉目，便向喀什噶尔参赞大臣作了报告，永芹随即派手下护卫出卡，随同西里布、伊满赶去向张格尔“申约晓谕”。

过了几天，张格尔差派其跟役博巴占来到喀什噶尔参赞大臣衙署商谈，向永芹呈递了“禀字”（诉求报告），欲求罕爱里克回庄居住，也就是说，张格尔请求清廷将喀什噶尔附近的罕爱里克回庄（在今疏勒县罕南力克乡）划为其世袭领地，他便不再闹事。永芹接见了博巴占，向他查问了张格尔的行踪，发给檄谕，准其来投，还特派伊满等人持檄谕先往宣示。

至此，张格尔多次派人传信约降，清廷也屡次遣使往谕，双方信使你来我往，眼看着招降有望。然而，浩罕从中搅局，张格尔复又逡巡游移，在边境一带行踪不定，既来忽退，随又匆匆逃去。

原来，就在张格尔约降期间，浩罕国王派出使节伊满胡里，前往喀什噶尔以呈递信函为由，特来探试。永芹面见夷使伊满胡里，见他只字不提张格尔犯卡之事，又观察到他词语间流露出恐惧状，于是便以为浩罕因曾收留过张格尔，并居为奇货，现在是害怕诡计被我识破而有所顾虑。

书中暗表，面对日益紧张复杂的边地局势，大清疆臣并没有清醒认识，他们根本不相信浩罕敢于跟“天朝”对抗，他们闭目塞听，对浩罕的认识还停留在许多年前的层面上，而对浩罕近一二十年来的经济腾飞与国力骤增一无所知。所以，当浩罕来使只字不提张格尔时，就以为浩罕“慑乎大清国威，且贪厚赏，自不敢不恭顺”。其实大谬不然。

此后，浩罕方面还是不断派出使节到喀什噶尔，仅道光四年七月至次年二月，未及一年，即来使三次，这令清廷方面感到“实为烦渎”。就在道光五年二月，浩罕国王特差密尔杂、阿斯莫图拉前去上书请安，永芹面见该夷使，这才知道其真正目的是“唯求免税”。此前，清廷已照章程免其纳一半关税，可浩罕来使硬是纠缠着要求全免关税，永芹感到浩罕“情词刁谲”，于是加以拒绝，将浩罕官文原封退回，派人将来使“照料出卡”。

浩罕这一无理要求得不到满足，它便暗中策动张格尔再生事端。这是其一。

其二，浩罕也担心张格尔果真降清，那样一来，它将彻底失去张格尔这张唯一可以用来向清廷讨价还价的王牌。于是，在争取和卓后裔的归向上，暗中与清廷角力。

这年春夏之交，张格尔确曾有一度意欲投诚，然而恰恰就在这个当口，浩罕国王马达里汗致函给他，“劝其未可轻投，许以派兵相助”。据说，马达里在信中向张格尔许诺，将派兵数千协同他夺取喀什噶尔。于是，张格尔态度发生变化，转为诈降。

迈玛萨依特获知到这一情况后，还想挽回，故仍旧令西里布、伊满等轻骑出卡，向张格尔示以利害，而张格尔狐疑莫定，要求无厌，竟提出清军必须先释放要犯伊斯拉木，与他出卡见面。

就在这时，有一伙追随张格尔而来的匪类四百余人，陆续聚集到塔什霍尔罕北面的木吉，给张格尔站脚助威，于是张格尔又神气起来，暗中诱使柰曼部落头领伊满等人先将清廷派来劝降的使节就地杀死，然后随他一同入卡抢掠喀什噶尔。伊满等人不从，还密告清使加以防备。张格尔见柰曼部落不从，便退移二十里外，与在木吉匪徒合污一处。

永芹闻讯，当即决定派帮办大臣巴彦巴图带兵三百名前赴木吉，乘张格尔“逆谋未就”之际，“以兵威压之使降”，或就地“相机剿捕”。

巴彦巴图带兵出卡，不料中途行抵达巴罕时，从木吉传来消息：张格尔察觉诈降事泄，已闻风先遁，远窜无踪。巴彦巴图只得领兵回城。

道光帝接阅上述奏报，甚怒，于五月二十七日降旨，晓谕永芹等人：逆裔张格尔狼子野心，情殊狡诈……该逆如敢再来，该大臣当相机尽力歼擒，不可轻信其言，致堕奸计。现已窜逸无踪，亦不必徒劳兵力尾追，即再来逞诈约降，正可置之不理。

其后，张格尔于七月间自木吉偷偷窜到萨雅克部落，该部落距清军驻守的图舒克塔什卡伦只有一两天的路程。张格尔在这里翘首等候马达里汗许诺给他的援兵，只要援兵一到，他就可以入卡抢劫，解决给养。但左等右等就是不见浩罕兵来，张格尔这才发觉浩罕是在画饼，自己被其所诓，于是又欲降清。他差派手下亲信沙巴拉特、迈玛特阿里前来喀什噶尔，向喀什噶尔回务总管迈玛萨依特呈递一封信函，信中对其“约降未成”极尽狡辩之能事。

如果说前不久，清廷还想劝降张格尔的话，那么，此时喀什噶尔参赞大臣永芹早已打探到浩罕要派兵协助张格尔夺取喀什噶尔的传闻，认定张格尔此举不过是妄图以诈降争取时间而已，所以，不会再相信张格尔的鬼话，当场将张格尔派来的信使拘禁。

道光帝在得知张格尔又来诈降后，一面要求伊犁将军庆祥严词回绝其无理要求，同时又命喀什噶尔参赞大臣永芹尽速进剿，务求全歼张格尔匪帮、永绝边患。

诈降，让张格尔重新做人的良机一再被挥霍，从今而后只能继续作恶，一条路走到黑了。

也许，诈降是张格尔家族祖传基因：其祖波罗尼都降而复叛，落败身亡；其父萨木萨克欲降又止，郁郁而终；而张格尔则故伎重演，不死不休。

但此时的张格尔既无外援，又无内应，再加上打劫不成，早已身无分文，迹同流丐，尽管仍一意孤行煽动“圣战”，勾结卡外布鲁特人随他一同去喀什噶尔干一番“事业”，却已没有谁愿意听从一个流浪汉的疯话。张格尔穷困至极，堪堪毙命，当此之时，如果不是一个清军高级将领的愚鲁，其所谓的和卓事业也许就此化为泡影，自我破灭了事。

巴大臣妄杀覆没

且说喀什噶尔参赞大臣永芹在招降张格尔不成后，即严饬各卡增兵防守，同时，继续派喀什噶尔阿奇木伯克（回务总管）迈玛萨依特带人出卡打探贼情。

八月十八日，迈玛萨依特回城向永芹禀报：张格尔自诈降事败窜脱后，潜赴图舒克塔什卡伦外的萨雅克部落，身边跟随仅十八人，现正在勾结该部落头领汰劣克，还派人到邻近各部落招集人马，煽动一同前往喀什噶尔劫掠滋事。

永芹暗想：今该逆纠人蠢动，若不相机擒捕，恐滋蔓难除，于是，派令办帮大臣巴彦巴图以巡查卡伦为名，领兵前往搜拿。

巴彦巴图此前曾两次出卡追剿张格尔，虽未得手，也没吃亏，时常还小有斩获，而这一次却利欲熏心，阴沟里翻了船。

二十一日，巴彦巴图领兵二百出图舒克塔什卡伦，连日搜索前进，孤军深入四百余里，仍未遇一敌；二十四日行抵阿克密依特，询知此地属萨雅克部落头领汰劣克的游牧之地，但搜查了一天，仍一无所获，只得就地安营。

书中暗表，萨雅克部落是布鲁特人的一个大部，曾容留过张格尔，后又将其放走，其头领汰劣克从前也曾追随张格尔入卡滋事，还与张格尔同在此地居住过。此次出卡搜剿，巴彦巴图认定萨雅克部落窝藏张格尔无疑，现而今却扑了空，不觉恼羞成怒。

次日一早，当清军行至那林山区一个叫都尔伯津的地方时，远远望见一处布鲁特人营地炊烟袅袅，放牧牛羊。尽管该营地并未设防，但巴彦巴图为邀功请赏，仍纵兵攻打，乘其不备，凶残地将营地中无辜的男女老幼百余口全部杀害，生擒一人，询以张格尔下落，这才得知张格尔已于五六日前潜匿他处。巴彦巴图鸣金收兵，回撤二十里，向上谎报“遇贼杀敌”。殊不知，他已惹火烧身，因为，就在被他杀害的无辜平民中，包括汰劣克的妻儿、部属也都暴尸荒野。

汰劣克惊闻噩耗，立时被清军这一暴行激怒，发誓要为死难的妻儿及属下报仇，当即召集二千骑兵，由他亲率，一路疯狂追杀过来。

且说巴彦巴图“杀贼得胜”而还，一行人马散漫松懈，沿途毫无警戒，当通过一处山谷时，突然，布鲁特骑兵疾风般尾追而至，乘清军不备，迅速掩其归途。

汰劣克提马上前质问：张格尔虽曾在我游牧地居住，但（朝廷）并未谕我擒拿，今何以将我妻儿全行杀害？

巴彦巴图自觉理亏，又见敌我众寡悬殊，来者不善，遂无心恋战，只得希图全军而退，于是假装许以重金赔偿。

汰劣克又假装谢罪求赏，于是递马往返，故意延搁至天色将晚。

就在这当口，张格尔也不知道从哪里冒了出来，招来大批贼匪赶来参战，且气焰极为嚣张：不是要逮老子吗？老子来了，看谁把谁灭掉？

一时间贼匪越聚越多，清军被围困在山谷中。巴彦巴图见状，只得上山寻路，随后至山顶驻扎。

是夜，汰劣克发起攻击，巴彦巴图率部力战一夜，战至黎明，杀敌百余，自损大半，且枪箭俱尽。巴彦巴图奋力冲杀，透围十余里，就在距坡口不及一里、眼看就要抵营之时，他却勒马不前，目睹手下官兵死伤惨重，不忍独脱；旋因右臂中枪，不甘被俘，遂自刎身亡。

此战，巴彦巴图带出卡外的二百官兵中有一百三十余人阵亡，几乎是全军覆没，仅有数十人溃散后，趁贼匪分抢马匹财物之际，狼狈逃回。当日，永芹曾派兵接应，然而才走了两站地约二三百里，行至一个叫察克的地方时，正遇见溃围逃出的残兵，报称巴彦巴图及其属下俱经阵殁，接应官兵闻讯止步，不敢再向前行进，随即掉头返回卡伦防守。

书中暗表：自西域新疆归入大清版图六十年以来，清军在中亚一带从未遭受过如此惨败，一时间，天朝威风扫地，边臣惊恐不已。

永芹恐贼势越发嚣张，故而一面飞调叶尔羌、乌什两城官兵各三百名前来协防，又一面飞咨伊犁将军派兵支援，以壮声威。伊犁将军庆祥接到永芹紧急公文，“不胜骇异愤懑”，赶忙派领队大臣穆克登布领兵一千驰往喀什噶尔，又令领队大臣乌凌阿领兵一千待命。

不久，败讯传至北京，道光帝大为震惊，痛心疾首不已：“该逆张格尔屡次犯我卡伦，伤我官兵，甚至二品大员临阵捐躯，同时阵殁者以百计……以我堂堂大清屡挫锐于小丑，成何事体？”他切责永芹：身为参赞大臣，只知株守城中，调度失当，重失事机，其咎实无可辞！又切责庆祥：身为将军，总统新疆各路，既不能事先防范，事后又一筹莫展、空言搪塞，殊负倚任！

道光帝本想将庆祥交部议处，将永芹革职治罪，但转念一想，若此时将他二人革职议罪，反倒让他们置身事外，便宜了尔等，加之“惟此时边防紧要，未便骤易生手”，于是连发上谕，九月十八日，对永芹暂缓治罪，留任察看，要求他这位皇叔“勉赎前愆”，也就是说，努力用实际行动来抵消、弥补以前犯下的罪过；十月二十七日，道光帝又谕庆祥前往喀什噶尔，督同永芹“务将张格尔及汰劣克设法擒捕”。

是日，道光帝又做出一系列重要人事安排：以大学士陕甘总督长龄代理伊犁将军，以陕西固原提督杨遇春代理陕甘总督，命代理陕甘总督鄂山回任陕西巡抚，调湖南提督杨芳为陕西固原提督。可见，道光帝当时已感觉到庆祥、永芹应对战事不太得力，开始有所准备，将能打仗的大臣往西北方向调动。事后证明，道光帝此番人事安排还是颇有先见之明的。

且说大学士、时任陕甘总督长龄，接奉谕旨时，正在四川广元出差公干，他立即掉转马头，驰赴伊犁署理将军印务，自此介入平乱军务。

赴任途中，长龄又接到道光帝给他的批谕："边疆辽阔，事关紧要，非卿署理不可。卿其善体朕心，勤慎办理，以副委任。"显然，圣上对长龄寄予厚望。长龄亦自知奋勉，见军情紧急，请示朝廷他可否径赴喀什噶尔御敌，但未获准；在闻知庆祥奉命前往南疆主持军务，并提出"调乌鲁木齐及各路换防兵丁四五千人作为出卡擒捉张格尔之师"后，长龄立即奏告清廷，指出张格尔事"缓则易办"，主张庆祥去喀什噶尔后应"大悬赏格"，以期"以夷制夷"，也就是说利用布鲁特人之力捕捉张格尔。接着，长龄建议：可先不进兵卡外，而是令庆祥"酌留得力官兵千余名防守，贼来，诱其深入，痛加剿办"，并传知浩罕，令其帮同拿解张格尔等。长龄以其自身曾在新疆戍边的经验，指出所调官兵均系"生兵"，并无战斗经验，难期得力。长龄这些奏议被道光帝认为是"老成持重之见"。

当时，对于清军此次出卡覆没，阵亡大员，致损声威，满朝文武同仇敌忾，都认为"必须痛加剿办，以彰天讨！"怎奈探报显示张格尔等窜至更远的硕拉地方，加之冬季已经到来，卡外冰雪在地，势难进兵，清廷也只得按兵不动，严守卡伦一线，徐筹进战之计。

随着贼匪远窜，喀什噶尔一带平静下来，而永芹却病倒了。尽管仍"力疾办公"（带病坚持工作），但道光帝还是下旨，将永芹革去都统一职，饬令来京另用。

书中暗表，都统乃清代八旗组织中一旗之最高军政长官，革去某位旗人在八旗中的任职，就相当于今之撤销其党内职务。很明显，永芹并未因其皇叔身份而被豁免罪责，相反，道光帝还要传永芹到京，当面问责此次全军覆没之原委。

然而，就在这当口，永芹突然病故于任上。

十一月，道光帝下旨，实授长龄为伊犁将军，以接替赶赴喀什噶尔主持军务的庆祥；同时又实授庆祥为喀什噶尔参赞大臣，接替病故的永芹。

人固有一死。死，对于永芹而言固然是不幸的，但当此之时，又算是幸运的。就在这年十二月十三日，大寒这一天，刚刚接任参赞大臣的庆祥，将查访到的喀什噶尔官兵出卡失利的原委奏报到京，道光帝这才了解到巴彦巴图为邀功请赏而滥杀覆没的实情，又怒又恨，谕曰："是张格尔穷蹙余生，甚好机会，转致措置乖方，重损声威，实堪痛恨！"而这时永芹已经病逝，道光帝无从追究其责，也只好不了了之。

道光帝的"痛恨"不是没有道理的，正是永芹"措置乖方"与巴彦巴图滥杀覆亡，直接激成张格尔翌年入卡煽起大规模暴乱。

张格尔借尸还魂，贼势愈加猖獗

且说张格尔联手汰劣克消灭巴彦巴图一哨人马后，在当地屯聚数日，他并没有再进袭卡伦，反倒一时害怕清军报复，与汰劣克逃往更遥远的硕拉地区，距卡伦一线有五六百里之遥，落脚在位于托古斯托罗地界的汰劣克兄弟阿坦台家中，汰劣克等头领也都在其附近盘踞。

从表面上看，张格尔复行远窜，一切似乎都平静下来，但实际上，攻守之势已悄然发生逆转，卡外正急聚着一股强劲的邪恶势力，回疆局势日渐恶化。

巴彦巴图为邀功而滥杀无辜，使许多布鲁特平民惨遭杀害。清军的暴虐激起了布鲁特人极大义愤，大批布鲁特人被推到张格尔一边。他们很快投到叛乱者营地，酝酿着大规模民变。这无疑给张格尔所谓的和卓事业注入了从来没有的生力军，加上张格尔又亲眼看见"中国人已经多么不得人心"，这就使他在困顿绝望中信心陡增，本已堪堪毙命，今又借尸还魂，乘势而上，从而敢于进行更大的冒险。

这是天朝大兵在西北边关的第一次失利！张格尔及其同盟者已经击

溃一支清军的消息迅速传遍塔里木盆地各城，西四城白山派教徒闻之，一时人心思变，跃跃欲试；紧接着，这个消息又迅速传遍中亚各地。张格尔将割去阵亡官兵的发辫送往浩罕，以此告知浩罕等中亚各国的统治者，还有哈萨克、布鲁特各部落首领：看，没有了乾隆皇帝的大清国，不过是只纸老虎，这是夺取回疆的大好机会！

不久，约有一两千冒险者从各地投奔到张格尔在喀什噶尔边境各处树立起来的旗帜之下，就连去年与张格尔分伙的那位张格尔的亲弟弟巴布顶，闻听其兄获胜的消息，也急于与之会合，乘势聚谋，现正从遥远的浑都斯（今阿富汗卡塔冈）兼程赶来。

至道光六年春，张格尔已纠集匪党三四千人之多，分驻哈瓦克、托古斯托罗、呼瓦赫依、阿克赛、库克赛、察尔巴克六处地方，并于各路要隘之处安设头目和马匹，以便互为声援。张格尔还逐渐拼凑起一支由喀什噶尔回人、浩罕人、安集延人、哈萨克人和布鲁特人组成的超过五百人的队伍，而且，更令他喜出望外的是，这回竟有一个后台大老板给他提供军火，帮他训练队伍。

此谁也？当然不是浩罕那种低层次的暴发户，其庐山真面目有待稍后揭开。

不过，张格尔内心仍感觉到卡外的浩罕人、布鲁特人非其族类，“究难成事，不如纠约回子易于煽惑”，于是加紧入卡煽惑回众。就在道光六年初，张格尔多次差人潜入卡内，窜到白山派回众聚居的叶尔羌、喀什噶尔，令人编写传单到处散发，向当地回众大肆吹嘘他张格尔如何机谋，如何慈厚，如何爱怜，以及张格尔和卓心里想念着众回子，不忘祖父事业，还有，他去年如何率众攻灭官兵，如何神勇，并大言不惭蛊惑道：“但见其一面，即两世受福；但饮其杯茗，即百虑皆忘。”用以欺骗和煽动当地回民在他入卡之时，务须舍命舍财前往迎接。而当地白山派头领也暗中通敌，为张格尔到处鼓噪，于是无数回民群众的宗教狂热情绪被煽动起来，相互约谋六月十二日古尔邦节那天举事。

再说庆祥受命回疆参赞大臣后，按照道光帝“镇以兵威，悬以重赏”的谕旨，加强边防与境内查拿力度，在获悉张格尔啸聚山林后，便着手调伊犁、乌鲁木齐官兵二千五百名开赴南疆，他还檄谕浩罕“如各逆窜投，毋许收留容庇”。这些措施也收到了一定效果，甚至还击毙、擒获张格尔手下的三四个头目。然，庆祥之计只此而已，未能从根本上解决问题，张格尔仍逍遥法外，愈加嚣张。道光帝对此甚为不满，传谕庆祥：“朕计日以待者，在张格尔及汰劣克诸人，若每隔旬日仅拿获一二名助逆者塞责，旷日持久，反使该逆等积粮聚众，以为抗拒之计，殊负委任。”

总之，这一时期，张格尔据卡外那林河源，募集所谓“义兵”，又纠结卡内回众为其耳目，屡番骚掠边境，见清军出卡则远遁，又危词乞降，变诈百出。随着受张格尔蛊惑的民众愈来愈多，张格尔自恃羽翼渐丰，竟敢公然差人传话：“天朝有多少兵力？”

一时间，大清西陲黑云压城，山雨欲来。

在此，我们不禁要问：已处于中衰之际的大清道光朝尚能战否？

当时光的年轮缓缓驶入 19 世纪初叶，大清帝国已入主中原近二百年，那个曾经如日中天的康乾盛世，业已化作渐行渐远的背影，而嘉道中衰终成大势所趋。尽管如此，帝国进入道光朝时，虽说是桑榆暮景，盛世气象不再，但犹如日薄西山时的晚霞，也闪耀着它独有的炫目色彩，引人回望……

第六章

日薄西山红霞飞

——道光帝治下的大清朝，在必须一战之时，尚能一战

未觉池塘春草梦，阶前梧叶已秋声；似水流年终成梦，梦里依稀盛世尘……

他是本朝一哥，一位勤勉好学、严于律己的守成之君。做皇子的时候，每日在上书房听师傅讲习，不曾有丝毫懈怠。他自幼酷爱读书，在上书房读了三十几年的书，即便是做了皇帝也手不释卷。他深受儒家思想的熏陶，克己复礼，远离享乐，且毅力惊人，平日里穿最朴素的龙袍，吃最最节俭的御膳。瘦骨嶙峋的他，追求淡泊宁静的生活，看去就像一位道学高士，言语间透出浓浓的书生气，目光坚定又有几分迂腐。

这幅据说是道光帝登基前做王子时的画像，也有说是道光帝即位之初的画像：手持鼻烟壶，神态自若，与大多数他后来端坐于龙椅上的皇帝朝服像不太一样，更显得生动传神，富于生活情趣。那时他还很年轻，看上去容貌清朗，犹如松风水月一般。不过，以面相学观之，他的眉毛短浅、散乱，或曰：非福相也。但又据民间传说，道光帝初登皇位时，某次微服出宫，青衣小帽在皇城附近转悠，邂逅京城神算李铁嘴，号称"断事如见"，就其面相给予极高评价，连赞龙眉虎目，一脸英武之相、富贵之貌。特别是那副高颧骨，用李铁嘴的话来说，那便是：男子颧骨高，必为人中豪，将来必然有安邦定国之位、经天纬地之才。

其实，人之一生福祸相倚、否泰相伴，平头百姓如此，真龙天子亦然，岂非面相所能预判耶？一如我们后面将要看到的那样，道光帝在平定回疆张格尔之乱时，屡屡失手，在几乎无望的情况下，猛然间峰回路转，红旗报捷……此乃后话，暂且按下不提。

道光帝为大家所熟悉，但熟悉的地方依然有风景，所以，我们有必要先赘述一下这位守成之君的成长经历：

贵为"嫡长"，修文习武

道光帝原名"绵宁"，继位后改名为"旻宁"（mín níng），以便臣民避讳。

他生于乾隆四十七年八月初十日（1782年9月16日），儿时是在盛世繁华的气氛中度过的。六岁入上书房读书，接受十分严格而系统的帝王传统教育。他自幼好学，修文习武都很专心，年岁虽少，却饱读诗书兼善骑射，深得祖父乾隆帝的宠爱。

那是一个秋高气爽的日子，十岁的绵宁初次跟随乾隆爷外出行围，便出人意外，引弓射获一只小鹿。见孙儿如此英武，老皇帝大喜，赐以黄马褂，赏予双眼花翎，又即兴赋诗志曰："老我策骢尚武服，幼孙中鹿赐花翎。"还特别夸赞道："所喜争先早二龄。"乾隆帝这是在说他本人十二岁时，初次随皇祖康熙帝行围得熊，而嫡长孙绵宁这次初猎获鹿，年仅十岁，比当年他自己还早两岁，实在可喜可贺。

从这位自诩"十全老人"的诗中，着实可以体味到乾隆爷为大清江山后继有人而欣喜万分。

到嘉庆帝即位时，绵宁已十四岁。来年，由父皇指婚成亲。

长大成家的绵宁，仪表高贵，举止得体。当初既有祖父的真心宠爱，现而今又有父皇的刻意培养。

书中暗表：绵宁乃嘉庆帝之嫡福晋所生，起初排行次子，在其兄长早夭后，便形同嫡长。正是这一无与伦比的"嫡长"优势，使得绵宁在乾隆朝后期，乃至整个嘉庆一朝，始终处于长期受宠的优越地位。在众人眼里，由他来承继帝统，实乃顺理成章之事。而实际情况也正是这样，就在嘉庆四年四月初十日这一天，十八岁的绵宁被秘密立为皇储。

书中暗表：后来，旻宁当了皇帝，史称"有清一代，皇帝嫡出者，只此一帝"。

鸟枪一举，大位得定

嘉庆初年，白莲教哗然而起，纵贯川、楚、陕、甘、豫五省，酿成大清开国以来最大规模的民变，把整个大清朝闹得鸡飞狗跳，不得安宁。

嘉庆帝与一班王公大臣日夜紧急筹谋剿匪方略，而绵宁的皇子生活仍旧波澜不惊，并未受到多少影响。他在父皇赐名的园居“养正书屋”一住就是二十多年，“日与诗书相砥砺”，努力培养自身正气与正能量，他还亲笔书写了“至敬、存诚、勤学、改过”四个条幅，挂在屋中，用以励志。正是这种长期的韬晦生活，对绵宁性格的形成有着相当程度的影响。绵宁后来成为清朝帝王中一位典型的守成之君，其一举一动，莫不恪守祖制，循规蹈矩，这与他在潜邸中的常年历练当不无关系。

然而，平静的宫廷生活也并非一成不变。陡然间，变生肘腋，于无声处炸响一颗惊雷。

嘉庆十八年（1813 年），绵宁三十二岁。这年九月，他随父皇去承德巡狩木兰，但由于连日阴雨，故而奉旨先期回京。没想到，他这一回来，正赶上一场震惊朝野的大事变——天理教徒攻袭紫禁城，史称“禁门之变”。

当时，北方地区的白莲教诸门派活动频繁，朝廷虽然采取了残酷的剿灭手段，但始终未能平息，甚至京畿重地也出现不稳，彗星当空，谣言四起。这一年，久居京郊的天理教策动了一次起事，企图攻袭紫禁城，一举推翻满清统治。

天理教是一个民间秘密结社的邪教组织，属白莲教的一个支派。

九月十五日晨，天理教徒二百余人分作东、西两路攻袭紫禁城。东路进攻东华门，但被清军及时发觉，城门即刻关闭，大部分教徒被挡在门外，未造成太大影响；而西路攻打西华门的天理教徒则顺利冲进门内，全队五六十人很快打到隆宗门一带。

当年，紫禁城在统治者的眼里从来都是“固若金汤”，这次居然被几十个手持短刃的天理教徒一拥而进，宫内各色人等猝不及防，顿时乱作一团。那些后妃、皇子，以及闻讯赶来的显贵勋戚、文臣武将等，平时里养尊处优，神气活现，而今惊闻事变，犹如彗星溅落，个个被吓得魂飞魄散。集合起来的军力不足百人，又不知来犯者人数和去向，不敢贸然出击，甚至有的护军统领竟然准备好了逃离的车马，打算溜之大吉。

当此危急关头，正在上书房读书的绵宁，一闻有警，便冲出迎战。

此时的紫禁城，皇帝在外，群龙无首，皇子绵宁自然成了众人的核心，担当起临时统帅的角色。他一边下令将紫禁城四门紧闭，严防死守，一边派人召集禁军入内剿捕，随后命人取来腰刀、鸟枪、撒袋，迅速披挂停当，立于养心殿台阶上，警觉地观察着四周动静。

猛然间，撞门声大作。

原来，攻入西华门的那支教匪，已杀到隆宗门前，疯狂地开始撞门。

隆宗门是进入内廷的关键，一旦打开，各宫就任其平蹚了。

起事者见撞不开门，便打算由门外诸厢房翻墙入内开门。

绵宁听到撞门声，已提高了警惕，抬头一看，忽见五六名天理教徒已攀上养心殿对面御膳房的屋顶。

那一刻，是一群杀红眼的邪教匪徒与一位深居宫中的书生皇子相对垒。往日传说中的教匪总觉得远在天边，而今却已近在眼前，一个墙上，一个墙下，双方的距离如此之近，彼此间都能把对方的眉眼看得真真切切、明明白白。

绵宁果断举鸟枪射击。随着一声枪响，一个教徒中弹坠墙而亡。

鸟枪号称现代步枪的鼻祖，但使用起来却极其繁琐，几个步骤做下来得让你出一身汗，所以一般都要几个人轮流装填弹药和发射。若是一个人单挑，脆弱一点的绝对经受不起。事实证明，绵宁真是好样的！他动作麻利，而且枪法极准，在第一枪就撂倒一个后，赶紧装填弹药，但情急之下竟找不到弹丸，于是一把扯下衣襟上的金纽扣，装入枪膛，再次射击，将另一个手执白旗、似在指挥的匪首迎面打落。

就这两枪，把进攻者全给镇住了，“错愕不敢前”，不敢再攀援上墙，甚至开始纷纷潜匿。

而宫里这边，则是枪壮怂人胆。鸟枪一响，刚才众人还惊恐万状，此刻胆量和爆发力全都被超水平地激发出来，皇三子绵恺紧随皇兄之后，冲到门前，跟着乒乒乓乓放起了枪，太监们也大呼小叫，手持棍棒踊跃参战。原本庄严肃穆的紫禁城被闹翻了天，硝烟四起，喊杀冲天，好一番混战……

午后，禁军自神武门赶来增援，枪箭齐发，将这伙贼人射杀于隆宗门前。

绵宁令禁军乘势在大内搜杀残余的天理教徒，又到储秀宫安慰皇后，命三弟在皇后身边时刻保护，不许片刻离开，同时在西长街布置警戒，以确保皇城安全，然后飞章上奏，向父皇嘉庆帝报告这次事变的经过。

入夜，京城大雨倾盆，电闪雷鸣……

次日，嘉庆帝在回京途中风闻禁宫出事的噩耗，极为震惊！皇帝行銮被迫在雨中停顿，进退两难，不知所措。还好，没多时，接到宫中发来的紧急奏报，当得知阿哥绵宁已率众平息了暴动后，嘉庆帝大为感动！一惊一喜，忍不住泪如雨下，泣不成声。在他看来，“禁门之变”简直就是奇耻大辱！“宫廷内地，奉有祖考神御，皇后亦在宫中”，而皇帝没走多远，老巢就差点让人给抄了，历数汉唐宋明，哪朝哪代有过这等糗事？从来未有之事，竟出在我大清。这将如何向先祖们交代呀？嘉庆帝不由得哀叹：“我大清以前何等强盛，今乃致有此事？”此乃清军入关一百七十年以来，清朝最高统治者第一次对自己的统治权力产生了巨大的危机感。

嘉庆帝大骂那些侍卫和禁军保护不力，亲王大臣玩忽职守，唯独对阿哥绵宁的表现甚感欣慰：多亏这位阿哥提前回宫，力挽狂澜，否则后果不堪设想。嘉庆帝盛赞此儿有胆有识，身先捍卫，忠孝兼备，以致“垂泪览之，可嘉之处，笔不能宣！”当即封为“和硕智亲王”，加俸银一万二千两，就连绵宁所用的那杆鸟枪也被赐名“威烈”光荣称号。

绵宁受封后，即上折谢恩，表示“事在仓促，又无御贼之人，势不由己，事后愈思愈恐”，句句恳切，显示出一种不矜不伐的高贵气度。

经此事变，绵宁在内廷威望大增，群臣纷纷上奏，或赞其沉着冷静，或誉其勇武果敢。这个时候，嘉庆帝是否已经立储，众人不得而知，但几乎所有的人都相信，绵宁肯定是大清朝接班人无疑。于是坊间流传开这么一句话：鸟枪一举，大位得定。

其实，作为父亲的嘉庆帝对绵宁本来就很赞赏，如今又见他在镇压邪教起事中的出色表现，更坚定了传位于绵宁的念头，相信此儿既能守住禁门，将来也能守住江山！

据故老相传，事后清理战场时，嘉庆帝有意留下一个射中隆宗门匾额的箭镞不被拔掉，用以警示皇子皇孙勿忘这次惨痛教训，引以为鉴，铭记于心。时至今日，二百多年过去了，那个箭镞仍嵌在隆宗门的匾额上，一如当初。

天降大任，恪守祖制

嘉庆二十三年（1818 年）九月，嘉庆帝带着绵宁前往盛京祭奠先祖。盛京也就是今天的沈阳，乃大清朝龙兴之地。晚上，父子两人就住在沈阳故宫里。这是清军入关前的皇宫。虽说是皇宫，但实际上相当局促简陋，不要说无法与北京的紫禁城相比，就是那些盐商、洋商、晋商的宅院，也不知要比这里阔气多少倍。

嘉庆帝特意把绵宁领到了清宁宫东暖阁，又叫人从仓库里请出太祖努尔哈赤、太宗皇太极用过的器物：已经没人会用的糠灯、牛皮制成的蠢笨的乌拉、不施油彩不加雕琢的手杖……在摇曳的烛光下，父子俩瞻仰良久。

睹物生情，嘉庆帝感慨万千，他谆谆教导绵宁，想当初，逐鹿中原者有三，皆自称“顺”：流寇李自成、张献忠妄称“大顺”，我祖颁诏天下，宣称“顺治”，都希望顺顺当当坐稳江山，但最终只有我祖从这里出发，入关进京，赶走李自成，剿灭张献忠，底定中原。个中原因很多，但其最重要者，诚乃我列祖列宗特别能吃苦、特别能战斗……

注视着这些简陋不堪的传家宝，聆听着父皇的教诲，回想着祖辈创业时的艰难，绵宁心情久久不能平复，他立志“敬天法祖，节俭律己”，套用今天的话说，就是要“严格要求自己，继承和发扬革命先辈艰苦奋斗的光荣传统”。

两年后，嘉庆二十五年（1820年）七月二十五日，那是一个闷热的夏天，嘉庆帝猝死于承德避暑山庄，随銮伴驾的绵宁于当晚匆忙继位，成为清朝第八位皇帝、定都北京后的第六位皇帝。

八月二十七日，绵宁在紫禁城太和殿举行登基大典，颁诏天下，以明年为“道光元年”。“道光”两字的含义是：高尚的道德与正确的主张得到发扬光大。这可视作新皇登基后的执政理念和政治理想。

道光元年（1821年），道光帝年整四十不惑，正值春秋鼎盛。他接手的是一个繁衍着亿万生民的泱泱大国，物产丰富，自给自足。据有关史料统计，到1820年道光皇帝继位时，中国的GDP总量还占据着世界GDP总量的32.9%。

这是怎样一个概念呢？要知道，即使是当今世界头号超级大国的美国，近50年来，在其经济总量占全球比重最高的年份1985年，也就才32.32%。

由此观之，我们这个东方古老的国度，此时尚保留着天朝上国的堂皇气派，拥有广袤的疆域、发达的农业、兴旺的商业、众多的子民和属国，仿佛仍占据着光辉的顶峰，而未来的一切悲剧也都不会发生似的。但此时的大清朝实际上已由盛转衰，渐露颓败之象。国家机器存在诸多问题，国库空虚，社会不稳，民生凋敝，官场很贪腐，军中多奢靡，神州大地死气沉沉。

道光帝亲身经历了乾隆朝的升平盛世与嘉庆朝的衰落动荡，同他的父亲嘉庆帝一样，对清王朝表面太平盛世下隐藏的危机怀有深刻的忧虑。

对他来说，守住祖宗传下来的这份偌大的“家业”比什么都重要！

封建皇帝以国为家，责任到人。道光帝因此感到责任重于泰山，任重而道远。他告诫自己务必“恪守祖制”，努力向列祖列宗交出一份合格的答卷，甚至还怀揣着一个要让大清朝在他手中重现盛世辉煌的远大梦想。

天降大任于斯人，男儿有梦心如铁。

既然有梦，那就且行且珍惜吧。

新皇登基三把火：力戒浮华、倡导实政、整顿军备

身为守成之君，道光帝纵观王朝兴替，也明白“创业易俭，守成易奢”的道理：艰难创业时往往背负使命感、责任感和危机感，能够做到筚路蓝缕、毁家纾难；一旦天下无事、承平日久，往往会疏于律己、不再朝乾夕惕，于是暮气取代朝气，安逸磨平斗志，贪图奢华享乐。于家于国，这种“守成易奢”的历史怪圈，能走出者多兴盛，不能走出者必败亡。此乃千秋炯戒！

那么，如何走出“守成易奢”的怪圈呢？

道光帝的答案是，打铁还需自身硬，首先从我做起，力戒浮华。

道光帝“秉性谦冲”（本性谦虚谨慎、自我克制），做皇子时生活就很简朴，即位之初，便颁发《御制声色货利谕》。这是一篇号召节俭的宣言书，坚决反对享乐主义，狠刹奢靡之风，表达了当今天子的节俭理想。此后，道光帝又针对自乾隆朝后期以来，官场奢侈之风日益蔓延的现状，昭示“恭俭惟德”，并首先从自身日常起居所涉及的一支笔、一餐饭、一件衣服做起，进而延伸到各个方面，带头过紧日子。

他使用普通的毛笔批阅军国大事，所谓的“御笔”无非仿制于民间，是极普通的那种，甚至连笔管上镌字都免了，认为浮夸，没必要。每餐不过四盘菜肴，两盘赏给大臣，另外两盘自己吃，吃不完的留作晚饭，热热再吃，绝不浪费。道光帝从不挑食，偶尔他也会想起要尝尝某个菜（比如片汤什么的），一问价钱太贵，马上打住。平日可供换洗的衣服

没有几件，除了龙袍外，衣服穿破了就打上补丁再穿。外出减省仪仗，不再增建宫殿楼阁，停止各省进贡，宫中用度更是缩了又缩，减了又减，每年不过二十万两银子，吃穿拉撒睡以及各种礼仪排场全都包括在内。在这方面，哪怕是有违祖制，也在所不惜。

比如，道光帝规定，尽量减少节庆惯例，皇帝生日、皇后生日、除夕、元旦、元宵节、冬至的庆祝活动一律取消，节省开支，杜绝浪费，甚至，还一度盘算着一项就连列祖列宗也从没有过的“创新思维”：在宫里养几只母鸡，下得蛋来自给自足，进而可省下几个伙食费，积少成多，也是一笔不小的皇银内帑嘛。

又如，热河避暑、木兰秋狝，是过去几代清帝形成的惯例，因耗费巨资，道光帝便宣布废止。他本人弓马娴熟，也喜欢打猎，冲龄之时，即随祖父乾隆帝行猎，射获一只小鹿。但是，自登基以来，从为天下苍生节省每一文钱计，道光帝没有搞过一次行围。有时实在手心发痒，便微服出宫，带上几个随从，沿着护城河边的小树林，用弹弓打两只麻雀过过瘾。仅此而已。

这个世界上，也许最不缺的就是鼓吹道德的人，但太多的“道德家”都是把斗争的矛头指向别人，而把颂扬的喇叭吹向自己。道光帝不是这样。他于古玩珍奇一无所好，对吃喝玩乐、声色犬马也不热衷，从不搞什么几下江南，更不见大兴土木，搞什么形象工程，闲下来就是读书写字。在私生活的自律方面，别说他爷爷乾隆那样的风流皇帝不能相及，恐怕就连他那位本已相当谨小慎微的父皇嘉庆帝也做不到。

在严格自律的同时，道光帝也勤于政事，力图有所作为。平日里，召见臣工，批览奏章，常至夜分，且几十年如一日。他倡导实政，在位期间，凡遇贪官污吏，均能严惩不贷；面对廷臣疏谏，大多也能欣然接受；他治理水患，整顿盐政，蠲免钱粮，赈济灾民，疏浚河道，试行漕粮海运，严禁鸦片流毒，戡定西北边陲，维护国家统一，等等，堪称勤政、节俭的典范。

道光帝如此这般身体力行，还在于他要以身作则，重塑大清官场生态，为此，曾专门下诏，语重心长，寄语列位臣工：“朕寅绍丕基，兢兢业业，宵旰弗遑，无日不以敬天法祖、勤政爱民为念。直省封疆大吏当知仰体朕意，洁己惟清，莅事惟公”，希望群臣也能像他这样严格要求自己。然而，道光帝的身体力行与克勤克俭，更多的只是节省了自己、劳累了自己，官场时兴声色犬马，饮食之精靡、挥霍之无度，无不变本加厉；文武官员生活之豪奢、职守之玩忽，为其梦想不到。

尤其令人堪忧的是，享乐主义、奢靡之风已严重侵蚀着帝国的军队。清朝的“经制之师”（正规军）是八旗军与绿营军。康乾盛世前期，清朝曾拥有世界上最为强大的武装力量之一，而后几十年没打仗，武备松弛，就连号称八旗精锐的京师健锐营都已不堪入目，其战斗力居然堕坏到“十人上马半数落，龇牙咧嘴腿骨折”的地步。军队训练“三天打鱼，两天晒网”，而“宴戏应酬”这等奢靡之风、享乐主义反倒盛行无阻，“大宴会则无月无之，小宴会则无日无之”。吃完了，再开堂会，请戏班子唱戏。于是乎，各色酒楼饭庄戏园子，市幡高挂，家家满坑满谷，夜夜秉烛欢歌达旦，就连道光帝都感到很纳闷，曾不解地问：“何故军中票友者如此众多？”

古往今来， 个以吃喝玩乐、吹拉弹唱为能事，把戏子名角捧上天的王朝，其军力是不堪一击的。

这是一幅完成于鸦片战争前夕，由英国人绘画的道光帝午门大阅图，场面颇为壮观。“大阅”是清代的阅兵仪式。大清朝的阅兵礼，不在天安门，而是一般在天安门后的午门。大阅时，皇帝登上午门城楼，将士们山呼万岁，京城一片鼎沸。这是京城八旗将士唯一能见到皇上的机会。

19 世纪前期的欧洲对中国尚存敬意。在欧洲人眼里，中国是当时世界上唯一的“超级大国”，是一千多年来唯一能与罗马帝国相提并论的“中华帝国”，所以画面中的中国还没有被丑化、妖魔化，而是被描绘成其大无边的天堂帝国。

不过，在 19 世纪的欧洲人中，有的已经看到天朝大国的虚弱，故而从“旁观者清”的角度，对画面内容别有意味地作了一番描述性的注释，在行文中这样写道：“描有龙、虎、猛兽形状的八旗旗号和制服看起来很威猛，而实际上这支军队毫无战斗力，只是一种形式主义罢了。北京城里的八旗军平时根本没有任务，天下太平，家居京城的满族士兵们做生意、抽大烟、听大戏、养鹦鹉、生一大群孩子，都听任自便。”

显然，这位远隔重洋的英国佬，一眼便看穿北京朝廷已经只剩下了一副空架子。

这便是经制之师的真正实力，道光帝略有察觉。它刺痛着当朝天子的心，于是颁发圣谕，要求大清将士展现战斗姿态，破除和平积习，还要求每位高级将领上疏言事，报告他们的治军方略。道光帝对尔后报上来的奏折或褒或贬，甚至在朱批中，还手把手地教导如何练兵，如何正确使用弓箭、鸟枪、火炮，如何善谋打仗。

书说简短，在道光帝身体力行的感召下，大清官场及军界风气确有改观，最起码有如午门大阅兵，看上去甚是壮美。

客观地讲，尽管当时国家机器问题很多，但大体上也还运转正常。尤为难得的是，当朝天子固然算不上雄才大略，但他克勤克俭，兢兢业业，对经营好祖宗留下的这份偌大基业抱有强烈的使命感，能够从始至终地认真对待自身作为一国之君所肩负的职守。

所以，如果说道光朝已敝坏到无官不贪地步，未免夸大其词。一者，当时官场中人大多科甲正途出身，都曾饱读圣贤书，学做圣人，其做人做事尚知廉耻，为官为吏尚有底线；再者，朝廷查办贪腐，惩罚及时而且严厉，大小官吏尚知有所儆戒。另外，当时朝中尚有像曹振镛这样的虽谨小慎微但也不谋私利的首辅军机大臣，又有像文孚这样“公正以清、请托不行”的吏部尚书，像玉麟这样熟悉边务、立主坚守的兵部尚书，还有像户部尚书王鼎那样敢于犯颜直谏的诤臣，甚至还有像祁寯藻这样一生忠君爱民、学粹品端的大学士；八旗中尚有像长龄、庆祥、武隆阿、那彦成这样的尚武贵胄；地方上尚有像陶澍、鄂山、卢坤、林则徐那样的任事能臣；军中尚有像杨遇春、杨芳、额尔古伦、胡超那样的忠勇战将；即使是陪外廷末议，也还有像龚自珍、魏源、左宗棠这样的忧国士子。

道光治下的大清朝，社会虽不安定，但还不动荡；民生虽显凋敝，但还不破败；官场虽然陋规成风，但底线犹存，尚未抽心一烂；军中虽多奢靡，但将领还不至于贪生怕死、懦弱无能；神州大地虽说死气沉沉，城镇乡村却仍大面上井然有序。总之，大清朝依然顶袭着乾隆盛世的华衮，保持着帝国最后的运势与体面。

正因如此，就连号称“日不落”的大英帝国如欲图谋不轨，也要反复掂量掂量，遑论天朝周边那些蕞尔番邦属国？虽有个别蠢动，但绝大多数还都承仰天朝鼻息，对天朝仍旧充满敬畏。至于那一小撮流亡中亚的所谓“和卓后裔”，如果非得这会儿负恩反叛，那就只能说是自作其死罢了。

用兵西陲

道光帝最敬佩他爷爷乾隆帝，尤其对乾隆爷将西域新疆纳入版图这一“自古罕有之奇功”，更是景仰得五体投地，犹如黑龙江、乌苏里江之水滔滔不绝。当年，道光帝每每回想起自家这段光辉历史，自豪之情溢于言表：“我高宗纯皇帝歼渠扫穴，柔远怀来，为国家垂立藩篱，辟新疆二万余里！”

然而，西域新疆在隶属大清版图近六十年和平光景后，自嘉庆二十五年道光帝即位之始，南路回疆地区便爆发了张格尔之乱，由此打破了西部边陲长期安宁的大好局面，使得刚刚登基、尚无执政经验的道光帝，面临着严峻的考验。

那年八月间，流亡境外的和卓后裔张格尔率三百多匪徒，入卡袭扰喀什噶尔，清军很快将其击溃，待张格尔落败出卡、逃回浩罕时，身边仅剩残兵败将二三十人。道光帝接到边报后，最初的应对是“勿妄杀戮，以安众心而靖边圉”，希望地方官员能稳妥谨慎地处理。所以，他在听到喀什噶尔参赞大臣斌静已将擒获的俘虏一概处死的消息后，心里起疑，即令伊犁将军庆祥前往调查。不久，斌静等人种种贪腐不法的行为陆续被揭露出来，道光帝将其革职，发往黑龙江效力。而对张格尔叛乱的严重性，却没有给予足够的重视，最终还是听信了庆祥所奏的张格尔“实因穷苦起意抢掠”，想象着朝廷既然已经严办了失职的官员，事端大约就可以平息了。

道光帝很快就为自己的这种轻敌思想付出了代价。已经继承了宗教首领身份的张格尔没有停止活动，他依然“以诵经祈福传食各部落”，积蓄力量，以图再起。道光四年至道光五年间，他脱离了浩罕的控制，第二次入卡骚扰，而清军的无能与暴戾也逐渐暴露出来。五年八月，清军二百骑兵出卡追捕张格尔，不遇，便屠杀了布鲁特一个游牧营地的妇孺百余人。当地布鲁特首领随即带领二千余骑将这支清军围困于一个山谷内，诛杀殆尽。这次血腥事件给了张格尔一个极好的借口，借此迅速扩充实力。道光帝为避免这场冲突旷日持久，下令务必要将张格尔等闹事头目抓获严惩，他斥责边臣："坐令逆夷往来自若，而我官兵时有损伤，以我堂堂大清，屡挫锐于小丑，成何事体？"但在策略上他还是谨慎从事，多次指示清军"不宜深入"，"不可冒昧轻进"，因为"外夷居心叵测"，最好的办法是"以夷制夷"，"设法诱擒或令自相残食"。显然，他对形势的迅速恶化并没有准确的估计。

结果，几番交手下来，敌我双方互有损伤，清军始终没有歼灭或擒获张格尔，张格尔这股反叛势力虽几经起落，反而愈演愈烈。

至道光六年初，形势似乎向好，清军接连将张格尔的三个重要帮凶或击毙或擒获。另外，还获悉一个意外惊喜，去年九月，张格尔的弟弟巴布顶，在由浑都斯赶往托古斯托罗与张格尔会合的途中，陡遇热风，因病身死。这些消息传到北京，道光帝正在庆幸巴布顶"行抵中途，中风殒命，实由天威临照，俾逆首遽伏冥诛"，加之重要贼目接连落马，估摸"张格尔等自便闻风胆落"。可就在四天后，张格尔第三次入卡作乱，窜犯喀什噶尔，西四城随之全行变乱。

远在北京的道光帝，此时尚不知一场震动回疆的大规模叛乱已经开始了。

《战国策》中有句名言："战胜于朝廷。"意思是说国内修明政治，不必用军事力量就可以使外敌畏服。这是治国安邦的最高境界。

若论大清道光朝可否"战胜于朝廷"，当颇为勉强；不过，这时的大清朝，可以负责任地告诉大家：在必须一战之时，尚能一战！

第七章

张格尔第三次入卡作乱，裂土称王
壮直公七十日战守孤城，杀身成仁

张格尔第三次入卡作乱

道光六年六月十四日，张格尔率领一彪人马于呼尔特哈过河，沿阿克密依特至托云一线，朝着东北方向的大清疆界，直扑喀什噶尔而来。

此番张格尔所带人马包括布鲁特党徒五百余人、浩罕革职军官爱萨（一称艾沙）及其手下六十余名安集延士兵，共计五百六十余名兵将，再加上浩罕扩张分子推立汗、萨木汗等人相助，尤其是在他身边还有几个白脸蓝眼的神秘人物充当顾问，故而气焰甚是嚣张。

大清喀什噶尔参赞大臣庆祥根据连续接到的探报，判断张格尔还是跟从前一样袭击卡伦，只不过这次是由伊斯里克一带进犯卡伦，于是令帮办大臣舒尔哈善、领队大臣乌凌阿带兵驰往迎敌；又飞饬正在巡防各卡的领队大臣穆克登布，酌带驻卡官兵抄至东北方向，迂回敌后，以备堵剿。显然，这一战法是清军反复用过的老套路，而张格尔这次却变换了招数。

张格尔此次进犯与前两次不同，并未直接袭击卡伦，而是受随行“高人”指点，乘夜幕掩护，由开齐山路潜入回疆。

开齐山路，一条斜穿于边境线上曲折而幽暗的山间小径，道里袤延、山谷丛杂。

这是张格尔第三次入卡。由于他事先已获知清军把守甚严，所以，他这次没有像以往那样于光天化日下直扑清军卡伦，而是从伊斯里克卡伦与图舒克塔什卡伦之间，这片宽达七十余里的空旷地带快速穿过。五更时，突进到阿尔图什回庄。

阿尔图什回庄位于喀什噶尔之北，距喀城有八十余里，其特别之处就在于庄上建有一座“牌罕巴尔玛杂”。

“牌罕巴尔”在回语中是“天使”的意思，被当地回众用来尊称和卓；“玛杂”是回语“祖坟”的意思。所谓“牌罕巴尔玛杂”，即和卓家族的祖坟，也就是张格尔他们家的墓地。

当下，张格尔来到玛杂祭祖，他要借死人的名望抬高身价，为自己的所谓的“和卓后裔”身份正名。

祭拜完毕之后，张格尔站在墓旁，不由得搔首窃喜，因为他满意地看到已有不少本地白山派教徒前来附从，于是当众宣布，他此行目的是来祭拜先祖，并要恢复白山派的统治地位，施仁政，反抗清廷荒淫无道。

所谓“白山派”，就是回疆地区为争夺教权乃至政权而形成的教派之一，该教派信徒崇尚和卓（即张格尔的祖先）。因该教派信徒头戴白色单帽，所以，清朝人称他们为“白帽僧”或“白帽回”。另外，在回疆地区还存在另一个与白山派对立的“黑山派”。该派信徒戴黑色单帽，所以，清朝人称他们为“黑帽僧”或“黑帽回”。

清朝最初的治理回疆政策，更多的是偏向白山派一边。但没过多久，到了乾隆朝中期，白山派首领波罗尼都、霍集占发动“大小和卓之乱”，清廷就将政策倒向了黑山派一边，对白山派进行诸多限制和防范。至道光朝，“扶黑抑白”的政策仍在延续。这里应当指出的是，在道光朝以前的半个多世纪里，白山派的宗教首领们大多都在充当着境外反叛势力的爪牙或帮凶。

张格尔此番入卡，意在以朝拜祖先之名相号召，煽动白山派教徒的宗教狂热与民族情绪，进而掀起大规模暴乱，以便趁乱恢复自家的“和卓政权”。他的鼓噪确实也蒙骗了当地白山派信徒。消息一经传开，阿尔图什回庄的白帽回众纷纷前来参拜张格尔，追随他犯上作乱。另外，张格尔还派党羽窜往其他各处的“白帽回庄”（即白山派教徒聚居地），诱骗民众参加叛乱。

清军围攻玛杂，张格尔突围而走

正在驰往边境迎截张格尔的帮办大臣舒尔哈善与领队大臣乌凌阿，行至中途，探明张格尔在玛杂煽动暴乱这一突发事变，便立即率清军杀奔阿尔图什回庄。十五日黎明，抵达庄前。

这时，张格尔手中已有一千多号人马，这当中既有随他入卡的布鲁特党徒和安集延士兵，又有刚刚聚集而来的白帽回众。遥见官兵扑来，张格尔指挥这伙乌合之众擂鼓放枪，出庄迎拒。

舒尔哈善领兵从正面迎剿，奋勇进攻，与此同时，乌凌阿则悄悄领兵绕至贼后山梁，居高临下发起攻击。张格尔贼众前后受敌，开始退却。舒尔哈善身先士卒，乘势奋力逼战，不幸右嘴角中枪，流弹自面颊穿出，险些落马，但仍继续麾兵前进，与众官兵合力杀贼。乌凌阿此时已扑压至山梁下，与贼短兵相接。清军间有伤亡，但勇气倍增，杀贼四百有余，生擒四十余口。

时天色已晚，贼匪溃不成军，分路逃窜，一股由东北方向窜出，清军分兵尾追；另一股则护拥着张格尔窜回庄上的牌罕巴尔玛杂内。

牌罕巴尔玛杂周长五里，规模甚巨（须知，当年清军在喀什噶尔新建的满城，其周长也不过就二里半），并建有三重墙垣，十分坚固险峻。墓墙外遍布回民屋舍，屋外树木丛生。

当下，乌凌阿带领清兵将玛杂团团围定。次日（十六日），另一领队大臣穆克登布也率巡防兵马赶来参战。张格尔一伙则凭借着玛杂墙垣拼死拒守。

趁敌我隔墙对峙间歇，舒尔哈善回营调养枪伤。他尚能勉强说话，在稍稍饮了些水后，向庆祥报告了战况。庆祥听罢，连拨一千多名清兵速往增援接应，并飞令乌凌阿务必严防贼匪外应。当时，庆祥已估计到被围在玛杂内的张格尔必有外应，所以，他先后派佐领景兴、色明阿，手持他的将令，督催乌凌阿、穆克登布全力攻打玛杂，速战速决，而且还提醒他们夜间要格外小心谨慎，防止张格尔突围；至于那一小股窜出逃走的贼匪，相机尾追即可。

随后，庆祥又审讯了那些被俘贼匪，获悉有两名浩罕旧军官爱萨、木萨兄弟二人也在充当张格尔羽翼，助纣为虐，庆祥期待着前线将领能够将其二人斩擒于阵前。然而，就在这时，庆祥又连接飞报，称有人正在各处白帽回庄纠结民众投奔张格尔造反，另外还有传闻，说卡外布鲁特头领汰劣克也有纠集众人前来接应张格尔的动向。庆祥心生不安，考虑到驻防喀什噶尔的清兵总共也就有二千六七百人，派去防守卡伦和城池的已用去一千多人，陆续派往前敌围追贼匪的又用掉一千多人，再刨去承担运送粮饷火药、安设军台、接递探报、瞭望堵截等各项重要差事的兵丁，他手上的后备机动兵力实在不够用了。于是，庆祥赶忙传令，从英吉沙尔飞调兵丁五十名，从叶尔羌、乌什各调兵丁三百名前来增援，同时传令阿克苏，如换防官兵到齐，必须立即全部迅速赶赴喀城，供他调遣。

再说清军将玛杂团团围住后，本以为张格尔已成瓮中之鳖，唾手可得，实则不然。

当清军逼至玛杂墙下，急切之间，仰见墙垣危耸，难以攀越。墙内贼匪登高拒守，贼首张格尔摇旗呐喊。

十六日上午，接连有贼匪从四面分扑清军，但都被清军随时击退，且斩擒甚多。下午，又有一百多贼匪打开墙门，拼死冲出，清军奋力围剿，短兵相接，将其悉数诛擒，但清军亦有伤亡。

尽管领队大臣乌凌阿已接到庆祥有关全力攻打玛杂的指令，但他唯恐士卒过多伤亡，所以没有遵行，其后赶来增援的领队大臣穆克登布又不能力持主见，于是，清军仅对玛杂形成围而不攻之势。庆祥得知这一情形，焦虑万分，但他坐镇喀城不能分身亲往指挥，只得又发去手谕，剀切督令乌凌阿赶快攻占玛杂。

当时被围在玛杂内的张格尔一伙贼匪，连着打了两天恶仗，却粒米未进，早已是饥肠辘辘，堪堪废命，如果乌凌阿此刻全力攻打，确有可能一举拿下。然而，这一有利态势却由于乌凌阿患得患失、当断不断之间发生了逆转。

原来，张格尔先前派出的那些党羽业已混入喀什噶尔城内，串通内应者举事。这些内应者均系当地白山派头领，他们一接到张格尔的授意，便四处煽惑，还派人四下散布谣言，谎称清军要铲除圣墓，屠尽回族子孙。不明真相的回民群众听后既惊恐又愤怒，转瞬间聚集数千人，冲出喀城东门，向百里开外的牌罕巴尔玛杂狂奔而去，前去解救他们的张格尔和卓，阻止清军刨坟掘墓。

正在围困玛杂的乌凌阿、穆克登布，忽见身后有大批回众涌来，围绕在清军外围，为张格尔助威，于是急忙分兵抵御。这时清军已是腹背受敌，在人数上明显处于劣势。而躲在玛杂内堪堪废命的张格尔，望见大批白山派信徒云集玛杂外围，不由得暗自庆幸，盘算着如何寻机脱逃。

是夜三更，雷雨交加，天地昏黑，加之玛杂周围草深树密，高堰低渠，以至对面来人伸手不见五指。突然，一道闪电划过夜空，外围贼众六七百人借着电光由两翼攻扑上来，清军枪炮齐施，分头抵御，尽管毙敌多人，但贼匪仍屡退屡扑。这时，墙内贼匪又打开墙门，由东面冲出，清军急忙两面迎敌。经过一番混战，玛杂外面的贼匪纷纷被击散，由玛杂内向外冲杀的贼匪也大多被堵截回去。然而，地势不利，敌众我寡，清军遭贼内外夹攻，士卒多有伤亡，结果还是让一股贼匪乘势冲了出去。

次日，清军调来大炮轰倒墙垣，攻破玛杂，将负隅顽抗的贼匪全部剿灭。但遍行搜查，却不见张格尔的影子，随后捉拿活贼审讯，这才得知张格尔确曾被围在玛杂内，只是昨晚乘官兵两面御敌时，由那股冲出玛杂的贼匪用鸟枪两面夹护着，突围而走。

喀什噶尔全行变乱，回众响应，旬日万计

张格尔冲出玛杂后，直奔克孜尔巴克，在这个距离阿尔图什回庄不远的地方，重又立足。

十八日，乌凌阿、穆克登布提兵来战，十九日与贼交仗。不料，伴随着张格尔突围成功，整个回疆开始震动，喀什噶尔回众全行变乱，白山派信徒闻风响应，从逆者众多。乌凌阿、穆克登布及其所统领的区区一千五百名清军，立刻淹没在叛乱的狂潮中，被冲得七零八落，连死带伤败下阵来。

当作恶者披着宗教的外衣，粉墨登场，将血污化为油彩之后，那些曾有的呻吟与抽泣便化作宗教狂热。白帽回众如痴如醉般追念昔日大小和卓的统治，他们忘记了和卓家族的残暴与贪婪，忘记了大清朝的军队曾经解救他们于倒悬，帮他们挣脱准噶尔人的野蛮压榨，忘记了大清皇帝给予他们轻徭薄赋的恩典，忘记了朝廷“因俗而治”对他们生活习性和宗教信仰的尊重，等等。此时，他们除了张格尔，谁都不认！他们相信张格尔一身肩负白山派之命运，发誓效忠，即使天昏地暗、飞沙走石，也要追随张格尔一条道走到黑。

于是乎，空气在颤抖，仿佛天空在燃烧，喀什噶尔全行变乱，沙尘暴来了！

当下，张格尔利用当时回族群众对于清廷统治的不满情绪，疯狂地煽动白山派教徒的宗教狂热与民族仇视，借机掀起大规模叛乱。他不断招兵买马，旬日间扩充上万之众，拉起一支声势可观的队伍。此时，以张格尔为首的这彪人马，不应再以贼匪论，而是急剧演化成一支不折不扣的叛军。张格尔亦自恃“兵多将广”，派令手下托和达、约霍普等头目带领二千多人马，前去攻打英吉沙尔、叶尔羌、和阗三城；又差依斯拉木素皮、察克、玉努斯等带领三千多人马，前往攻打阿克苏；自己则亲率叛军主力，大张旗鼓，蜂拥而来，意欲围攻喀什噶尔。

叛乱迅速蔓延。西四城相继被张格尔叛军分割包围，纷纷告急；东

四城中的乌什、阿克苏二城亦俱戒严。

坐镇喀什噶尔的庆祥连接探报：西四城一带纷纷骚动，叛军抢掠商民，切断驿路，攻打城池。六月二十日，庆祥被迫采取收缩防御，紧急将各营战兵及守卫各处卡伦的防兵全部调回喀什噶尔，集中编成三营，驻扎在城西南，以御贼势。

二十一日，喀什噶尔被围。

二十二日，张格尔率叛军开始进攻。

庆祥令乌凌阿带两营清军前出至浑河南岸列阵迎敌，又令穆克登布带一营清军在七里河列阵迎敌。

敌我两军在城外展开野战。战斗从早晨一直打到下午，清军越打越少，而叛军反倒是越打越多。宗教狂热的魔力太过强大！此时的叛军犹如脱缰的骡子下坡的驴，收不住、拦不下。最后，清军在喀什噶尔城外的防线全被摧毁，乌凌阿鬓角中枪，穆克登布腰间中枪，二将相继阵亡，三营清军几乎全军覆没，只有一小股清军残部约八百人，突围而去。

庆祥困守孤城，连连告急

庆祥率领清军残部退守喀什噶尔满城，急令拆毁吊桥，抢先关闭城门，并召集城中来自江浙、湘蜀、陕甘各省的商民一同守城。叛军旋即兵临城下，将喀什噶尔满城团团围住。

据推算，当时守城军民总共不会超过一万人，其中清军兵力最多也就一千五百人上下，而叛军人数则有数万之众。

庆祥亲眼目睹“白帽回子不止数万，蜂起造逆”的惨烈场景，他意识到“官兵困乏，且寡不敌众，势难抵御”，除了伊犁等地援兵能及时赶来接应外，其他一切努力“终恐缓不济急”。于是，他在上奏道光帝的奏折中写道：

喀什噶尔孤悬，外援不继，城中粮饷无多，而柴水取给于外，且土城单薄，人数寥寥，若被围困，则断难瓦全。臣俟稍察事机，如战守万不能支，当亲率余兵背城借一，或得夺通台路，尚可退保英吉沙尔、叶尔羌，再作定夺。否则，成败利钝非臣所逆睹矣！

庆祥的这份奏折言辞悲壮，已有决一死战之心。

奏折写好后，庆祥派专人缒城潜出，避开已被叛军切断的台路（官方驿道），绕道巴尔昌卡伦之外，先设法从间道投到乌什，然后再由乌什递往京师。但此时的庆祥已不能肯定这份奏折是否还能最终送达皇上手中。

与此同时，远在北疆的伊犁将军长龄也感到南疆形势不妙，他在上奏道光帝的奏折中禀明："喀什噶尔、英吉沙尔自六月二十日、二十二日起，叶尔羌、和阗自六月二十六日起……文报不通。"

综上，自当年六月中下旬起，大清朝对南疆西四城周边地区已基本失去控制。

二十五日，困守孤城的庆祥发出最后一份告急文书："喀什噶尔回子全行变乱。现贼势猖獗，道路不通，万分紧急！"

张格尔不仅凶悍歹毒，而且也非常狡猾诡诈。他知道喀什噶尔满城是喀什噶尔参赞大臣衙署所在地，城防相对坚固，所以，当他看见清军退入满城固守时，便命令叛军自外堵砌城门，将庆祥及其手下全班人马围困在城内，日夜攻打。他本人则避实击虚，亲率叛军主力首先攻打城防相对薄弱的喀什噶尔回城。

守卫喀什噶尔回城的是本地阿奇木伯克（回务总管）郡王迈玛萨依特（又译为"买买萨依提"）。他调集数千名由黑山派回众组成的地方武装（回兵），与叛军展开浴血奋战，整整打了四天四夜，最终城门被炸开，迈玛萨依特被冲进城的白帽叛匪用乱棍打死，上千名黑山派军民也惨死在叛匪屠刀之下。喀什噶尔回城就此落入敌手。

紧接着，西四城中的另外三座城池——英吉沙尔、叶尔羌、和阗也相继失守。此前，庆祥曾令英吉沙尔、叶尔羌分兵应援喀什噶尔，以致当地守城兵力薄弱，尤其是城中又生反侧，于是先后不攻自破。

英吉沙尔首先出了内鬼，于六月二十三日失守。该城阿奇木伯克（回务总管）赵通事挑头反叛，从背后袭击大清官兵，英吉沙尔领队大臣苏伦保殉难。

赵通事乃当地一原住民，原名“阿布都拉”，因粗通汉语，又善逢迎，故被当地清朝官员委以“通事”（翻译官）之职，他本人还将内地孩童启蒙读物《百家姓》中第一大姓的“赵”姓，拿来作为自己的姓氏，用来显示“一心向化”，所以，当地清朝官员都称他为“赵通事”，并视作自己人而疏于防范。谁料这厮脑后长着反骨，紧要关头，从清军背后发起致命一击，得手后，便跑到喀什噶尔投降了张格尔，并还现身说法，写信纠约叶尔羌伯克依布拉依木献城投降。

叶尔羌的依布拉依木接到劝降信，受其蛊惑，便差人向张格尔投降。但是，前任叶尔羌阿奇木伯克（回务总管）玉素普深明大义，不肯从逆，拒绝向张格尔献城，并将赵通事递送的劝降信连同送信之人一并交给叶尔羌官府。但他的这些努力并没有阻止局势进一步恶化。

张格尔见英吉沙尔、叶尔羌有人来降，大喜，马上派手下头领托和达、约霍普带领二千多人前往占取之。

七月一日（一说六月二十八日），叶尔羌失守，叶尔羌参将吴亨佑全军覆没，叶尔羌办事大臣音登额、帮办大臣多隆武亦死之。城陷后，玉素普仍不肯从贼，旋被张格尔囚禁于喀什噶尔。

七月二十日（一说七月十八日），和阗也在叛军里应外合下陷落。城破时，领队大臣奕湄、帮办大臣桂斌均投涝池自尽。

至此，回疆西四城已陷落三座半。庆祥即使突出重围，亦无路可走，此时的他只剩下“死守待援”这一步残棋可走。

张格尔向浩罕乞援，两股邪恶势力合污

七月下旬，张格尔集中兵力，转而攻打喀什噶尔满城——当时清军在回疆西四城中的最后一处堡垒。但攻了十天仍未攻下。

尽管总体形势对守方极为不利，但张格尔仍然没有稳操胜券的把握，因为，他特别担心喀什噶尔满城久攻不下，一旦北路伊犁清军应援兵马及时赶到，会使他陷入前后夹击的困境，局面亦将不可收拾。于是，他便想到了那个一直在暗中包庇纵容他的浩罕汗国。

张格尔一面继续围困喀什噶尔满城，一面又与浩罕勾结。他派遣一名使者飞马赶赴浩罕，向马达里汗乞求援兵，并愿意定下盟约，约定：在马达里汗助他攻破回疆西四城后，双方共同享有民众和财富，并把喀什噶尔城割让给浩罕，即所谓“复求助浩罕入寇，约破西四城，子女玉帛共之，且割喀城以酬其劳”。

张格尔开出的这些条件煞是诱人。但起初，马达里汗并不打算响应张格尔求援的请求，因为他和他的汗国把张格尔的军队看作“兵痞”，宁愿自己主动参加这场冲突，也不愿意给张格尔帮场子。但马达里汗身边的亲信却建议他满足张格尔的请求。这帮瞎参谋烂干事还特别强调指出：这一场战争可以给汗王您带来著名的“圣战获胜者”的封号，而且，另据传说，在喀什噶尔满城内的古尔巴赫庄园地下，埋藏有大量银元宝。

一听到有关银子的消息后，马达里汗两眼冒光，再也坐不住了。自继承汗位以来，他兴致勃勃，大兴土木，广蓄后宫，以致当下正感到钱紧，故而一口答应了张格尔的请求，并立即点齐人马前赴“圣战”。可以这么说，马达里汗是“在具有魔力的金钱诱惑下”，才下令宣布“圣战”的。

实际上，以马达里汗为首的浩罕贵族和以张格尔为首的和卓复辟集团之间，是一种既狼狈为奸又彼此猜忌的复杂关系。马达里汗称张格尔是“毫无威望的无赖、歹徒”，他利用张格尔目的是要霸占南疆。马达里汗手下有一个叫毛拉尼亚孜的浩罕军官，他的观点很能代表浩罕贵族的整体看法。毛拉尼亚孜认为：要使某个不能维护和卓尊严的人（指张格尔），带领一些暴徒攻打异教徒（指大清国子民）的要塞，并妄想征服喀什噶尔地区……是绝对不可能的！因此，这个浩罕军官一再叫嚣：必须让我们汗王开进喀什噶尔地区，从败类的破坏中抢救（财富）。张格尔无力整治好喀什噶尔地区的秩序。最好的办法是，让我们把胜利之师开进喀什噶尔，占领它，使之听命于我们威严汗的统治！

与之相反，张格尔的复辟欲望是极为强烈的，他自认为“喀什噶尔等处都是我祖上的地盘”，他也清楚浩罕封建主的野望，为此，心中也感到“实在不平”。他妒忌马达里汗少年得志，怀疑他是否“可靠”，有时甚至对这个浩罕人极不信任，但又不得不求助于他。总之，张格尔极不情愿与浩罕分利，更不愿意把喀什噶尔割予浩罕。

不过，迫于形势，盟约既定，你愿意，他也来了；不愿意，他也来了；愿意不愿意，马达里都带着坐地分金的诚意，扑面而来了。

浩罕趁火打劫，反遭张格尔算计

八月间，浩罕公然出兵侵入我大清疆域。

马达里汗亲自带领一支由八千至一万人马组成的骑兵队伍，浩浩荡荡开到喀什噶尔助阵，然而却不见张格尔出城迎接，登时感到非常惊奇。因为很久以来，张格尔一直向他卑躬屈膝、乞求援手，如今救星驾到，为何却不见那副熟悉的嘴脸呢？莫非这个无赖又要玩什么幺蛾子不成？

答案是肯定的。

当马达里汗抵达喀什噶尔城外时，张格尔已不再欢迎他们了。因为情况有变，张格尔已侦知没有清军增援喀什噶尔，既然如此，他自己就完全能够控制局面，无须劳他人帮忙，于是张格尔不再打算与浩罕方面坐地分赃了。

马达里汗当然还不知道这些，他兴冲冲地派了几名使者提出立即会面。张格尔冷冷地回复，他不拒绝会面，但有两个条件：第一，会面在双方军队列阵中进行；第二，张格尔和马达里都不下马。

闻听此言，马达里汗心中不悦，但，此时此地一想到马上就要分到手的利益，便不好发作，只得接受这些条件。这就等于公开承认，他，身为浩罕大汗，与一个梦寐以求做“哲德沙尔汗”的歹徒、前不久还向他摇尾乞怜的无赖平起平坐。

书中暗表：“哲德沙尔”即“七城”之意，指天山以南的喀什噶尔、英吉沙尔、叶尔羌、和阗、阿克苏、库车、乌什这七座重要城市。张格尔一直想成为“七城”的统治者，故自称“哲德沙尔汗”。

此时，张格尔高高地骑在马上与马达里汗相会，以这种方式表示：他，张格尔和卓，拒绝承认浩罕汗王是他的汗。

一分钟前，马达里汗向张格尔索要喀什噶尔。张格尔翻悔前约，晤谈中，虚以应答，委婉但却不容置疑地向对方传达出“此一时也，彼一时也”这一明确信息。态度很和气，语言很阴险。

意料之外，遭屌丝逆袭，马达里汗闻听怒不可遏，脱口大骂张格尔“白眼狼”。

本来是亲切友好的对等会晤，起初甚至还有点同船合命的意味，结果，让马达里汗这么一骂，就给搅乱了。会谈气氛受到严重影响，两个强盗之间很快就由猜忌发展为公开的不和，二人友谊的小船说翻就翻了。

张格尔乜斜着眼睛，眼角里闪现出讥诮的笑意。他注视着对面这个年轻气盛的汗王，心里不由得莞尔一笑：我当流氓的时候，你还不知道在哪儿呢！道儿上的事，你懂不懂？于是，他缓缓开口道：清军不堪一击，满城尚未能攻开，你们且去攻打，攻打开时，所有东西都是你们的。

恼羞成怒的马达里汗决定撇开张格尔，自己单干。张格尔正想保存实力，求之不得，乐见蹦出个冤大头替他火中取栗，于是他从满城撤围，返归回城。

喀什噶尔是座双子城，一座是回城，另一座是满城，两城对峙，彼此间隔仅两里地（一千米）。此时的回城，倒还真是一处隔岸观火、看热闹的好地界。

马达里汗当即督军攻打满城，浩罕骑兵投入战斗。

困守孤城的大清朝喀什噶尔参赞大臣庆祥，率守城清军及城内商民共数千余人作困兽之斗。城上枪炮齐发，火力很猛，尤其是镇守城门的那几尊霹山炮，发挥出巨大的威力，致使三千多浩罕骑兵三次猛攻均未得手。马达里汗继而试图用火药炸开城墙，他指挥浩罕士兵在满城城脚下挖掘地洞，埋置炸药，瞧准时机，点火引爆。随着一声巨响，一时间天昏地暗，日月无光，砖石瓦块被抛上空中，城墙被炸开一道豁口。浩罕骑兵乘硝烟弥漫、守军神志不清之际，像潮水般向城边涌去。然而，清兵很快醒过神来，马上封堵上去，用弓箭、滑膛枪、掷石器、大炮和火油拼死回击。双方混战一团，号角齐鸣，杀声震天。这场屠杀的规模是如此之大，简直就如同“地脉中沸腾着一条血的河流”。最终，浩罕骑兵由于伤亡过大，成批溃散，第四次被赶下城墙。

浩罕骑兵善于野战，拙于攻城。马达里汗下令骑兵攻城，完全是在被张格尔激怒的情况下，加之又轻易相信了张格尔有关清军不堪一击的鬼话后，所迸发出的冲动。冲动是魔鬼。其结果正如《孙子兵法》所讲的那样：将帅控制不住自己愤怒的情绪，驱使士卒像蚂蚁一样去爬梯攻城，结果士卒伤亡了三分之一，而城池依然未能攻克。这就是攻城带来的灾难！（将不胜其忿，而蚁附之。杀士三分之一而城不拔者，此攻之灾也！）

书说简短，战至第五天，浩罕军队损失惨重，八百至一千多子弟兵被清军打死，单是军官就有四十多人毙命，伤者更是难以计数，尸体和伤号堵塞了通往城墙的道路，骑兵已不能接近城垣。

马达里汗本想在张格尔面前露把脸，一举拿下满城，让那个无赖见识见识，没承想攻城受挫，反倒把猴子屁股露了出来。平生从未遭到如此惨败，眼见兵弁死伤如积，马达里汗不由得涕泪交加，哇哇痛哭。他那双原本闪烁着银光的眸子，而今早已变得泪眼模糊了。

恰恰此时，近在咫尺的张格尔却作壁上观，洋洋自得，一如“站在岸边看翻船，见死不救”。更有甚者，“看热闹不嫌事大”，张格尔还盼着攻守双方继续血拼，待两败俱伤时，他就可以对清军，甚至包括对浩罕军队，发起致命的一击。

是日黄昏，马达里汗被内线告知，张格尔安排了一个在宴会上杀死他的阴谋计划。已是极度悲催的马达里，闻听此讯立马惊了。他猛回首，透过模糊的泪眼，依稀看到身后不远处，就在暮霭笼罩下的回城城头上有一群蠢蠢欲动的黑影，那正是张格尔带着他那伙手下，正不怀好意地向他这边窥视着……鬼鬼祟祟，意欲何为？

一阵忧惧向马达里汗心头袭来：前有清军拼死抵抗，使他挫兵城下；后有张格尔毁约反目，盘马弯弓欲袭其侧背。处于如此狼狈险恶境地，马达里汗彻底灰心丧气了，只得下令停止攻城，草草将阵亡官兵的尸骸就近掩埋，随即率疲惫落败之师，连夜逃离战场，撤军北去。

孰料“黄鼠狼专咬病鸭子”，马达里中途又遭打劫。

当浩罕骑兵深一脚浅一脚，摸黑北窜十余里，好不容易渡过浑河，刚刚弃舟登岸，就在立足未稳之际，乱树从中斜刺里忽地杀出一彪人马，领头的大叫：“阿里小儿休走，吃我一刀！”马达里汗猛地一惊，是谁敢直呼本王乳名？不瞧则已，一瞧，星光下依稀见是张格尔那厮，顿时火冒三丈，麾兵迎战。一时间钩钜相搏，两边直掐得毛血飞洒。浩罕人没料到，张格尔竟然调集部众尾追而来，黑夜里分辨不出张格尔到底带来多少回兵，只觉得四下都是喊杀声。就算浩罕骑兵多么骁勇，此时也难免心慌胆怯，不敢恋战。马达里汗夺路而逃，溜之乎也，张格尔也未穷追，而是带人截住担负殿后的三千多安集延勇士，将其团团围住。这伙安集延勇士无法挣脱，最后只得缴械乞降。

马达里汗损兵折将，空手而归，气恨之下，一回到浩罕城，就将张格尔的老婆孩子当作囚徒拘禁起来。经过此番交恶，马达里汗与张格尔算是彻底闹掰了，从此，张格尔再也没有从浩罕那里取得直接的援助。这是后话，暂且不提。

单就眼下而言，张格尔颇有些“醉翁之意不在酒”的意味，他对阿里小儿本无多大兴趣，让他最感兴趣的倒是阿里小儿带来的这一票三千多安集延勇士。

所谓“安集延”，其实就是一座位于浩罕汗国东部的城镇，当地族群天性好勇斗狠，盛产骁勇善战的士兵。当时，在回疆有句“百回兵不如一安集延”的民谚，称颂的就是出自安集延的士兵很能打仗，一名安集延勇士的战斗力甚至可以超过一百名回兵的战斗力之和。

当下，张格尔亲往安抚这些被俘获的安集延人，并好言相劝：尔等只要跟着本和卓干，便可大碗喝酒、大块吃肉、大秤分金。如此这般，岂不快哉？

重金相许之下，张格尔顺利地说服这三千安集延勇士留下来入伙，将他们收置帐前，编为亲兵卫队。自此，这三千安集延勇士便成为不折不扣的雇佣兵。

何谓雇佣兵？没有正义感，没有是非观，只为金钱而战。他们往往贪婪、残忍，最为声名狼藉。但，也不能将他们一概看成是一群“要钱不要命”的乌合之众。如果重赏之下，且付酬及时，他们也会做到号令严明，拼死冲锋陷阵。日后，这些安集延雇佣兵在张格尔手下最为吃香，张格尔不惜耗费大笔钱财精心豢养之，而这三千安集延雇佣兵也不白给，在与清军历次交战中，均能表现出职业军人的职守，成为张格尔叛军中最为精锐的作战兵力。

满城陷落，庆祥殉国

张格尔收编了三千安集延雇佣兵后，进一步增强了叛军实力，气焰更为嚣张，越发不可一世。他趁清军与浩罕骑兵拼得两败俱伤之际，重又亲自出马，催动数万叛军继续围攻喀什噶尔满城，不给守城清军片刻喘息之机。

当此之时，庆祥固守孤城将及七十日，城内守军也早已是人困马乏，矢尽刀残，伤亡惨重，粮食及饮用水即将耗尽，而让人望眼欲穿的救兵却迟迟不至，情况糟到极点，哪里还禁得起张格尔这支生力军再次杀来？

然，庆祥意态颇壮烈，涕血交零间，振臂呼号，督率疲乏之兵，与来势凶猛的叛军展开殊死搏斗。

张格尔见清军困兽犹斗，便使用水攻战术攻城。他命人在克孜勒河下游堵坝截流，以期抬高水位淹毁城池。当此千钧一发之际，清军绿营湖南长沙籍兵丁黄定湘奋身泅水，从水底凿开坝土，水位骤降，城池得救，而黄定湘却英勇牺牲，年仅二十五岁。书中暗表：战后，各族人民尊黄定湘烈士为“方神”（保护四方之神），全疆有十几个县为他建立方神庙，当地百姓与地方官每逢月初和十五都进庙上香，一直延续到民国年间。

张格尔见水攻不成，便又采用挖掘地道攻城。八月二十五日夜，叛军挖通地道，攻破城池，庆祥亲率兵丁展开巷战，拒杀叛军多名，终因孤军无援，铅弹用尽，力竭，仓皇逃回参赞衙署。作为封疆大吏，他当然知晓《大清律》明定地方官员守土有责，若失守城池，按律当斩。此时的庆祥想破脑袋再也无计可施，他绝望地瞪着援军的方向，最终只认定一个“死”字，两腿奋力一蹬，便悬梁自缢，以死殉国，杀身成仁了。

庆祥手下的官员悉数尽节，只有身负枪伤的帮办大臣舒尔哈善下落不明，估计城破之时死于乱军之中。

守城清兵闻听主帅自尽，顿时没了斗志，纷纷乘着夜色逃跑出城，但很快被叛军追上，惨遭屠杀，只有三百多名信奉回教的清兵免于一死，被掳去拘禁，强行剪去发辫，胁令投降。

张格尔叛军攻破喀什噶尔满城后，大开杀戒，总共屠杀守军民六千余人，还大肆屠杀当地黑山派教徒，全城仅六七百人幸存，被驱赶出城。随后，这厮又发疯般铲除大清朝在当地留下的所有统治痕迹，下令叛军夷平了西四城中的满城，清军修建的城楼墙垣，以及城内的官署、兵营、商铺、民房全行拆毁或焚烧殆尽。

想当初，乾隆帝曾赐名喀什噶尔满城为“徕宁城”，寓意招徕各民族百姓在此安居乐业。在其后相当长的一个时期内，这里确实也是商贾云集，商贸发达，成为南疆地区的政治、经济中心。但，徕宁城并没有因其嘉名而护佑当地民众安居乐业。现而今，一场浩劫突如其来，颠覆了这里的升平景象，昔日繁华的城郭转瞬毁于战火，化为一片瓦砾灰烬。

援兵为何迟迟不到?

可怜那庆祥，至死也没看到圣上许诺给他的援军。正是由于援兵未能及时到来，庆祥与喀什噶尔这才惨遭灭顶之灾。在此，我们不禁要问：庆祥坚守待援七十日，不谓不久，然则，援兵为何迟迟未到?

还在张格尔刚刚进卡被清军围困于玛杂之时，庆祥就已感到西四城的兵力“不敷分剿”，于是向东四城之一的乌什发出紧急公文，要求乌什办事大臣庆廉“速派精壮兵丁三百名，配带军火器械……赶紧前来，以资会剿”。六月二十日，庆廉接到这份公文，立即照数挑选兵丁，派参将王鸿仪带领，赶往增援。而这时，喀什噶尔形势已迅速恶化，张格尔从玛杂里突围成功，开始围攻西四城，并分兵北上进攻东四城。七月，王鸿仪率部南下至阿克苏，在都齐特军台与北上的叛军遭遇，结果全军覆没。

在北京，当道光帝获悉张格尔入卡滋事后，寤寐难安，立即从陕甘、乌鲁木齐调集兵马应援，但他深知远水救不了近火，于是又从距喀什噶尔较近的伊犁调集二千兵马，派令伊犁领队大臣祥云保、硕隆武统带应援。道光帝当时蛮有把握，于七月十六日由六百里加急晓谕庆祥：

朕前已降旨授杨遇春为钦差大臣，带领陕甘精锐满汉官兵星驰前往，又派乌鲁木齐提督达凌阿带领汉兵二千五百名、多贵带领满洲兵一千五百名，又派伊犁领队大臣祥云保等带领劲兵二千名，由冰岭迅速行走。伊犁劲兵日内计已驰抵喀什噶尔，各路精锐不日云集。该参赞（指庆祥）惟当督同舒尔哈善等激励将士，勠力一心，婴城固守，以待大兵，内外夹击，务保万全，此为至要。

显然，道光帝对伊犁援军最寄希望，相信这支生力军定能迅速前出至喀什噶尔，成功解围。

然而，事实并非如人所愿。

伊犁援军于七、八月间集结完毕，但在开进途中却遇到意想不到的困难。

伊犁至喀什噶尔二千余里，一般走十五天左右即可到达。当时，伊犁援军的行军路线是：从伊犁出发，翻越冰岭，取道阿克苏，驰援喀什噶尔。冰岭是指天山西段的穆素尔达坂，这是条险路，但也是伊犁通往南疆的捷径。

当伊犁援军行至冰岭南坡时，非但四百余里山路极其艰险，而且正值秋雨连绵，路面十分泥滑难行，援兵每日只走三四十里，一如蜗行。好不容易翻过冰岭，孰料又遇山下河水暴涨，援军不得不在河流北岸空等五六日，直到水落后才继续行进。即使如此，渡河之时仍有四人溺水。但这时更为严重的是，按日携带的草料消耗殆尽，军马不得饱食，加之不服水土，倒毙大半，士兵只得自行背负行囊，徒步而行，以致行军速度更加迟缓。仅是从伊犁到阿克苏这段一千多里的路途，援军竟然走了三十余日之久，直到城陷之时，伊犁援军行至阿克苏，距喀什噶尔还有一千多里，而且最终也没能赶到那里。

事后，道光帝颇为愤慨，对伊犁领队大臣祥云保、硕隆武统兵驰援不及非常不满，降旨斥责道：国家设立军队，原本是希望它有勇有谋、克敌制胜，更何况伊犁作为边疆重镇，遇有调遣，军队总应迅勇出击，不辱使命。可是，逆回变乱，调援之兵，多不得力。是平日训练废弛，已可概见！

然而，伊犁将军长龄却上折为属下开脱，强调客观条件甚为不利，“以致迟缓，情尚可原”。道光帝鉴于大敌当前，也只得对祥云保、硕隆武不做处分，仅责令他们奋勉图功，将功赎过。

道光帝对庆祥盖棺定论

直到喀什噶尔满城陷落二十多天后，大清官方才从两个被张格尔故意放回的被俘清军士兵的口中，获悉城池失守、庆祥自缢身死的确切消息。

原来，就在九月七日这一天，张格尔派人将两名被俘清军士兵——绿营兵丁闫义和额鲁特营兵丁巴兰，由喀什噶尔押往阿克苏，并要他二人带话到阿克苏，告诉那里的清军守将："西四城已被攻占，各处城池房屋俱已拆毁，官民全行杀害，叫阿克苏官兵不必来喀什噶尔四城，来亦无益！"

九月二十日，行至阿克苏城附近，闫义、巴兰被释放。二人入城向阿克苏办事大臣长清以及刚刚带兵赶到阿克苏增援的乌鲁木齐提督达凌阿，讲述了喀什噶尔城陷人亡的经过，以及张格尔让他们带来的口信。另外，闫义、巴兰还报告说，他们看清楚了张格尔的长相，该叛逆现在就待在喀什噶尔回城阿奇木衙门内。

长清、达凌阿听罢，马上将这些情况禀报伊犁将军长龄。长龄接报，又立即上奏道光帝。

十月十二日，道光帝在北京接阅这份奏折。

当时，道光君臣对张格尔胆敢遣返被俘清军回城报信这种心理恫吓并未在意，且一眼看穿：不过是张格尔虚张声势，玩弄缓兵之计罢了（"无非妄肆夸张，欲缓我师之意"），待我军调集兵马，一鼓剿灭就是了，但对喀什噶尔城陷人亡却颇感震惊。当道光帝阅悉"庆祥婴城固守，为国捐躯"时，垂泪览之，可悯之至。当即降明旨予以褒恤，并下令前线将领待克复喀什噶尔之时，务必首先查明庆祥尸身下落，然后装殓棺椁，运送回京。

其后不久，道光帝对庆祥做出这样的盖棺定论：

"庆祥在伊犁将军任内，两次派往喀什噶尔查办逆裔张格尔滋扰之事，前任参赞大臣等种种办理不善，俱未能彻底查明、据实参奏。其平日在伊犁办事尚属勤慎。迨授为喀什噶尔参赞大臣已逾半载，并未将张格尔在卡外游奕实在情形探访明确，以致该逆勾结煽乱，占据回城。办理虽未妥协，惟念贼匪围攻喀什噶尔，庆祥婴城固守，将及七十日，杀死贼匪万数千人。迨该逆挖通地道进城，复能率兵巷战，因道远援兵不至，力竭自尽，实堪怜悯。"

在这道谕旨中，道光帝对庆祥未能彻底查明并如实上报张格尔叛乱真相，以及对卡外敌方动向模糊不清仍予指摘，但对庆祥守土尽责、以身殉国之举则予以充分肯定，并寄予深切同情。

随后，道光帝传旨，庆祥加恩晋赠太子太保，加赏银一千两，以示优恤，加封一等公加一云骑尉世职，谥“壮直”。又降旨，命庆祥的长子文煇承袭世职，并接见了文煇，表示了亲切的慰问，加恩赏给散秩大臣，在乾清门侍卫上行走。

另外，道光帝对同期殉难的喀什噶尔帮办大臣舒尔哈善、领队大臣乌凌阿、穆克登布，叶尔羌办事大臣音登额、帮办大臣多隆武，英吉沙尔领队大臣苏伦保，和阗领队大臣奕湄、帮办大臣桂斌及各城遇害官兵，也要全部“查明实在情形，分别奏咨办理”。

纵观清军守将在西四城陷落时的表现，可谓无不竭尽守土之责，城存与存，城亡与亡，烈矣！尤其是喀什噶尔参赞大臣庆祥，身为朝廷一品封疆大吏，躬自垂范，野战不成守城，守城不成巷战，巷战不成短接，短接不成殉国，壮哉！

死后哀荣备至，诚乃实至名归。

但，后世好为高论者尝讥之以“愚”，甚至把庆祥以身殉国说成是丢下守城军民，用死来逃避责任。

每当看到这些诋毁烈士之词，实在令人私心痛之！

诚然，任何人，包括英烈之士在内，生前都不可能是完人；但是，当其以身殉国之时，难道不是“顷刻间，在他们生命的顶点，也是光荣的顶点，而又是恐惧的顶点，他们就离开我们而长逝了”吗？而我们每个还活着的人，在没有以身殉国之前，都绝不可能达到他们生命中所达到的那个光荣的顶点于万一！所以，既然有云泥之别，那么，又有什么资格窃窃妄揣所谓“细节”，以至无端地造谣中伤，诋毁烈士英灵呢？

大史学家司马迁早就讲过：为人臣子能做到不顾九死一生，奔赴国难，这已经是非常难得的了！——“夫人臣出万死不顾一生之计，赴公家之难，斯以奇矣！”

一语破的，自古皆然。此非壮直公之谓乎？

张格尔裂土称王

伴随着喀什噶尔满城陷落，张格尔这时仿佛一头蹲踞在战车轮轴上的苍蝇，狂妄不可一世：看哪，我扬起了多少尘霾啊！

为了庆祝攻城胜利，就在城陷第二天，张格尔便迫不及待地率叛军举行了盛大的入城仪式，宣布自己是“赛义德·张格尔·苏丹”，即所谓“圣人后裔张格尔国王”，把自己立为回疆最高统治者。

据说，这厮还屡出狂言，要打过天山，捉来道光喂马。道光帝闻之震怒，传旨定要活捉张格尔，要亲眼见见张格尔是何模样。只可惜，经多次交战均未曾抓获，反让他一再逃脱了。此乃后话，留待下文再表。

另外，张格尔为了提升自己在中亚地区的声望，还特地派人将被俘的清军送到布哈拉、昆都士、巴尔赫、基发等地，作为战果在当地部族中间巡展，借以炫耀他的“圣战”胜利。

更为恶劣的是，为了将回疆从大清版图分裂出去，任其割据霸占，张格尔废除清朝一切礼仪，铲除清朝统治留下的一切痕迹，直至禁穿清朝服装。他效法浩罕宫廷，建立官制，成立一个所谓的“赛义德·张格尔·苏丹政权”。当然，这实际不过是一个清代回疆地区白山派地方割据政权而已。它以喀什噶尔为中心，向南，囊括和阗及其周边地区；向北，进逼乌什、阿克苏、库车一线。

紧接着，张格尔向已被攻占的地方派去亲信爪牙，实施所谓行政管辖，允许浩罕旧军官爱萨、木萨，以及浩罕封建领主推立汗、萨木汗在被占地区，如英吉沙尔、叶尔羌、和阗等地，执掌军政大权。

当地广大穷苦的回民百姓，特别是其中的白山派信徒，多年来遭受清廷某些地方贪官及本地伯克（回务官吏）的欺压，在张格尔到来之初，他们都对这个所谓的“和卓后裔”抱着很大幻想，在单纯的宗教感情支配之下，认为自己终于找到了一位百分之二百的救世主。

可是，骑白马的并不都是王子。

让广大回民百姓万万没有想到的是，张格尔一旦大权在握，便开始横征暴敛，广占民宅，过起了骄奢淫逸的生活。而且，他还纵容那些浩罕革职军官、安集延士兵和自己的亲信党羽胡作非为，这与其入疆之初自诩广施仁政的宣传截然相反。正如清朝史料所记载的那样：张格尔之流“残害生灵，淫虐妇女，搜索财物，其暴虐甚于从前和卓千倍万倍”！

回疆地区一下子坠入最黑暗的岁月。

那些野蛮的浩罕人对当地回民百姓实行暴虐统治，征收宗教赋税；整修玛杂（和卓家族的陵墓），修建寺宇；推行教法，建立宗教法庭，随心所欲给人加上莫须有的罪名，实行残酷的刑法，使用剁手、断筋、活埋、乱石砸死等酷刑残害生灵。

至于张格尔手下的那伙安集延亲兵，则更是有过之而无不及。

张格尔叛军人数虽说不少，但多为喀什噶尔和叶尔羌一带的白山派教徒，临时凑集起来，缺乏组织和训练，除了宗教狂热外，谈不上战斗力有多强，如果清军日后发起反攻，其一触即溃在所难免。这一点张格尔心知肚明。所以，他更多倚重那支由三千名安集延人组成的亲兵卫队。这些安集延人在叛乱集团中享有特殊地位。当张格尔攻占喀什噶尔等天山南路西四城后，他不但自己“多建房屋，广索银、马、妇女”，并且纵容安集延亲兵“尽得府库官私之财，并搜括回户殆遍”。

张格尔还大肆抢掠当地伯克（回务官吏）的家产，向富商大量敲诈勒索，编造了喀什噶尔的财产清册，把没收来的（更准确地说，应是巧取豪夺来的）巨额公私财产的大部分，当作薪饷付给了其军队中的安集延人。

日后，凡与清军作战，张格尔就用安集延人督战，让他们驱赶贫苦的回民百姓打头阵，上前受死。当时，张格尔强迫十五岁以上的男丁一律当兵参战，谁不愿意，或稍有不从，便格杀勿论，以致“受伤阵亡，半系内地愚回”。张格尔自己与安集延人则在后面贪淫作乐，饱载而归，坐享渔利。

张格尔这些倒行逆施很快便激起当地民众的不满，甚至使得白山派的支持者都感到失望了。在残酷的现实面前，广大被诱骗裹胁的白帽回众，逐渐看清了所谓“圣裔”张格尔的本来面目，这才“转迷开悟”，发现自己真个是百分之二百五地上当受骗，于是有的转而支持清军，盼着官军早日打回来，尽快消灭这伙为非作歹的暴徒恶棍。

尽管白帽回众有所醒悟，人心思定，可是，为时已晚！黄泥掉到裤裆里，不是屎也成屎了；再者说，上了贼船，哪能说下来就下来呢？这还需要一个过程，一个尸横遍野、血流成河的惨痛过程。动乱是祸！很多回民百姓都因此落得个家破人亡的悲惨结局。这是后话。

张格尔大王的一抹香艳

浩罕汗王马达里说起来也算是个识时务者，在闻知张格尔攻占喀什噶尔之后，便派人将张格尔的小侄子阿里雅送至喀城交还张格尔，意欲修好。不过，马达里汗却以张格尔的儿子年龄太小，“不便行送”为由，仍留在自己手中。其实，那个被送回来的阿里雅年纪也不大。显然，浩罕这是既向张格尔示好，同时也自己留了一手。因为，马达里汗通过近来与张格尔过招，已经长了记性，对付张格尔这号歹徒无赖就得留一手。所以，稍后，张格尔向浩罕索要老婆孩子，当然被一口回绝了。

张格尔则无暇与之计较，因为他最近很忙。自从攻下西四城后，其野心与贪欲便极度膨胀，不仅裂土称王、狂敛不义之财，而且还春心荡漾，寻思着既已称王，横竖也得具备与现有身份相匹配的后宫，于是乎放飞自我，一口气又娶了三房妻室，与这个如胶，与那个似漆，更与一个叫爱则尔毕比的如胶似漆。

张格尔大王这一抹香艳，却着实惹恼了他那个身为布鲁特部落头领的岳父老泰山。眼见自己的女儿还被扣在浩罕受苦，而作为夫君的张格尔非但不去设法营救，反倒寻欢作乐，真个是小人得志，忘恩负义、先乱后弃的家伙。走着瞧，我呸！——岳父很生气，后果很严重。

书中暗表：张格尔这下子可给自己埋下了致命伤。尽管他当时觉得无所谓，但万没料到转过年来便因果报应。这也算是现世报，难有活命了。此乃后话，暂且不提。

第八章

英夷谍影 现身南疆

木吉，位于帕米尔高原东侧，早在汉代就是丝绸之路上的一个商旅必经之地，到了清代，更成为南疆地区一个很重要的通外山口。

张格尔在占领回疆西四城后，将一个名叫额萨克的布鲁特人派往木吉把守边界，并对他说："英吉利将从印度给我运送武器和信件，你与卡德尔汗和卓、玉素甫江和卓把武器及时转给我。"

额萨克到了木吉，把从印度运来的武器转到了张格尔手里，张格尔提到的那两位和卓也经常往来木吉。但随后见到的一些奇怪的事情，却引起额萨克的疑惑：卡德尔汗与玉素甫江虽然被张格尔称为"和卓"（在此指回教上层教职人员），可为什么与当地人长相不同，他们是蓝眼睛、白皮肤……

其实，额萨克所见到的这两个蓝眼睛、白皮肤的家伙，其真实身份乃是英国间谍。

直到这时，我们才知道，在张格尔的叛军中，竟然还有一些被称为"和卓"的英国人。

或问，英国人缘何漂洋过海、远道而来？说来话长：

众所周知，英国是欧洲极西边的一个岛国，而新疆则深处亚洲大陆腹地，是中国西北边疆的一个内陆省份，二者本是关山万里，毫无关联。但是，随着近代工业革命的成功，英国四处开疆拓土，大肆进行贸易侵略和殖民掠夺，足迹几乎遍及全球每一个角落，最终成为世界上最大的殖民帝国，正所谓“日不落帝国”盛极一时。

在亚洲，英属东印度公司经过两个世纪的扩张，到19世纪，英国人就像摊大饼一样建立起了一个东起萨尔温江，西到开伯尔山口的海外殖民地，几乎囊括了整个南亚次大陆，并通过英属印度，沿喀喇昆仑山与中国新疆接壤。

英属印度是英国巨大的产品市场和原料基地，也是英国在亚洲的根本。为保护这一辽阔的海外领地，在制定英属印度的战略政策上，英国人存在着“温和派”与“前进政策派”两种意见。“温和派”认为内守英属印度，使之成为英国在亚洲争霸的基地即可；而“前进政策派”则主张把英属印度本身做大，沿英属印度边界向外扩张，在其外围形成一个势力范围，用以拱卫英属印度。如此一来，中国的新疆、西藏等地就被划进英国这一所谓的战略性“势力范围带”内，而建立自阿富汗到喀什噶尔的缓冲带，正是英国这个巨大“势力范围带”的重要一环。于是，中国新疆就处在英国进一步扩张的锋口上。

大约在1820年前后（即道光帝即位前后），随着英国在印度统治的巩固，它便开始不断向北方派出军事、政治和商务代表，以所谓测绘地图为借口，四处进行勘测，扩大其影响。

威廉·穆尔克罗夫特（Willian Moorcroft），便是其中重要的一员。

《大清宣宗实录》将穆尔克罗夫特译作“木尔齐喇普”。这是一个极力想打通印度到中国新疆陆路交通、竭力主张大英帝国向中亚扩张的狂热分子。他原本只是一名任职于孟加拉的兽医，与英属东印度公司有着密切的联系，富于冒险精神，曾游历印度，后又担任东印度公司布萨地区种马场总监兼兽医。

1812年，穆尔克罗夫特装扮成朝圣者，对中亚地区进行了探察，私自越境进入中国西藏，非法查勘玛旁雍错的水文情况，调查该地区的羊绒贸易和俄国商品的渗透情况。通过对这一地区市场潜力的评估和搜集到的社会经济、政治情报，穆尔克罗夫特提出了英国的中亚战略，并预测了未来英俄之间在中亚地区的大角逐。

此后，他又来到当时被称为“小西藏”的拉达克。拉达克位于青藏高原的西部边缘，其东北与新疆交界，西南与西藏交界，是藏族传统居住区，历史上曾是中国西藏的一部分。

穆尔克罗夫特在此逗留期间，积极活动，同当地的旅行者、香客及商人频繁接触，收集情报，不遗余力地试图打通与新疆通商的门户，把东印度公司的商业推进到中亚的布哈拉。为此，他于 1819 年曾计划作一次远途旅行，准备途经西藏及新疆的叶尔羌前往布哈拉。此行表面上是借口到布哈拉采购种马，但实际上他对商业更感兴趣。这是他第二次中亚探察。

于是，穆尔克罗夫特向中国新疆地方官员提出想借道叶尔羌前往布哈拉买马的要求。时间应该是在嘉庆二十五年（1820 年）十一月之后，叶尔羌阿奇木伯克（地方总管）将穆尔克罗夫特的这个要求，禀报给新近接任喀什噶尔参赞大臣的武隆阿。武隆阿拒绝其借道。

远在北京刚刚登基的道光帝获悉这一情况后，意识到“叶尔羌、英吉沙尔和喀什噶尔一带均与外夷接壤，地方紧要，总当留心稽查，严密防范”，所以，他要求武隆阿“探访此事”，查明详情上报。武隆阿遵旨，委派常去克什米尔的商人前往探访，得知有两名英吉利人，一个名叫木尔齐喇普（即穆尔克罗夫特），40 多岁，另一个名叫铁里伯克，30 多岁，带二三十名仆役，仆役均为印度及克什米尔人，在拉达克已经居住一年多了，以贸易为生，也给人治病。这两个英国人一再要递信给叶尔羌阿奇木伯克，请求前来贸易，而且态度相当强横，声称：“清朝官员准他来，他就来，即或不准，他也一定要来！”

最终，清政府是以英国一直在广东贸易为理由，拒绝了穆尔克罗夫特借道叶尔羌前往布哈拉的请求，于道光元年（1821 年）十一月十四日，明令禁止英吉利人进入新疆叶尔羌贸易。

虽然穆尔克罗夫特没有获准进入新疆，但是他通过与来往于叶尔羌及拉达克之间的商人接触，对新疆已经有了初步的了解，并写了多份关于新疆的详细报告，不断上书给英属印度当局，陈述他的见解。

这些报告分别从印度北部边疆的安全、英国与俄国在中亚的竞争，以及商业贸易等多方面，论述了应该发展与中国新疆的关系，向北扩展英属印度的势力。他还极力参与拉达克的政治事务，关注着当时尚在英属印度当局控制以外的喀喇昆仑山以南诸国的形势。

在此，我们不得不承认，穆尔克罗夫特确实是一位颇具战略眼光的英吉利兽医。

在英属印度和新疆的早期关系中，穆尔克罗夫特占有独特地位：他最早倡导英国为了政治目的，要把商业扩展到喀什噶尔，打开中国新疆及中亚市场；他最早认识到俄国要染指中亚，以及对英属印度可能形成的威胁；他最先主张英属印度应占领拉达克，将其置于英国的保护之下，使之成为保护英属印度安全的屏障，以及发展与中国新疆及中亚关系的立足点；他首次把这些问题引入到英国官方决策的视野之中，他甚至还预测到后来发生在新疆地区反对清朝的暴乱……

然而，当穆尔克罗夫特以其特有的政治、商务敏感度，把他的这些观点和有关建议报告给东印度公司后，却被束之高阁。英属印度认为，穆尔克罗夫特信中所说的与英国政府现行政策相抵触，在政治上是不明智的，于是，东印度公司停发了他作为种马场监理官的薪水，下令要把他召回来。

不过，随着时间的推移，对英国来说，穆尔克罗夫特的许多观点被证明是有远见的，后来不但对英属印度的西北边疆政策产生较大影响，也影响到英属印度对新疆政策的制定。总之，所有这些，后来都成为英国官方炮制发展与中国新疆关系的政策基石。

在这里，我们不能不感叹，一个兽医，顶多是个种马场场长，在关注有蹄类动物七情六欲的同时，竟然还能站在国际竞争的高度，对国家海外殖民地的安全与利益建言献策。

须知，在英帝国迅速崛起和扩张的时期，有不少最为重要的具有战略眼光的思想家，并不是书斋中的学者或大学教授，他们直接就是帝国开拓的殖民者——公司雇员和商人。如著名的小密尔就是东印度公司的雇员，今天的学者会很难想象，小密尔那些传世的作品如《论自由》、《论代议制政府》等，都是他在一个殖民地的商业雇员任上写成的。再如，托马斯·孟的《英国得自对外贸易的财富》也是一本作为350年前一个东印度公司的英国商人的著作，该书旗帜鲜明地提出商人要讲政治——“如何热爱我们的国家以及为国家做贡献，并在你日常工作和职责中加以贯彻和执行”。看，这就是当时英国商人的政治觉悟。

这本正文约100页的小册子，后来成为英国重商主义学派的奠基性作品。英国古典政治经济学的主要代表人物亚当·斯密在其《国富论》中评价说：“托马斯·孟的《英国得自对外贸易的财富》一书，不仅成为英格兰，而且成为其他一切商业国家政治经济学的基本准则。”可见，英国的商人不仅开创了近代商贸世界的经济学派，也几乎一手缔造了大英“日不落”帝国时代的世界政治秩序。即使是遭到当权者的粗暴拒绝，他们仍以他们在全世界的商贸经验来改变英国政治，参与国会辩论，改变着政府的既定政策。

由此看来，穆尔克罗夫特其道不孤，颇有同行之人，而他个人也正是其中的佼佼者。

这些事例本身就生动地体现出：当年正处于蒸蒸日上的大英帝国，其普通国民的素质和进取精神，较之垂垂老矣的大清帝国的某些封疆大吏的短视、庸懦与畏缩——我们后面将看到，形成了极为鲜明的对比。

尽管外遭大清禁令，内遭当局封杀，但穆尔克罗夫特并不灰心。有一个说法，在1824年（道光四年），穆尔克罗夫特不顾清朝禁令，仍一意孤行，经由克什米尔到新疆和阗，考察了一些城镇及人口、人种、道路里程、气候、河流、经济、矿藏等。但他的这一探险行动似乎并未对英属印度当局产生什么影响，反倒让驻扎新疆的清朝官员感到烦恼。

来年（道光五年）8月27日，也就是张格尔第三次入卡发动大规模叛乱的前夕，郁郁不得志的穆尔克罗夫特竟意外地一命呜呼了。关于他的死说法不一：一说他在阿富汗北部的安德胡伊死于热病，一说中毒而亡，甚至有人认为他是在拉达克的昂哥布被杀害的，原因是清政府担心他前往新疆无事生非，于是清朝驻拉达克的代表便怂恿歹徒杀害了他，属于政治暗杀。

另外，还有一种说法，说他并没有死于20年代，因为他此后曾经过伪装，在西藏拉萨默默居住了十二年之久。不过，此说似不可能。因为，隐居不符合穆尔克罗夫特的性格，他着实是一个不甘寂寞、不曾止步、心向远方、敢于冒险且死而后已的驴友背包客。

虽然大英帝国最初没有采纳穆尔克罗夫特竭力主张的那种前进政策（直接战略路线），但这并不妨碍它暗中实施间接战略路线。早自18世纪中叶（乾隆朝）以来，英国就在中亚地区积极物色并培植在当地的代理人。于是，后来，那个有着特殊背景和身份的张格尔，渐渐地便进入了英国人的视线。

到了道光帝登基前夕，英、法、俄等国势力均进入中亚，尤其是英国，不仅在印度确立了自己的统治地位，与阿富汗建立了条约关系，而且毫不隐讳他们对我国新疆地区的意图，多次伪装成商人进入回疆活动。

张格尔就是在这样一个历史背景下被孵化出来的。

张格尔绝非善类，身为和卓后裔，从小就有野心，就等着找机会闹事。他早年流落于英国势力控制下的阿富汗，在阿富汗首府喀布尔求学时，与英国间谍多有往来。成年后，一直在撒马尔罕、布哈拉、浩罕等地游荡，表面上从事所谓宗教活动，实则网罗党羽，积蓄力量，无时不梦想着杀回南疆，恢复其祖上曾在那里一度享有的统治地位。

作为一个野心家，其狼子野心在引起浩罕统治者注意的同时，也让当时正在中亚探险的英国殖民者产生浓厚兴趣。英国殖民主义者企图利用张格尔作为代言人，将其势力扩展到天山南路喀什噶尔地区，于是便自觉自愿地充当起张格尔的幕后策划者、支持者，乃至指挥者。张格尔在英国殖民者的帮助下，利用他们提供的武器和军事顾问，组织训练队伍，伺机举事。

张格尔第三次入卡攻打喀什噶尔时，就至少有二十余名英国间谍尾随而来。他们都是受英国当局委派，从印度经由西藏过来的。他们藏身于喀什噶尔城内，专门帮助张格尔搞叛乱，负责为他输送大批欧洲新式武器，甚至还有五个英国间谍干脆就充当起张格尔的军事顾问，参画其间，替张格尔进行战略部署。他们身着当地回民装束，冒充“和卓”身份，每天寸步不离跟着张格尔，甚至能够指挥其一切行动。张格尔要拉队伍、搞武装，他们就为张格尔制定了“征民为兵”的方案，接着又以“和卓”的身份担任教官，出面帮助张格尔训练人马。张格尔后来很多的战略战术及其手下使用西式枪炮的技能，都是从其英国顾问那里现学现卖的。

在张格尔看来，浩罕帮他，是为了分得一份他的祖业，而英国人帮他，才是真心为了让他复辟。所以，他对浩罕始终没有好感，心存戒备，而对英国人则一见如故，毫无保留地全身心投靠。

正是有英国殖民者在背后撑腰，张格尔才能在很短时间内组建起一支装备精良、人数庞大的反叛武装，此番第三次入卡从一开始便气焰极为嚣张，而由其挑起的这场叛乱也才能在短时间内迅速蔓延开来。

书中暗表：尽管在张格尔背后有英国人的支持，但英国人的支持并未导致这场本属于中国内政的平叛之战变得有多么复杂，或者说变得有多么棘手。因为，当时的大清朝对张格尔之乱的实际情况缺乏全面了解，只是一味地认准境外的浩罕人、安集延人与卡外一部分布鲁特人在纵容或协同张格尔滋事，加之，当时大清朝闭目塞听，统治者长期以来昧于世界大势，根本不了解大英帝国的真正实力和战略意图，有道是“无知即无畏”，所以，那时的“英夷”根本不入大清朝高傲的法眼，以致在当时的官方文书档案中，难得一见英吉利间谍对张格尔有过什么支持的记录，反倒是当年锡伯族佚名史诗《喀什噶尔战记》与柯尔克孜族（即布鲁特人）的一首叙事长诗，以及后来苏联学者邵英巴耶夫等人所著的《为正确阐明苏联中亚细亚各民族底历史问题而斗争》（人民出版社1954年版）一书中，披露了不少英国人支持张格尔叛乱的史实。

例如，在史诗《喀什噶尔战记》一开始的段落中，就写有“张逆原为和卓裔，图谋复辟坐天山；背后怂恿有浩罕，英夷亦来当后台”的诗句。

又如，在柯尔克孜族那首叙事长诗里面有一个章节，讲了张格尔和卓是英国间谍，那个时候从印度等地运过来武器就是从木吉进来的，木吉是与战争相关的一个特别之地……

而在邵英巴耶夫等人的著述中，则更清晰地阐明了 19 世纪初英国已进入商业资本主义阶段，需要更为广阔的世界市场，它所觊觎的不仅仅是一个新疆，而是妄图打开中国西北大门，以新疆为据点向中国内地侵略，另外，鉴于俄、法等在中亚的争夺，英国急需将天山南部置于自己的势力之下，为其在印度的统治建立一道屏障。为达到这一目的，早在 19 世纪初英国商人便以贸易为借口进行特务活动，探测道路、绘制地图，以期进行更深入的侵略，但这些间谍活动均被新疆军民识破而遭到驱逐。在直接侵入遭到抵制的情况下，英国转而寻求其他方法，也就是选择一个代理人以减小它进入新疆的阻力。这一代理人的角色最终落到了张格尔的身上。于是当张格尔发动叛乱时，英国便从各方面给予支持。“张格尔是在英国人的援助之下组织和装备军队的。他的军队中的教官也是改着东方服装和自称为和卓的英国人。”张格尔叛军攻打喀什噶尔时便有英国人参与 :“喀什噶尔现有该族人（即英国人）二十人，内五人寸步不离和卓并支配其一切行动，自称和卓并着和卓服……此等英人……在该地唆使张格尔和卓兴起此事，与之进入喀什噶尔城。”

总之，英国在张格尔叛乱中所起的作用十分明显，不仅派间谍帮助张格尔训练军队，还监视、支配张格尔及其部属的行动；不仅在军备物资上给以帮助，而且还从战略战术上加以指导。

第九章

败军之将 犹可言勇

——锡伯英雄额尔古伦与他的一场传奇胜仗

战争不是梨园戏台平日里所上演的武打剧目，结局也不总是胜利大团圆，更多的是艰难与困苦、流血与牺牲。

锡伯英雄额尔古伦

上回书说过，道光六年六月，张格尔率叛军进攻喀什噶尔，领队大臣乌凌阿、穆克登布带三营清军于城外与叛军激战。战至最后，乌凌阿、穆克登布相继阵亡，三营清军几乎全军覆没，仅八百人突围而去，而率领这八百人突围的正是本章所要歌颂的锡伯英雄额尔古伦，一位颇具传奇色彩的锡伯族著名将领。

额尔古伦生于乾隆三十三年（1768 年），姓伊拉里氏，锡伯营镶红旗人。他从小为人忠厚，讲义气，喜读兵书，好习武，勇而有谋。十八岁应试入选披甲，在卡伦、台站轮值当差。所谓“披甲”，乃清代八旗兵丁的别称，意思是穿上铠甲，成为大清皇帝麾下一名光荣的旗兵。

当年锡伯族男人个个以骑射见长，而由锡伯健儿组成的锡伯营，平时十分重视军事训练，全营官兵无不弓马娴熟、技艺超群，实乃八旗军中一支极为骁勇善战的劲旅。

在严格的军事训练下，不到几年，额尔古伦便脱颖而出，成为一名武功高强、胆识过人的勇士。在锡伯营每年举行的阅兵比武中，额尔古伦的成绩总是名列前茅，不久便升任委官、骁骑校等职。

校军场上勇拔头筹，自不待言，而在真刀真枪的实战中，额尔古伦也表现得非同寻常。一次他在卡伦巡逻时，路遇沙俄匪徒在边境骚扰，抢夺牧民马匹，额尔古伦策马向前，只身一人击败了二十个敌手，夺回了马匹。

还有一次，外寇入侵卡伦，额尔古伦与之激战。他数次躲过敌方打出的飞镖，穷追不舍，二马错镫间，轻舒猿臂，将敌酋生擒过来。返途中，敌酋拼命挣扎，妄想挣脱，额尔古伦臂膀稍一用劲，竟将其夹死在腋下。这惊心一幕，正巧被巡卡而来的锡伯营总管图伯特遇见。老总管看在眼里，连声称赞，并将自己腰间佩戴的祖传宝剑，赠予这位年仅二十一岁的锡伯勇士。

嘉庆八年（1803 年），额尔古伦升任正白旗佐领。任内勤奋肯干，善理旗务，遂于嘉庆十六年（1811 年）升任锡伯营副总管。三年后，又于嘉庆十九年（1814 年）升任锡伯营总管，时年四十六岁。

从披甲到总管的这二十七年中，额尔古伦两次巡查哈萨克、布鲁特边界，两次护送伊犁贡马到北京皇城及热河行宫，先后十次随从伊犁将军到喀什噶尔行围操练。

道光四年，张格尔第二次入卡作乱，道光帝谕令伊犁将军庆祥改任喀什噶尔参赞大臣。庆祥到达南疆后，查见喀什噶尔防守兵力薄弱，认为“该城地处极边，自该增设防兵”，并向朝廷奏言：“查新疆南北两路各外夷，无不畏锡伯、索伦兵之武勇者”，于是从伊犁增调锡伯、索伦，以及满洲、察哈尔、额鲁特兵五百名驰赴喀什噶尔。

锡伯营总管额尔古伦奉命先驱。他预感到这次调遣凶多吉少，但凭着对朝廷的高度忠诚，宁以国事为重，置生死于度外，全力以赴，挑选了包括自己唯一的儿子萨凌阿在内的一百名锡伯族最优秀的子弟兵，配上营中最好的战马，随即告别父老乡亲，日夜兼程，开赴杀敌疆场。他们翻越冰岭达坂,取道阿克苏,仅用半个月就抵达喀什噶尔,行程二千里。

喀什噶尔参赞大臣庆祥对这位锡伯将领很是信任，将手中原有的三百名换防喀什噶尔的锡伯营驻防兵丁，也划归额尔古伦统领。

率残部突出重围

道光六年夏六月，烽烟又起，张格尔第三次入卡作乱。清军在喀什噶尔城外与叛军接仗，结果损兵折将，几乎全军覆没。就在清军群龙无首的危难时刻，随军征战的额尔古伦毅然担负起指挥全军的重任，率五百锡伯、索伦官兵与叛军展开激战。

常言道：杯水车薪，安能灭乎？额尔古伦以区区五百兵力，当此百倍蜂起之悍匪，激战四五昼夜，终因众寡悬殊，人马困乏，渐渐不支。一百五十名锡伯士兵战死沙场，幸存者肝肠寸断，泪流满面，且大多身被创痛，备受惨苦，然裹创奋击，仍作殊死一拼。

当时，喀什噶尔城已被叛军团团包围，额尔古伦被阻隔在城外，无法入城。遥望喀什噶尔方向火光冲天，那是张格尔正在纵容部下烧杀抢掠，锡伯官兵个个咬牙切齿，义愤填膺，但终究无力回天。

额尔古伦意识到，在敌强我弱的情况下，为保存实力，唯有夺路突围，否则，将无一生还。于是，他带领幸存的三百五十名锡伯、索伦战士，还有从战场上聚拢来的数百名察哈尔、厄鲁特营士兵，果断突围。

那是一个乌云翻滚的夜晚，额尔古伦探寻到一个叛军防守相对较薄弱的突破点，他身先士卒，突营闯阵。黑暗中，听到一个贼将在咆哮督战。千钧一发，生死关头，额尔古伦弯弓搭箭，循声一击射杀之。叛军登时陷入慌乱，额尔古伦乘机杀开一条血路，独领残兵，突出重围。

然而，侥幸脱险的官兵却全都跑散了，三五成群，落荒而逃，就连额尔古伦与他自己的儿子也失去了联系。而且，行至中途，额尔古伦又迷了路。

夜宿三仙洞

那是一个漆黑寂静的夜晚。黑暗中，伸手不见五指，什么都看不见。他呼喊，山间回荡着自己孤单的声音；他前行，四周一片漆黑，不知路在何方。那是怎样的一种悲凉呀？没有一丝光亮，没有一线希望，他枯坐在冰冷的岩石上，瑟瑟发抖，孤寂无助；那是怎样的一种无奈呀，是去、是留？是存、是亡？他无助地瘫倒下去，心中只剩下精疲力尽后的绝望。于是他闭上眼睛，迷迷瞪瞪昏睡过去。

不知过了多久，就在半梦半醒之间，前方忽然闪现出一盏灯光，亦幻亦真，渐行渐近。那盏灯，犹如寒冬里和煦的阳光，温暖而不刺眼；那盏灯，又像是一面刚刚拭去灰尘的铜镜，映带着希望；那盏灯，把他的全身都照得通透明亮，精神为之一振。他马上站起身来，迎着灯光走去，仅几步就到了跟前，原来是一位提灯的老丈。老丈身披麻布长衫，其貌不扬，似乎正在等着他。见额尔古伦走近，便轻声说："跟我走吧。"于是跟着那亮光，踯躅前行。又不知过了多久，也许是片刻间，一个山洞突兀出现在眼前。额尔古伦急步走近，定睛观瞧，但见上书"三仙洞"。这真是一处可供遮风挡雨、暂且落脚歇息的好地方。他带着无比感动的心情，想起了这一夜的无奈与幸运，想起了那位执灯引路的老人，莫非是引路神？当他回头再要道谢时，老人却不见了，只剩下那盏灯，仍旧熠熠生辉……

不久，那些在突围时被打散的士兵们也都鬼使神差般陆续会集过来，尤其让额尔古伦感到欣慰的是，没想到在幸存者中还能见到自己儿子萨凌阿。众人告诉他，谢天谢地，多亏有土地神的救助，这才使我们走散后又重新团聚到一块。

以上情景颇具神奇色彩，但它确实记录在锡伯族史诗《喀什噶尔战记》中。这些诗句是这样描述的："幸遇途中引路神，乌夜辛勤把路点。多亏又有土地神，挽助散兵重团圆。苍天有眼赐恩运，八百官兵聚一团。"

当下，额尔古伦清点人马，连兵带将总共八百人突出重围，其余都战死沙场。具体情况是：锡伯、索伦士兵150人为国捐躯，350人冲出重围，加上还有察哈尔、厄鲁特营士兵450人冲出重围，总共有800名官兵生还。

当晚在三仙洞过夜。疲惫不堪的士兵们相与枕藉，倒头便睡，洞内很快鼾声如雷。

然而，额尔古伦却怎么也睡不着。他立在洞口，洞外万籁俱静。下一步何去何从？这让他思绪万千。他时而垂首沉思，时而仰面长叹。眼前归宿向何处？愁云片片头上翻。

冥思苦想一宿，仍没理出头绪。难道听凭命运来搬弄？额尔古伦心有不甘，胸中焦虑似火焚，愁容满脸回洞中。

刚刚睡醒的八百官兵齐仰面，连连请求总管带他们返回阿克苏城，然后再作别样筹算。

额尔古伦巡视着众官兵，强忍悲愤，毅然决然地讲道："战争是残酷的，而且痛苦无边，返回阿城并不等于减少了风险。就眼下这光景，即使是侥幸回到阿城，我等官兵也没有功名与脸面。最好还是放掉幻想，不要心念半个侥幸。今日细细想来，倒不如抛头颅、洒热血，就地与贼拼死一战！"

八百官兵一听，情急如火，再三哀求额尔古伦："大人您如果决意不回返，那么日后大计如何办？大人您若要可怜我们这些兵勇，那么，还是指点出一条生路来吧！如果我们能活着脱离险境，那么，我们一定能生存下去，返回家园！"留得青山在，不怕没柴烧。

面对着如此强烈的求生欲望，额尔古伦凝思许久，内心极为惆怅，他为难地告诉大家：按大清律例，临阵脱逃者当斩！

众官兵仰面注视着额尔古伦，仍在纷纷哀求转返回撤。额尔古伦为情所迫，五脏俱焚：形势危急不容缓，岂能坐待共遭难？为保残余再周旋，撤出据点避敌眼。此非贪生非怕死，韬略避锐兵计缓。

东方既白，额尔古伦最终决定撤返阿克苏，一切后果由他一人承担。

途中历尽千辛万苦

额尔古伦率八百士兵踏上了艰苦卓绝的漫漫征途。他们共同勉励，排除万难，穿越戈壁荒漠，翻越崇山峻岭，披荆斩棘，一路向东行进。

伴随额尔古伦出征的铠甲早已破碎了，上面留下累累刀瘢箭痕；部分士兵的马匹、弓箭、刀枪等早已不知去向。突围时官兵只带了几天的口粮，开始四五天沿途还有水喝，干粮尚可充饥，可出发四五天后，他们所带的干粮全部吃完，途中无水，饮食断绝，官兵们饥肠辘辘，口干舌焦，有人倒在路旁。

额尔古伦异常着急，派人四处寻找水源，好不容易找到一眼泉水，解决了饮水问题。接着，他们在断粮的极度困难下，为了生存，只得忍痛杀死战马，烤马肉充饥，将马皮做成皮囊驮水，以便途中饮用，甚至到了后来，把马骨碾成粉、把马皮煮了用来果腹。这正如额尔古伦事后所感叹的那样："我残生官兵，身躯纵如铁石之坚，而食不加钢，其奈饥肠何？日夜巡警，以死马为食，粉骨煮皮，甚于尝胆！"

由于战马全被杀光食尽，官兵只得徒步行进。天气虽已入秋，但南疆地区白天仍旧酷热难耐。官兵白天行军消耗体力很大，又因口渴消耗掉大量饮用水。为了节省用水和减少体力消耗，于是改为昼伏夜行。

夜间行军，山谷间传来猫头鹰的阵阵啼叫，这悲切的啼叫声，声声催人涌动思乡的愁绪。官兵们想起家中年迈的父母与无助的妻儿，心如刀绞，泪流满面。饥寒交迫又使他们浑身发抖。一路上，官兵们咀嚼着烤得焦硬苦涩的马皮，能有几人将其嚼烂？怎奈饥饿已让大家眼冒金星头发昏，只有含辛茹苦强吞咽。

自古逃难多艰险，血泪将尽苦无涯！最后，全军彻底断粮断水，遭遇到出发以来最严重的危难。

腹内饥肠辘辘，口中焦渴生烟，人类忍受饥渴的生理极限已经降临，而目的地仍遥遥无望，唯见茫茫戈壁横阻在眼前。大家眼前发黑，堪堪毙命，恍惚坠入阴曹地府。就在这绝望的一刻，乌云顿布天地间，苍天有眼显灵验。一道闪电划过夜空，倾盆大雨从天而降。那些被吓破胆的鸟兽，竞相逃入山林里躲藏起来。雨水冲刷着沙石，滚淌如注，将沟壑转瞬变为池沼。只见八百官兵在雨中挣扎着，在泥泞中跌倒又爬起，向着上苍欢呼雀跃，仰面张大嘴巴，就像缺氧的鱼儿浮出水面那样，喁喁翕动，雨水如蜜露般涓涓流进腹中，却觉得总也装不满……

移时，骤雨渐歇，碧空如洗，一行征雁横空飞过。八百官兵仰天合掌，顶礼膜拜，感激龙王拯救危难，感谢苍天大显神灵，举目望断南飞雁，一线生机浮心间。

苍穹下，莽原上，队伍沿着崎岖坎坷的羊肠小路，继续行进。他们忍着饥饿、疲劳和创痛，缓慢但却不停顿地向前走着……

十多天后，额尔古伦率队到达柯尔坪。因饥饿和饮用了不卫生的水，很多士兵都手脚浮肿，腹泻不止，卧病不起。他们向当地维吾尔族农民买了一些玉米面馕充饥，并休整了几天。

撤回阿克苏，含恨忍辱

饱尝千辛万苦，克服无数险阻，历经半个多月、一千四百多里的艰难跋涉，额尔古伦及八百官兵一步一步，终于活着捱到阿克苏城下。这时，他们才惊闻西四城已全部沦陷，张格尔叛军肆意杀戮，四城军民死亡无数，没有多少能活着逃出来的。官兵听了个个心惊胆战。可怜这八百官兵，他们多么盼着能暂且栖身阿城、得到休整啊。

然而，阿克苏办事大臣长清对额尔古伦及其手下这八百官兵非常不满，认为他们“未能捐躯行阵”，擅自“退回阿克苏”，有贪生怕死之嫌，起初不让他们进城，好不容易进城后，又进行了种种刁难。

额尔古伦含羞忍辱去见长清，奉命报告了败撤的经过。

听完禀报，长清面沉似水，冷酷无情，不问青红皂白，斥责他失守喀什噶尔城。最后，长清凛若冰霜地说：“逃回阿城图苟安，罪责如山谁来担？后果严重不堪想，详情将奏报皇上。”

额尔古伦甘愿一身承当所有责任风险，他心情激动，再三哀求：“九死一生众官兵，如今饥饿待死亡；大臣若要赐恩惠，贱辈此生永不忘。”

长清仍怒气未消，只是考虑到当下正是用人之际，于是勉强传令下去，责令粮饷处的官员发粮救济这些撤回来的官兵，但务必查点清楚人数，按人头拨发，不许紊乱，不许多发一份军粮给额尔古伦。

军粮官给他们发放了少许难以食用的乌黑发霉的面粉。额尔古伦怒火中烧：饷处官吏心如蝎狠！当此败挫之际，正须鼓舞士气，而长清竟以霉烂粮食给饷,真是欺我为甚！但额尔古伦与八百官兵敢怒而不敢言。霉面实在难以下咽，但大家腹中久已空空如也，万般无奈，只得闭目强行吞咽。苦面咽到空腹里，辛酸泪下腹中翻。

而这时，长清拟写一份奏折，呈伊犁将军长龄转报朝廷，指陈额尔古伦“未能捐躯行阵，退回阿克苏”。很快，额尔古伦受到清廷有失公允的严厉处分：“著贷其一死，俱行斥革，交该将军饬令各带原兵，在军前效力自赎”。这就是说，朝廷虽然暂且饶过额尔古伦等人一死，但却全部予以斥责革职的处分，并交伊犁将军长龄严加管束，责令额尔古伦等各带领原班人马，在军前戴罪立功。

闻命之下，额尔古伦满腔悲愤，但又无处宣泄，他只有在悼念喀什噶尔阵亡战士的悼文中一抒胸臆：

鸣呼！我一百五十名阵亡兄弟：皇天生人，寿夭不一……夫胜败无常，死难英灵，大丈夫既马革裹尸，捐躯沙场。当其离乡赴敌，欢跃争先，及其死而有灵，料知生者之状何似？其可悲可忿者，主帅庸驽，则部属必致受其惨毒，致死者以鲜血溅黄土，而幸存者无不悲愤填膺，无所告诉矣……

就在额尔古伦悲愤已极、生不如死的时候，伊犁将军长龄来到阿克苏，他安抚额尔古伦等八百官兵好好休整。更为难得的是，他与阿克苏办事大臣长清乃至与朝廷的看法不同，认为：为了保存实力，从喀什噶尔返回阿克苏是应当的！并当面向额尔古伦讲了这番意思。

将军的句句话语，犹如苍茫夜空中密布的星斗，晶晶闪亮，使额尔古伦见到了一线光明；又如拨亮一盏金灯，把额尔古伦内心照亮。这是他自打撤到阿克苏以来，第一回被人理解。患难见真情！感动万分的他，油然赞叹道：将军心胸比天还宽广！我只因官职卑微，身份低贱，所以才将战事不顺常常挂在心上。

尽管额尔古伦忍受了种种歧视与精神上的痛苦，但他决心早日收复西四城的勇气，却丝毫没有动摇。

敢问：败军之将，犹可言勇？

正是！他要振作起来，忍小忿而就大谋，一切从头来过，续写新的传奇……

有道是：胜败乃兵家常事。大丈夫能伸能屈，一时的落魄，何足道哉？

一场出人意料的传奇胜仗

前回说过，六七月间，张格尔督兵围打西四城之时，又差派依斯拉木素皮、察克、玉努斯等头目，带着三千多叛军扑向阿克苏，企图攻取该城，进而控制整个回疆。

当时回疆的态势是，西四城已被叛军围困多日，行将不保；东四城尽管仍在清军手中，但援兵未到，城防空虚，而叛军势焰可炙，步步进逼，东四城中的乌什、阿克苏、库车均已戒严，尤其阿克苏更是首当其冲，情况非常危急。阿克苏办事大臣长清急调正准备驰援西四城的参将王鸿仪，率步队六百前往都齐特军台堵剿来犯之敌。

都齐特军台位于阿克苏南面，是清军一处重要兵站。

七月二十一日，都齐特军台被叛军烧毁，王鸿仪部全军覆没，参将本人战死。

叛军势力向北延伸，很快抵达距阿克苏只有四十里的浑巴什河一带。他们屯聚河之南岸，伺机渡河攻取阿克苏。

阿克苏城中兵不满千，人心惶惶。长清急忙从守城清军中分兵二百，沿浑巴什河北岸“昼夜抵御”，又紧急传令锡伯营总管额尔古伦挑带精兵三百“过河堵剿”。

所谓“过河堵剿”，实与“过河送死”无异。前日，参将王鸿仪及其所率六百兵力堵剿失利，而且全军覆没，更何况额尔古伦这区区三百人马？显然，这是一个有去无回的危难使命。前车已覆，后者岂不当鉴？其实，长清逼令额尔古伦“过河堵剿”，多少带有惩处他此前从喀什噶尔擅自撤回的用意，终究还是意气用事。

额尔古伦领命挑带二百名锡伯子弟兵，还从索伦、厄鲁特、察哈尔三营挑来一百名精兵，就在整装待发之际，长清前来巡视。他神情冷峻，对额尔古伦既无慰勉，也未道别，仅当众训示一语：“这次务必夺取胜仗！”锡伯将士鸦雀无声，他们都能听得出其中的话外之音：如若再打败仗，那就别再回城！

额尔古伦对此心如明镜。自打从喀什噶尔退回，他便蒙羞深重，挥之不去。知耻近乎勇！当下，额尔古伦要为荣誉而战，要为一雪前耻而战。

七月二十七日，额尔古伦带领着这支由三百人临时拼凑起来的小队人马奔往浑巴什河。我军仓促出战，没有后援，而大股叛军就在前方邀截，这真是踏上了一条不归之路。

索伦、厄鲁特、察哈尔三营将士惊恐不安，一路上怨声载道，震彻耳际，他们请求返回阿克苏驻防。额尔古伦断然拒绝，并告知：军令如山，不敢违抗！谁也不能擅自后退，逆匪已经逼至嘴鼻下，我们犹豫不得，必须齐手上阵！

不多时，人马赶到浑巴什河北岸，额尔古伦率先登船。他屹立涛前，坚定沉着，挥手催促队伍迅速跟进。锡伯将士齐步上船，尽管明知厄运在前，但仍甘愿追随他们所敬爱的总管冒险渡河。

然而，其他三营的官兵却畏缩不前，不敢过河。索伦营官兵面对湍急的河水，彷徨观望，生怕半渡遭袭，葬身鱼腹，又担心即使渡到对岸也生存无望。厄鲁特、察哈尔两营官兵更是神情紧张慌乱，你推我搡不肯上船，嘴里还不停地祈祷，活脱脱像一群待宰的绵羊。

骚乱动向已出现，军心涣散在眼前。额尔古伦心急如火，气从肝生。他对这群临战胆怯的民族兄弟颇为无奈，又见他们一副可怜巴巴的模样，铁汉心肠暗起感伤。但军情紧急，不容迟疑。情急之下，额尔古伦只得将这百十号人撂在对岸，随后奋力摇橹，率两百锡伯子弟兵飞渡浑巴什河。

船近对岸，急于报仇雪耻的锡伯将士两眼冒火似发狂，奋不顾身跳入河中，全力游向对岸。额尔古伦看到属下如此无畏，凝重的脸庞终于舒展开来。他一手摇橹，一手高擎利刃，大声疾呼：

大家不可轻性命，掂度分量理应当！为国捐躯在疆场，自有后人来颂扬；皇帝恩赐惠妻儿，子孙无穷永恩享。倘要坐待到死亡，姓名不知是何样；当兵理应不怕死，大清军法无饶项。诸位深思要熟虑，充当逃兵最可耻；报国卫民要一心，战场立功显英威。逆贼并非打不垮，只恐大家志不刚；唯有疆场夺胜利，方有脸面返家乡！只有为国立巨功，方有美名代代扬！

这番如歌如诉的战前动员，情真意切，将士们听罢大受鼓舞，无不感到“力量顿增心里亮”。

过河登岸，额尔古伦下令将所带辎重连同锅具沉入河底，全军上下同仇敌忾，誓将决一死战。

向西行进十里许，临近黄昏时分，忽见日落方向尘土飞扬，由远而近，渐渐看清，正有近万贼匪蜂拥而来，鼓噪声嘈杂迭起。

遭遇叛军甚众，敌我兵力悬殊，几无胜算。但额尔古伦没有犹豫，他一马当先，率区区两百名锡伯将士横挑强敌，毅然决然发起一轮可以视为自杀式的冲锋。

夕阳西下，残霞如血，“风萧萧兮易水寒，壮士一去兮不复还”……这是慷慨赴死的悲壮时刻，更是一种以死雪耻的自我解脱！

此刻，叛军也已发现迎面杀来一哨人马，但他们凭仗人多势众，马烈枪长，个个挺胸叠肚，满不在乎，用轻蔑的眼神瞧着这一小队前来送死的清军。因为，他们自信不费吹灰之力便可轻松将其拿下。伴随着一阵阵得胜般的喧嚣，叛军疯狂地围将上来。

结局已毫无悬念，叛军的胜利与清军的败亡都是不可避免的，只需稍等片刻，其间不能容一发！……

然而，就在这时，奇迹真的发生了：

平地里陡起大风，且咆哮轰鸣，飞沙走石，转瞬间形成沙尘暴，犹如一堵高墙横阻于叛军跟前。

敌我双方皆大惊。忽然，又听得头顶上传来一声断喝：“贼匪，拿命来！”众目仰视，但见红光烛天，战云翻滚，半空中闪现一魁梧奇伟身形，身长足有九尺开外，卧蚕眉，丹凤眼，面如重枣，三缕飘髯，胯下赤兔马，手提青龙偃月刀，正缓缓按落云头。

所有人都认得关公。对，没错，正是关公从天而降，他老人家要与锡伯族将士一起冲锋杀敌！说时迟，那时快，见证奇迹的时刻到了：那沙尘暴似乎神灵附体一般，劈头盖脸向叛军席卷而去。叛军登时被刮得晕头转向，东倒西歪，双眼迷瞪，强睁不开。

锡伯族将士一片欢腾：关帝显圣了！

额尔古伦仰天长啸，真乃苍天有眼惩敌顽！他向将士们振臂高呼："天助我们起顺风，大家拿出虎豹胆！"

战场形势随即发生逆转，我军意外获胜，叛军茫然落败。

有诗为证：官兵喊杀赴敌群，如虎下山擒群羊。顺风射箭强神力，贼兵倒亡归地府。敌人败阵马落荒，丢盔弃甲逃窜忙；清军越杀越凶猛，穷追逃窜不肯放。官兵尾追残敌兵，疾恨张逆未落掌；逆贼践踏喀什城，今日方将血债偿。驱走敌人夺胜仗，官兵个个心欢畅。

书说至此，人们不禁要问：难道关公在过世一千六百多年后，真能穿越漫漫时空，帮助素昧平生的清军降妖伏魔吗？或曰：这只能说是奇迹！

据在下考之，新疆地区深居内陆，干燥少雨，多戈壁荒漠，四周高山环列，而在其南北两边都有较大的山口。这样，来自西伯利亚的冷空气可径直由山口进入新疆北部，然后绕过天山东段，进入南疆，在沿途各地造成极端天气，时常狂风骤起，扬起地面沙尘，形成沙尘暴，而其风向大多自北向南，这与清军进攻的方向大体一致，有助于清军乘风进击。

至于红光烛天与关公显圣，那是夕阳强烈照射在扬沙表面所引起的衍射和漫反射作用形成的，就犹如那著名的“峨眉佛光”的形成，是一种非常特殊的自然现象。

至于空中那声断喝，想必是大风搅动沙粒，无数沙粒在气流中旋转，致其表面细微空洞产生“空竹”效应，汇聚发出轰鸣声，犹如著名的“敦煌鸣沙”，也是一种自然现象。

这些自然现象之所以被附加上强烈的感情色彩，只不过是因为锡伯将士受到关公情结的强烈心理暗示，进而产生幻觉，将“佛光”当成关公显圣，将“鸣沙”当成关公好声音而已。

最后，再追述一下锡伯将士这种关公情结：

关羽本乃蜀汉名将，罗贯中老师在《三国演义》中更是将关公塑造成集忠、义、信、勇于一身的“武圣”，进而成为中国封建社会后期上至帝王将相、下至士农工商，广泛顶礼膜拜的神圣偶像。

锡伯族崇奉关公开始于清初，这与清廷大力推崇不无关系。当年，清太祖努尔哈赤对《三国演义》爱不释手，因而《三国演义》在满洲贵族间非常流行。桃园结义式的团结，关羽、张飞式的忠勇，最适合清初新兴的满洲贵族集团在政治上和军事上的需要，以致凡是清朝统治的地区，无论内地边疆，还是城镇乡村，都建有关帝庙。顺治元年，清廷封关羽为“忠义神武大帝”；乾隆年间，又加封为“忠义神武灵佑关圣大帝”。

随着清廷给予关羽至高无上的“神”的地位，于是乎，对关公的尊崇也就逐渐自然而然地融入了效忠清廷的锡伯族军民血液中。他们热爱关公！视关公为大英雄，关公英勇刚强的性格，义重如山的品德，以及桃园结义、生死不渝的兄弟情义，令他们推崇备至。到后来乾隆年间，清廷调集数千锡伯官兵远赴新疆伊犁屯垦戍边，同时也着力在精神上借助关公之忠勇来鼓舞士气。乾隆帝曾亲自给新疆伊犁、塔城、乌什等多地关帝庙分别题词，如“神佑新疆”、“声灵绥祜”、“灵镇新疆”等。这些题词都表达出一个中心思想，那就是关公与尔等锡伯将士在一起护卫新疆，这在很大程度上强化了关公神灵的存在感。所以，到后来在与张格尔叛军打仗时，每当大风突起，黄沙席卷，包括锡伯将士在内的清军都认为这是关公在显灵助威。当然，从科学的角度来看，“关帝显圣”只是一个传说。但是，从这个传说中我们却不难看出，关羽在锡伯族将士心中已成为一种信仰，而这种信仰又化作克敌制胜的巨大精神力量。

当时，正是在“关公助威”下，锡伯将士以寡敌众，奋力击退叛军，毙敌百余，生擒一人，还夺获不少马匹枪炮弹药。

这是一场意想不到的传奇胜仗，也是一场久违了的胜利。

喜讯传来，阿克苏这座被困多日、岌岌可危的愁城顿时沸腾了。当地回众欢歌起舞，赞扬官兵逞英豪，驱逐敌人获解放!

阿克苏办事大臣长清初闻捷报，将信将疑，随经核实，喜形于色。

正是这场意想不到的胜利，使长清第一次看到额尔古伦及其手下的锡伯将士，个个骁勇强悍，不避艰险，打起仗来无不以一当百，同时他也认识到，以额尔古伦为首的锡伯将士绝非临阵退缩、贪生怕死之徒。所以，当额尔古伦凯旋归来时，长清一改往日的冷漠和歧视态度，开始不断与额尔古伦称兄道弟，还喜笑颜开连声称赞：“洒血疆场获胜利，额兄无愧是模范。”

当晚，长清由六百里驰奏京师，向道光帝报捷。他在《防堵官兵遇贼交仗得胜》奏折中写道：派往浑巴什河沿锡伯总管额尔古伦官兵，途遇贼匪交仗，杀贼一百有余，贼势退败。

一个月后，奏折到京，道光帝览奏甚喜，朱批：“所办好！除官兵业经奖赏外，额尔古伦等从喀什噶尔退回，前经降旨令其效力赎罪，此次著长清等存记，如更有出力之处，再行奏请施恩。”

从这道谕旨中可以看出，道光帝已宽宥额尔古伦从喀什噶尔撤退的“罪过”，并且还指示长清在功劳簿上给他记上一笔。额尔古伦总算是用胜利洗刷了蒙在他与锡伯将士身上的耻辱，这恐怕是比打了胜仗还要高兴的事吧。

沉浸在喜悦中的锡伯将士们并没有忘记关公。

由于锡伯将士无法解释风暴来得如此及时，加之平日崇拜关公的情怀，故而将这一自然现象当作关公从天而降帮他们以少胜多，打了胜仗。

日后，锡伯营一千五百名官兵还共同铸造了一口大钟，钟扣上铸有关羽头形，钟身刻有“忠义神武仁勇灵佑诸神帝君”的铭文，用以表达大清国守边将士对武圣关公的敬仰。这口大钟历经一百多年沧桑岁月，至今仍保存在新疆伊犁靖远寺内。

克劳塞维茨将军在《战争论》中有句名言：“在消灭敌人军队时，不能仅仅消灭敌人的物质力量，更重要的是摧毁敌人的精神力量。”

通观本次战斗，客观地讲，清军只是小有斩获，叛军损失并不大，其实际作用只是暂时遏制了叛军北上的势头。不过，这场战斗，给敌我双方在精神层面和心理层面所带来的冲击却是巨大而深远的。就清军而言，力挫敌北犯凶锋，首次打掉张格尔叛军的嚣张气焰，极大地激发起我方全员战斗精神，认识到叛军虽众，但也不是不可战胜的，尤其是见证了“关公显圣”，使清军在心理上感受到一种正义力量的存在，坚信危急关头总会得到神灵护佑；对叛军而言，则造成巨大的心理恐惧，他们万没想到，清军竟然能把关公从天上请来助威，打这以后便落下病根，每见大风起兮就心里发毛。

另外，当时清军正处于大规模调兵遣将的过程中，额尔古伦与叛军在浑巴什河南岸打了这一仗并意外获胜，迫使叛军再耗费一个月的时间才重又纠集起来。时值阿克苏保卫战打响前夕，这无疑为清军大队援兵的赶来，争取了近一个月的宝贵时间。

幾閒弧矢每操
持
家法勤脩志莫
移堪喻正心方
正體須知徵禮
亦徵詩挽強尚
可資筋力中的
皆由契妙思記
的當年爭勝負
而今相憶一何
癡
習射
丙戌仲夏月
御題

第十章

命将出征 指授方略

道光帝在《御制平定回疆 剿擒逆裔 告成太学碑文》中写道："朕思回疆自皇祖高宗纯皇帝平定以来，休养生息六十余年。彼回众践土食毛，无不感承圣化。乃张格尔以逆裔遗孽，召集沙虫之族，潜行枭獍之谋。朕何敢不导扬先烈，勉迪前光！"

从这段碑文中，我们不难体会到，在这位春秋鼎盛的太平天子身上，还蕴藏着乃祖之气韵，血脉中尚有辽阔的林海雪原和驰骋的骏马。对于道光帝来说，骑射代表着百年前那支雄起于白山黑水间、强悍无比的马背民族所具有的特质，现而今，虽然从马上到了马下，但，原有的尚武精神不能丢！

就在他即位的第三天，令人意想不到的是，边地烽烟突起，遥远的回疆发生了张格尔之乱。更令人意想不到的是，起初还是幽幽鬼火般的打劫偷袭，竟然急剧引发了新疆六十年未有的大规模公开叛乱，如野火燎原，汹汹蔓延开来。

刹那间，生灵涂炭，山河失色。

任何方面的横逆如果一定要来，如果犯上作乱，如果玩火寻衅，那么，就必须用严正的态度对待之。这种态度就是：犯天朝者，虽远必诛！

必须扑杀此獠！绝不能任其脱缰狂奔，否则就不足以应付类似“禁门之变”那样的动荡局面，而那呼啸射来的乱箭，也就随时可能再次扎进高悬禁门的匾额之上。

于是，早年那位端起鸟枪冲前迎战、勇退天理教匪、守住宫门的年轻皇子，现在作为一国之君，将要指挥千军万马剿平叛乱，收复失地，守住国门！

闻鼙鼓而思良将。

自喀什噶尔全行变乱以来，道光帝就思考着派谁来统兵平叛。

张格尔第三次入卡作乱发生在道光六年六月十四日，由于回疆距京师路途遥远，道光帝直到七月十三日才接到庆祥奏报，获悉张格尔入卡作乱的消息。庆祥在奏折中禀报，张格尔率众五百入卡滋事，已被帮办大臣舒尔哈善、领队大臣乌凌阿等斩杀四百余人，清军大获胜仗，并将张格尔一伙围住。为防止叛乱扩大，解决喀什噶尔防务空虚、兵力不足，请求从叶尔羌、乌什两城各调兵三百名，从英吉沙尔调兵五十名，前来防堵会剿。

道光帝并未多虑，当即准奏。

但没想到的是，就在军机大臣承旨忙着缮写谕旨之时，突然接到乌什办事大臣庆廉由六百里驰递到京的紧急奏折，报称“喀什噶尔城中回子全行变乱。现在分股猖獗，道路不通，万分紧急！”道光帝这才意识到，回疆的事态已相当严重了。

入夜，养心殿内灯火通明。道光帝召集军机大臣、武英殿大学士曹振镛，军机大臣、吏部尚书王鼎，军机大臣、兵部尚书玉麟，军机大臣、工部尚书穆彰阿，以及御前大臣赛冲阿等人，紧急磋商回疆军情。君臣之间所见略同：这是一场大规模暴乱，仅靠当地兵力已不足以平定张格尔之乱。

当天，道光帝连发三道谕旨，由六百里加急，指授机宜，筹措平叛。

第一，飞饬伊犁将军长龄，以及巴哈布（喀喇沙尔办事大臣）、果良阿（库车帮办大臣）、长清（阿克苏办事大臣）、庆廉（乌什办事大臣）、苏伦保（英吉沙尔领队大臣）、音登额（叶尔羌办事大臣）、多隆武（叶尔羌帮办大臣）、奕湄（和阗领队大臣）、桂斌（和阗帮办大臣）等驻疆各城大臣，严密防范，不可轻举妄动，只可根据形势，设法策应。

第二，授署陕甘总督杨遇春为钦差大臣，酌带陕甘精锐官兵，驰赴回疆，驻扎哈密控制全局，堵捕张格尔。

第三，传谕陕西巡抚鄂山，迅即驰驿前赴甘肃，代理杨遇春所署之职，并筹办军需粮饷及运输，随时接济。

不过，回疆局势到底恶化到什么程度，道光帝及朝中诸大臣还不甚明了，他们仅凭刚刚接到的庆廉奏报进行研判，初步做出上述布置，至于下一步计将安出，也只能待掌握详细军情后，再作定夺。

不几日，来自回疆的告急文书如雪片般纷至京城。道光帝一一详加批阅，眼见回疆形势急剧恶化，心中如火焚烧。

道光帝本不打算再从北疆调兵，因为北疆兵力几经南调已感不足，但迫于形势危急，外省援兵鞭长莫及，远水救不了近火，于是，十四日，又调伊犁领队大臣祥云保、硕隆武带兵二千，乌鲁木齐提督达凌阿、领队大臣多贵带兵四千，由冰岭迅速行走，驰赴回疆应援。

此后，道光帝接连两天没有收到庆祥奏报，不知喀什噶尔情形如何，寝食难安。十六日，终于接到庆祥奏报。庆祥在这份奏折中已全无前份奏折中那种胜券在握的神气，他沮丧地向道光帝报告：白帽回子滋事，台路已被贼断，喀城已被围困，这份奏折是派专人由巴尔昌卡伦外，绕道投至乌什，辗转传递京师的，真不知道还能不能送达天听。

道光帝览奏，不胜悬念，急忙降旨，由六百里加急，谕令庆祥坚守待援。谕曰："伊犁劲兵日内计已驰抵喀什噶尔，各路精锐不日云集。该参赞（指庆祥）惟当督同舒尔哈善等激励将士勠力一心，婴城固守，以待大兵，内外夹击，务保万全。此为至要！"

接着，道光帝根据形势的恶化，又采取了一系列重大决策，开始在全国范围内调兵遣将：

十七日，道光帝命曾在回疆任职、熟悉当地山川形势、现任山东巡抚的武隆阿，迅速来京陛见，酌带义武员弁，听候差遣；命吉林将军富俊、黑龙江将军禄成各挑备精兵一千名，选派历练老成的带兵官员，听候调遣。

二十一日，又传谕富俊、禄成各派副都统一员，统领骑兵二千名(后又增至三千骑)，迅速前往新疆哈密，与杨遇春会合；传谕宁夏将军格布舍，挑派精锐满洲营官兵五百名、凉州庄浪满洲营官兵五百名、宁夏镇属官兵一千名，共计二千名，前往哈密驻扎；命御前大臣、领侍卫内大臣，在上三旗侍卫、前锋参领、护军参领、护军校各员中，挑选年力精壮、武备娴习者三十余人，发往军营效力；命钦差大臣杨遇春统领出征的陕甘兵丁，由原定的三千名增至五千五百名，令固原提督杨芳、汉中镇总兵吕天俸带兵先行。

从七月十三日至二十一日道光帝发出的各道谕旨可以看出，道光帝在组织平叛之役初期，总体作战部署大致是：伊犁将军长龄镇守北疆，相机调度；署理陕甘总督杨遇春为钦差大臣，驰赴回疆，指挥平叛事宜；鉴于西四城相继被围，道路不通，难以应援，命各路援兵向新疆最东部的哈密集中，待厚集兵力，再次第向回疆推进。

然而就在七月二十一日这一天，一份奏折使道光帝最初的作战部署发生了改变。这份十分重要而且非常及时的奏折，是由伊犁将军长龄递上的。

长龄奏言："逆酋已据巢穴，全局蠢动，回众皆叛，贼势猖獗。喀城距阿克苏二千里，四面回村，中多戈壁，断非伊犁、乌鲁木齐六千援兵所能克复。万一轻率前进，必致腹背受敌，有损无益。惟有速发大兵四万，简派统领大臣二三员，会集阿克苏，以一万五千分护粮台，以二万五千进战，方有胜算。"

长龄的这道奏折提出了他对于平叛作战的基本思路：第一，速发大兵四万；第二，各路清军会集阿克苏；第三，简派统领大员二三名，组成前敌指挥机构。

长龄的作战思路与道光帝最初的作战部署存在着相当的距离。两者比较起来，应该说，长龄比道光帝更为客观实际，更为有效得力。

第一，道光帝调兵接近两万，长龄要求四万，并非长龄畏敌。调兵四万，其实际参战部队也就只有二万五千人，并不为多，从后来出现的情形看，叛军动辄裹胁达数十万众，这正好证明了长龄要求的四万之数是有先见之明的。

第二，长龄提出各路大军会集阿克苏，较之道光帝提出的哈密城，实际上把平叛之役的大本营，由新疆的极东之处移到了新疆中部，即西移了四千余里左右。前线指挥中枢的移动，意义是重大的。如果按照道光帝的最初部署，有可能导致回疆东四城的乌什、阿克苏、库车、喀喇沙尔继西四城之后相继陷落，如是，事态将变得更为严重，新疆大部分地区都将落入贼手。那时，清军只能凭据哈密、吐鲁番、乌鲁木齐、伊犁这一狭长地带运动，失去进击的纵深空间，势必在整个新疆北部全面设防。而处处设防，无疑会防不胜防，这样，平叛之役就会全面陷于被动。长龄的计划则是趁叛军围攻回疆西四城之时，迅速发兵阿克苏，拦腰切断回疆东四城与西四城的交通，把张格尔叛军堵截在一时已经无可挽救的西四城地区。

请看，西四城北有天山阻隔，南为青藏高原，西邻帕米尔高原，东界塔里木荒漠，唯有东北一条通道，通往阿克苏。清军会集阿克苏，就等于扼住了张格尔由西四城向东四城扩张的唯一要道，平叛作战便成关门打狗之势。

第三，长龄建议简派大员二三名，尽速组成前敌指挥机构。

对于长龄所提，道光帝此前似乎已有所考虑。七月十三日，他首先命令陕甘总督杨遇春为钦差大臣赴疆平叛，次日，又命军机处传谕原准备派往台湾镇压民乱的山东巡抚武隆阿，因“回疆事情紧要，自应先其所急”，令他暂缓前往台湾，在省城听候谕旨。道光帝之所以令武隆阿原地候旨，是由于武隆阿曾于嘉庆二十五年至道光二年任喀什噶尔参赞大臣一年零十个月，熟悉回疆情况，以备不时之需，而且，近些年，武隆阿在山东巡抚任上，还操练出一支技艺娴熟、百发百中的炮营。

显然，道光帝最初是想根据回疆事态的变化，再考虑是否增派指挥大员。

当下，道光帝接阅长龄奏折，认真考虑了长龄的建议。经过深思熟虑，两天后，即七月二十四日，最终拍板，由六百里加急，授长龄为扬威将军，杨遇春、武隆阿为参赞大臣，调派各路清军驰往回疆进剿，传谕如下：

“命将出师，事权宜归统一。大学士伊犁将军长龄，公忠体国，老成谙练，著授为扬威将军，由京颁给印信，前线军营大小官员，悉听节制。杨遇春前已颁给钦差大臣关防，武隆阿由山东来京，亦颁给钦差大臣关防，与杨遇春俱参赞军务。前线已调平叛大军将近两万，如有不足，可续行添调，由长龄一面奏闻，一面添调。”

与此同时，道光帝又要求长龄督饬其属下已驰援南疆的祥云保、硕隆武、达凌阿等将领，沿途侦探，何处可以驻扎，就在何处会齐，等候大兵云集，会合前进。如果能够迅速救援被围各城，即命前往；如需厚集兵力，就在阿克苏截堵。并晓谕杨遇春转饬各带兵官弁，于勇往之中寓慎重之意，养精蓄锐，务期厚集兵力，一鼓扫除。

这样，道光帝原则上接受了长龄的建议，在作战部署上，君臣之间取得了一致意见。

以长龄为首，杨遇春、武隆阿为副的前线最高指挥机构最终确定；前敌大本营也按长龄的建议，由哈密向前移至阿克苏；前线兵力，可以继续调派。

再说长龄受命后，就有关军队驻扎、军需供给、官员任免等事项向道光帝一一请示，均得获批准。道光帝专门传下谕旨，强调令长龄总统军务是对他极其信任，表示不为遥制，不必事事候旨，当办则办，可以随宜调度，并令户部筹拨巨额饷银及军需物资源源接济。

道光帝的信任，对树立长龄军中威信影响很大，而危难之际受命，也使长龄有了报效朝廷的机会。不过，道光帝期望值过高，责成长龄统大军迅速进剿，“早为筹划，断其归路，以期大加惩创”，最好“一鼓集事”，不可劳师糜饷，务要擒捕张格尔。这给长龄形成巨大压力。

至本年秋冬，道光帝从陕甘、宁夏、西宁、吉林、黑龙江、四川等地续调和增调大批清军，加上京师健锐、火器两营二百官兵，以及武隆阿所操练的山东炮营官兵二百名，总兵力已达三万六千余人。在道光帝看来“兵力不为不厚”。另外，当时伊犁还有许多四川、湖北籍的“民遣”，即民人、遣犯，他们当中有许多人曾在白莲教匪乱时充当过乡勇，经历过战阵，具有实战经验，而长龄此时手中正缺少打过仗的兵丁，于是便奏请圣上批准，从中拣选二千精壮从征。

至此，一场大规模平叛作战的部署已经基本完成。道光帝不觉心驰万里，随又颁发朱谕十条，指授主帅方略：明赏罚、严号令、审地形、勿妄杀、辨良莠、防奸回、备马匹、筹枪炮弓矢、御严寒、赏伯克。

综上可知，道光帝为了平息叛乱，维护大清一统江山，下定了“战而必胜”之决心。

心胜则兴，心败则衰。不是釜底游鱼张格尔一再叫嚣大清朝军队不堪一击吗？不是小小的浩罕国总把天朝与之通商的睦邻、富邻之善举，看成是对它的惧怕吗？那好，当下，道光帝就要一战立威，用行动来证明：

大清朝不但有体量和重量，而且还有胆量与力量！

后乾隆时代的大清朝不是“纸老虎”！

忠謀武略

第十一章

奋武中衰　进不知退

——嘉道第一名将、髯将军杨遇春

在道光帝最终确定的由三人组成的前敌最高指挥机构中，有一位年过花甲的老将军，名叫杨遇春，日后在平叛决胜关头，曾力挽狂澜于既倒，此乃后话。现在，先让我们领略其励志人生，亦将“慨当以慷，忧思难忘”。

杨遇春，乃清代中晚期第一名将，生于乾隆二十五年十二月二十五日（1761年1月30日），四川崇庆州人，武举出身，弱冠从军，历仕乾隆、嘉庆、道光三朝，奋武于嘉道中衰之际，官至陕甘总督（相当于原兰州军区司令员兼陕西、甘肃两省省委书记），封“一等昭勇侯”，加“太子太保”衔，谥“忠武”。

其为人也，生而沉毅，颇负谋略。饱经风霜，老当益壮，髯长三尺许，有“髯将军”之谓。擅使铁鞭一杆，能征惯战，平生历经大小二百八十余战，无不身先士卒，亲冒矢石冲锋陷阵，冠翎袍袴尝被击碎打穿，杀敌无数而本人却毫发未伤，时人誉之为“神鞭福将”是也。其功勋卓著于当时，尤以平定回疆张格尔叛乱之功勋最著，回人敬畏其威名，直呼“哈萨谙班”。“哈萨”即“美须髯”，“谙班”即“尊大”，合之即为“美髯尊者”。乱平，上亲为题赞，曰：少年从征，进不知退。拍马横矛，善穿敌队。参赞戎机，克城贼溃。畀以封疆，无惭简在。

想当初，杨遇春家世清寒，但又不同于普通劳苦大众，其祖父杨占魁原本是州学生员（秀才），后因乡试不中，退而自办家塾，课学子弟。

杨遇春自六岁开始读书识字，由祖父杨占魁亲为训课；十二岁至十六岁，离家就学于乡塾。

他从小举止端庄，懂得用功读书，被誉为“少年而有成人之度”。有一次，乡塾先生要学生各言其志，杨同学从容起对：“愿学岳武穆，精忠报国！”先生听罢甚以为异，同窗小伙伴亦啧啧称赞，大家一致认为杨同学将来必是“堪当大事之才”。

在我国古代，十五六岁就算成人。杨遇春才步入成人年龄，便跟随父亲杨良臣为族中富户种田纳租，日以半耕半读为务。这期间，他读过四书、五经、史记、三国、唐诗等，打下较好的文化根底。然而，就在他十七岁那年，家中连生变故，平静的耕读生活被搅乱了。

先是乾隆三十九年至乾隆四十年，清廷用兵金川（今四川阿坝藏族羌族自治州），杨遇春的祖父杨占魁以州学生员身份领办公差，为官府督运军粮。至乾隆四十一年正月，清军凯撤，官府饬令停运军粮。那些被征调运粮的役夫们回家心切，闻听此讯，竟有多人行至中途便弃粮返乡，随后被官府拿捕监禁，追讨所弃军粮。发生这等恶性事件，杨占魁当然难辞其咎，他自愧没有办好公差，又见那些被投置监狱里的役夫们都是本乡贫民，根本无力自赎，于是就向官府请求代为赔偿。在变卖家产偿清粮价后，被抓的役夫全部获释，而杨家却自此中落，沦为一户贫苦人家。

当时杨家老小八九口，生活日窘，几乎到了无以为养的地步。为了生计，杨遇春耕读之余，每日挑担豆子在集市叫卖，所赚之钱仅够买一、半升稻谷，拿回煮粥，且充全家午饭，余豆一撮，略当菜蔬。此外，他还曾经到崇庆州万家坪运炭，进城贩卖；到宜宾贩盐，运回本州出售；最惨的时候，甚至给人当过马夫。

落魄到这步田地，杨遇春心中暗念："非奋迹立功，不足以发名成业！"遂萌投笔之志。

尽管后来人们都说：杨占魁为他人解难而倾家致贫，这正是为他的孙辈杨遇春日后发达，积下一份隐德（见《忠武公年谱》：咸谓"公之勋业彪炳，皆隐德之报也"），话虽如此，可在当年却是"屋漏偏逢连夜雨"，另一变故又接踵而至。

杨遇春的父亲杨良臣租种本族富户土地，因偶欠田租，没能及时缴清，全家竟被逐出世代居住的祠堂老屋，并遭叱令从此不得在祖屋居住。真可谓"世态炎凉甚，交情贵贱分"。

目睹此番凄凉，杨遇春不禁慨叹："诵读小儒，又安能奋飞？"于是毅然弃文，投师州中武林高手、青城派武师刘纯斋，改习骑射。在刘武师的精心传授下，他冬练三九，夏练三伏，武功日长，尤其擅使一根铁鞭，舞动起来虎虎生风，出神入化。十八岁时，入崇庆州武庠（官办武校）学习。四川学使刘醇斋见杨遇春器宇不凡，谓之"异日必为柱石才"，故而对他大加奖励，拔置冠军。后人评说，正是在刘学使的教导培养下，杨遇春这才迈步踏上远大前程的起点（见《忠武公年谱》中记载"云程发轫，始基于此矣"）。

时隔一年，到了乾隆四十四年，适逢皇上七旬万寿，开恩科乡试。杨遇春应武举试，旗开得胜，巍然高中第十八名武举人。

来年，杨遇春再接再厉，从四川老家徒步万里行，进京赶考，参加武会试。这是他第一次进京，到京后人地两生，一时无处落脚，加之一路辛劳，早已困乏已极，便在一家店铺门外席地而息。天将抵暮，店家出来询问，方知他是进京赶考的四川武举，于是延至店中休息一宿，并给他提供了一餐热气腾腾的饭食。次日一早，又叫店里的伙计为杨遇春领路，送至会馆安歇。

这，大概就是当下大力宣传的“北京精神”吧：“包容”、“厚德”，北京人由来自有。

与族中富户的冷酷无情相比，杨遇春着实被这位素昧平生的北京人的北京精神所感动。尽管他那年会试不第，落寞离京，无以为报，但内心却始终记着初到京城即受人恩惠的这桩城南旧事。

多年后，当杨遇春再度进京时，已是官居高位、声名显赫，特意亲往故地访谢恩公，孰料物是人非，那位古道热肠的店家已经过世，好在子承父业，其长子正在店里主事，杨遇春报以千金而犹觉有歉然之意。此乃旧话不提。

且说杨遇春当年落第返川后，经官府拣选，入伍本省督标（四川总督统辖的兵队）效用，在崇庆州绿营当兵。这是他军旅生涯的开始，时年二十一岁。

营官见杨遇春气宇不凡，为人正派，几年下来，对他格外关照，没承想这竟招来同伍者之忌恨，时常没事找茬犯坏，搬弄是非。杨遇春心中不免纳闷：自己一向为人谦劳，缘何还有人偏偏要加害于他?

其实，杨遇春当时年纪尚轻，涉世不深，最多还只是个“愤青”，身上颇多刚锐不忍之气，殊不知“世道复杂，天黑路滑”，“人分三六九等，肉分五花三层”，不少人活着只做两件事：妒嫉你成功，笑盼你落败。

在偶与之产生龃龉后，杨遇春实在不愿再与这班鼠辈计较，愤而辞伍，返乡务农。而令人奇怪的是，他登记在营兵花名册上的名字却没有被删掉。当然，这倒不一定是营官为了吃空饷，尽管当时吃空饷是极为普遍的现象，但我们在此先不必把每位大清将弁都想得那么不堪，说不定这位营官真的是希望杨遇春有朝一日接受现实，冷静过后重新归队，故此为他暂且保留下军籍罢了。

却说杨遇春，自打回到崇庆州白碾村家中，晴耕雨读，倒也逍遥自在。不过，每当夜深人静之时，独坐沉思，念及平生之志，胸中勃然又有不可磨灭之气，陡起英雄失路、托足无门之悲……但，事已至此，又能奈之如何？

好在，冥冥之中总有定数，上苍不负苦心人，是金子终究会发光！

话说这天，杨遇春戴笠荷锄，一如平日，下到田间劳作，忽见田头大路上州府来人，一位官员模样的人下得轿来，踱到他的近前，自我介绍道：某乃本州知府王嘉猷，今奉福康安大人之命，招汝归伍。

杨遇春闻听“福—康—安”三字，顿时如雷贯耳，他立刻意识到：今有一大福大贵之人，就在自己人生中最为苦闷无奈的时候，出现了！

提起“福康安”鼎鼎大名，大清乾隆朝谁人不知？哪个不晓？这位仁兄出身显贵，世受皇恩，更是当今圣上最为宠信的红人，时任四川总督，总制全川。然则，杨遇春本不过营中一小卒耳，现如今更沦落为山野村夫，耕种锄耪，一乡下人也，焉能入得福大人之法眼？

原来，那一年（乾隆四十八年）西藏局势不稳，如箭在弦上，一触即发，四川总督福康安奉旨整军备战。在中国历史上，西藏有事，大都由四川、青海调兵。有道是“桃李无言，下自成蹊”，此前，福康安从本省学使刘醇斋那里，曾听说过有一个叫杨遇春的武举德才兼备，此番远征打算调他随行，于是查阅本省营兵名册（幸亏杨遇春其名仍登记在册），按其所录，一纸紧急官文下至崇庆州绿营调人。营官不敢隐瞒，便一五一十禀明杨遇春辞伍事由，福康安马上命崇庆州知府王嘉猷前往招归，杨遇春这才得以重新归队。

能受知于福康安福大人，实乃天大幸事！杨遇春不敢怠慢，赶紧随同王知府来到省城，以武举礼谒见恩公。

福康安一见杨遇春，就感觉这个后生确实气宇不凡。他令杨遇春除去头上所戴之斗笠，起而审视良久，又拿起自己的红宝石顶戴令杨遇春戴上。杨遇春岂敢，福康安复促之，又令杨遇春戴上后，下到阶前来回行走数百步，他这才环顾左右侍立诸将，朗声道：“要得！这个脑壳才是戴红顶子的脑壳！”

在福康安看来，千军易得，一将难求！杨遇春是个可造之才，当即谕之帐前听令。

得遇福大人赏识，前程自是一片光明。斯人若彩虹，遇上方知有。对此，杨遇春怎能不了然于胸？既出，喟然而叹：若不遇恩公，泯然众人矣！

有道是：士为知己者用！杨遇春自此甘当鹰犬，为其驰驱，从没让福大人失望过。

转年，甘肃石峰堡回民造反，杨遇春随福康安出征，每战必冲锋在前。福大人深器之，于是令他跟从一等超勇侯海兰察学兵法，授之以规矩，示之以江河。师旋，补任把总。时年二十五岁。

书中暗表：清代绿营兵制，军阶由高至低依次为：提督、总兵、副将、参将、游击、都司、守备、千总、把总。把总乃绿营最低一级军阶，正七品。但对杨遇春而言，由兵卒而官弁，这毕竟是一个身份上的重要转变。

在此后的十多年里，杨遇春跟随福康安东征西讨，南征北战，其军阶也从一个小小把总开始，因军功而一个台阶一个台阶地逐级擢升上去。

乾隆年间，他先后参与渡海出师台湾，剿灭林爽文起义，福康安奏请朝廷赏杨遇春蓝翎，升补千总；翻越喜马拉雅山，远征廓尔喀，大小七战，攻坚克难，升任守备；驰骋云贵高原，平息苗变（湘黔苗民起义），福康安奏请朝廷赏杨遇春劲勇巴图鲁（战斗英雄）名号，受赐双眼花翎，升迁都司、游击。

在平息苗变的战斗中，某次，一个名叫“嗅堖”的重镇被围，甚急。杨遇春奉命往援。他率队一路攻击前进，就在距城还有二十余里的地方，杨遇春见前方火光烛天，判断城池将陷，心如火焚，径直以单骑冲至城下，大呼“大兵至矣！”城中守兵闻声，士气为之一振，突围而出，奋勇杀贼，贼退，围解。

然而，就在这时，前方三十里外的另一重镇松桃，围亦急。福康安飞檄传令杨遇春立即由嗅堖往援松桃。杨遇春接令后，颇为迟疑，他认为嗅垴兵单，既不可分，而且贼料我由此往援，势必沿途因险设伏，所以，我军援兵不仅难于制胜，甚至恐有半路中伏覆败之虞。但军令如山不可违！这可如何是好？杨遇春情急之下单骑驰回大营，见福帅，指陈利害，并请求以三千人组成一支奇兵，从间道进击。福康安壮其言，从之，而军中诸将皆料定杨遇春此行危矣。

与之相反，杨遇春却慨然无惧色，他指挥三千兵卒由小路进发，途中另又挑选三十名精壮士卒为前锋，由他亲自带领，一路当先，涉过山涧溪流，攀岩而上，迅速登临松桃城边一座山岗。从山上俯视山下，见松桃城外苗寨四面勾连，颇有几分阵势。随行士卒皆以后队未至为由，请求稍候勿急。杨遇春语之：苗无深谋，彼等肯定闻听嗅垴已破，现正处于仓皇惊惧之中，我军急从此路杀至，其猝不及防，必溃无疑！言罢，率队纵马急驰而下，齐呼“大兵至矣！”苗民大惊失色，不知所措。杨遇春举鞭断喝：“降者免死！真降者跪！”于是跪者塞路，顷刻间，区区三十清兵攻掠数十苗寨，直抵松桃城下。贼气既夺，后队未至而松桃围解。杨遇春因解围有功，再获朝廷赏赐双眼花翎。

又一次，威勇侯额勒登保攻打敌寨，反被贼匪所困。杨遇春率手下数十骑紧急驰援。福康安登高观战，见杨遇春策马挥鞭，出入贼阵，勇动风云，惊叹：当年赵子龙亦不过如此也！于是，战斗还未结束，福康安也顾不上报请朝廷批准，便先赏后奏，当即命人驰往阵前，将参将大印授予杨遇春。苗疆底定之时，再升任副将。时年三十七岁。

嘉庆年间，爆发白莲教大起义，当时福康安已去世，杨遇春随从经略额勒登保，转战于湖北、陕西、四川，镇压起义。某役，杨遇春率部一战即擒斩三千余贼，奏入，引起嘉庆帝注意，特于杨遇春名上加画朱圈。

然而，就在战事胶着之时，杨遇春的父母先后过世，他于军中闻讣，哀恳回籍守制。上峰额勒登保不许，奏请夺情，准以“墨绖从征”（即在守丧期间从军作战）。杨遇春日夜哀思，介胄之上常有泪痕，曾于军中请假，坐草四十日。因念戎马驰驱，迭遭大故，不得奔丧，五内摧伤，不觉于哀毁之余，结郁成疾。正在调养间，战事吃紧，额勒登保飞调杨遇春赴营，乃力疾任事。

那时，杨遇春年在四十，而须发半白，每于追奔之际，足穿草履，缒绳而上，国恨家仇，使之愈加奋不顾身矣。多少次，两军交锋而我兵为贼冲散，杨遇春率数十骑跃马直前，迫贼始却；又有多少次，军中素称骁勇者，拥大队于后，怯阵逡巡，作壁上观，独杨遇春率亲兵三百骑往来冲突，愈战愈勇，锐不可当。

杨遇春的英勇事迹上报朝廷，被评功第一，特授总兵。

不久，嘉庆帝亲颁谕旨，予以奖掖，谕曰：杨遇春本非朕素识之人，每于军营奏报，折内见其打仗奋勇，是以擢升甘肃提督。稍后，又加恩赏给“云骑尉”、“骑都尉”世职。

嘉庆九年（1804 年），持续九年的白莲教大起义最终被镇压下去。大功勘定，嘉庆帝颁旨，赞谕杨遇春自随征以来，在诸将领中勇略尤著，节次歼擒首逆，为数较多，又加恩赏加二等轻车都尉世职。

晓战随金鼓，宵眠抱玉鞍；黄沙百战穿金甲，关山万里赴戎机……

书说至此，杨遇春已从一个普通营兵，凭军功擢升至绿营最高军阶——提督。他官帽上的红顶子，越发殷红夺目。须知，这既是由战败者的血泊所染成，也是用他本人“自古忠孝不能两全”的泪血而染成的啊！

书中暗表，当年，随着能征惯战的满洲勋贵福康安，以及八旗猛将海兰察的相继过世，新提上来的八旗将领如额勒登保之流，战多不利，甚至被严旨切责“师旅旷日持久，多由将不用命！”在八旗和绿营兵将大多已经严重腐败、战斗力急剧下降的情况下，杨遇春却奋武于王朝中衰之际，充当了大清皇帝手中一把镇压各路变乱的利剑，逐渐被倚为长城。

杨遇春亦不负圣望，为了巩固清王朝的统治，真可谓竭忠尽智，不遗余力，立下了汗马功劳。他是清朝皇帝的忠实奴仆，不知有多少起义军首领，或被他生擒活捉，或被他直接斩于马下。

对杨遇春这样的忠实奴仆，嘉庆帝不但给他加官晋爵，而且还多次单独召见赏赐：赐金、赐黄马褂、赐顶戴花翎，甚至还时常将随身所佩扳指、荷包等御用之物赏赐给杨遇春，传旨“如朕亲授”，以示格外恩眷。

嘉庆十四年三月，杨遇春平调固原提督，时年五十岁。任上，他利用三年和平光景，自创阵法，并以所创阵法练兵，打造出一支劲旅。

到任之初，杨遇春发现营务率多废弛，乃申明旧例，勤加操练骑射，每日巡视各处，亲为指点，视兵卒技艺之高下，以为劝惩。又，每间隔两日，必亲率马队赴校场试以骑射。初立法时，兵弁颇以为苦，杨遇春乃循循善诱，谕之曰：“兵可百年不用，不可一日不备。我勤苦半生，今日非不欲暂就逸豫，特以身历战阵，每见技艺娴熟者杀贼立功、易于超擢，其生疏者徒丧躯命。所以令汝等如是者，固冀与国家出力，亦为尔等保身计，万一有征调，尔等当自知之。”（此番话的意思即今之所谓：平时多流汗，战时少流血，苦练杀敌本领，为国立功。）于是，人人悦服，习以为常。

杨遇春少年从征，直至提镇一方军务，数十年戎马生涯，久历战阵，对于操演战阵至为着力，并最终创制“速战阵”。其阵形，首先从各营中挑选出精壮士卒三百名，每十人组成一队，以抬炮列前，继以鸟枪，操练“进步连环枪”战法，再基于此战法，推演出一套严整的阵法。在排兵布阵上，依次配置弓箭刀矛、喷筒火弹，层层护卫，又用马队掩护左右翼，使之攻守兼备，务在速战速决，名曰“速战阵”。三年后，练成一支劲旅。须知，这支劲旅是在天下承平日久，整个王朝总体上文恬武嬉的大环境下练就出来的，实属难能可贵。

嘉庆十八年五月，杨遇春入京陛见，言及操防，即向圣上禀报“固原兵可用”。说来话巧，这年九月，河南滑县天理教起义，嘉庆帝令杨遇春前往会剿。

当时，清军各路兵马并进，杨遇春独率固原兵在前，手执黑旗，全军奋勇，贼匪无不望风披靡，未及百日，攻破滑县，速平之。嘉庆帝以此次军功迅速告捷，赏杨遇春二等男爵，紫禁城骑马。杨遇春进京复命，将行，忽闻陕西南山饥民作乱，旋又奉旨速平之。自此，固原提标“天下劲旅称焉”。

来年，嘉庆帝以两次军功，加杨遇春一等男爵，令即赴京陛见。三月到京，嘉庆帝在圆明园召见杨遇春，谈及两战之速决，天颜喜甚，手赐珍物，赏给大缎四匹，伽楠朝珠一串。

次日，又召见杨遇春于玉泉山下的静明园，传谕跪至膝前，执手慰劳，谓之曰：“卿与朕同岁，年力富强，将来如有军务，卿须为我独当一面！”

或问，嘉庆帝何出此言？想必是当时已被白莲教大起义及各地频发的民变搞得焦头烂额的嘉庆帝，此番嘱托似乎是他本人已经预感到世事风云多变幻，大清朝的天空还将会有什么不测风云吧。

嘉庆二十四年，杨遇春六十岁，正月赴京陛见。嘉庆帝连续召见五次，垂询陕甘营务及操练情形，见杨遇春长髯飘洒，连称“美髯”者再，随又与之共勉道：“嗣后，当颐养天年，为国出力。”君臣相谈甚欢。可没料到就此别过竟成永别。来年八月，嘉庆帝驾崩，杨遇春如丧考妣，悲痛欲绝，当即奏请哭临。

道光元年，正月初三日，杨遇春到京，即蒙新皇召见。他向道光帝备述受先帝之恩眷，涕泣不能自胜。道光帝闻之大痛，谓之：“卿系受知先帝最深之人，应赐卿以遗念，必须时常穿戴，如见先帝御容。”当即命人捧出先帝生前御用衣物，赐予，杨遇春叩头祗领，讫请叩谒先帝梓宫（棺椁）。上命杨遇春于十一日跟随进殿叩头，并谕之曰：“朕初办天下事，惟赖尔等臣工共襄赞理，如尔之一切办事，朕所深知。”

道光帝御极之初，即着手整军振武，廷寄天下督抚提镇将如何操练之法据实具奏。杨遇春以平日操练章程进呈御览。奏入，获誉，奉朱谕：“历来训练有方，所至克捷，乃朕所素知提镇中似汝者，实属难得。朕因武备不可废弛，故通行申谕。若汝之雄镇一方，抒忠尽职，何顾念之有？照旧操防可也。”道光帝还随谕特赐杨遇春福寿字各一张，以期老将军“繁祉老寿”。

显然，杨遇春又得到新皇道光帝的恩眷，很快被倚为股肱心膂之臣。

此时，杨遇春已年过六旬。自嘉庆五年（1800 年）任甘肃提督，后平调固原提督，至道光五年（1825 年），在提督任上已二十六年。任内“每以受恩益重，力图报效”，且官声颇佳。正好这一年，陕甘总督出缺，道光帝以前朝功勋老臣杨遇春在西北时久，熟悉当地情况，且“威望素著，中外皆知”，欲加擢拔继任。不过，据说当时有一些旗人大臣却诬称杨遇春“不学”，纷纷向道光帝进言：“此人一介武夫，寡通诗文，识字不多，难寄封疆重任。”道光帝听了，虽不甚乐，却也似乎觉得有点道理，只好暂且作罢。

前面讲过，杨遇春幼年发蒙，在祖父和乡塾先生的指导下，耕读不辍，实已具备相当文化功底。后中武举，从军，仍学而不倦，尝云“军中自有礼乐，不知书者，不可与言忠孝”。身为武将，他对士卒的文化学习十分重视，兴办义学，教练军中子弟，而且常亲为士卒及子弟宣讲，时人有诗赞道：“遍向偏裨收将种，居然弦歌类儒林。”所以，谓杨遇春非文官出身尚可，若谓为其“不学”，则显属偏见了。

过了一段时间，道光帝几经筛选，仍未觅得堪当此任者。某日，群臣陛见，道光帝看到杨遇春亦在朝班内，忽又想起前议，便随口问之：“朕闻人言，卿少读诗书，识字不多。卿究竟认得多少字？”

杨遇春不假思索，匍匐便答：“臣攻书固少，确实识字不多。但对‘忠孝’二字，认得特别真切！”

道光帝听了，心里十分满意，待杨遇春跪安退下后，他环顾那班旗人大臣一通，拍案喝道：“如此忠贞之臣，为何不能用？为何不能用？”一面又自言自语：“非予重用不可！非予重用不可！”群臣见龙颜不悦，一个个默不作声。

然而，在颁旨时，道光帝毕竟还是做了一点让步，只将杨遇春任命为署理（代理）陕甘总督，而未实授陕甘总督之职。有意留有余地，以观其效。不料，杨遇春却敬谢不敏，在接旨谢恩之后，立即具折辞任，奏称：“武人不习吏事，请另简员接署。”道光帝眷注既深，又见杨遇春如此谦逊，当然不允所请。

总督在清代为地方最高军政长官，管辖一省或二三省不等，综理军民要政，为一品大员。在清代二百六十七年的历史中，汉人由提督升为总督者，仅仅五人而已，这其中就有那位鼎鼎大名的岳钟琪将军。相较前四位立功于王朝开创之际，杨遇春则励志于承平之世，奋武于中衰之时，得任总督之职，尤为不易，这也说明他的确为道光帝所器重，故而被破格提拔，不以为疑。

于是，就在道光五年十月，杨遇春由固原提督擢任署理陕甘总督，以武将出任文职，成为一品封疆大吏。此乃回疆全行变乱的前一年。

杨遇春官至极品，时刻不忘皇上格外天恩，且责任重大，愈加小心谨慎，脚踏实地，在总督任上不敢稍安，除整饬吏治、筹划民生之外，仍竭力操防，一如固原练兵之法，无日不练兵，无时不备战。

杨遇春用兵初无成法，惟平时号令严明，弓刀枪矛各理各队，一旦发起攻击，则有进无退。每战，必张黑旗，而贼之骁悍者，一望则气夺。

日后，杨遇春曾归纳总结道：带兵打仗，全在鼓励士卒，驾驭得宜；筹粮散饷，时时调剂；赏罚公正，同受甘苦，方能收揽其心。对敌打仗时，旋探旋进，切不可大意。若能平日恤兵，兵亦顾将，同心协力，自然所向无敌。至于打仗之法，务在迅速，随机应变，不可迟疑。为将领者，首以地利为重，次要眼力照料得准，脚跟站立得定，切不可少有畏怯。必须身先士卒，人人自必奋勇直前，一鼓作气，断无不制胜之理。

又尝云：“用兵须心术专一，此系我平生得力之要法，未尝不屡战而屡胜也！”

杨遇春平生最折服之战将仅海兰察一人，最感戴之恩公乃福康安大人。他从海兰察那里学到兵法与实战经验，而受知于福康安最早，堪比精神之父。自福康安去世后，每临大敌，杨遇春于前一夜必梦见恩公，次日即以此预判接仗之捷也。

杨遇春署理陕甘总督的第二年六月，张格尔在天山南路发动叛乱。陕甘与新疆比邻，消息很快传到陕甘总督衙门。杨遇春闻报，当机立断，一面派总兵官带兵往援，一面差人昼夜兼程，飞马向朝廷报警，并上表请缨，要求亲带兵马驰往剿办。

道光帝立即传下谕旨，授杨遇春为钦差大臣，颁给钦差大臣关防，令其迅速驰赴回疆，前往查办，并可于陕甘两省自提镇以下满汉官兵中择其精锐，分批督率，火速入疆应援。

杨遇春接奉圣旨，立即挑选曾历行阵、精锐得力兵弁三千名，于七月二十六日从兰州起程，八月十七日出嘉峪关，九月初三日抵哈密，先期于天山南路扼要关口驻扎，控制全局，相机堵剿。

书中暗表，哈密乃新疆东大门，地跨南北疆，战略位置十分独特。自古以来，哈密即为中央政权控制西域的前哨阵地，掌控哈密，北可钳制巴里坤、奇台、乌鲁木齐，西进可达伊犁，向南可挟吐鲁番、焉耆、库尔勒以制控回疆。

这一年，杨遇春已经是 65 岁的老将了，挺身立大漠，又开始了新的征程。

松涼夏健

第十二章

抠门皇帝大手笔　自掏腰包筹饷银

决心已下，方略已定。可俗话说得好：打仗用兵，用兵靠饷，打仗就是打钱粮。要平定张格尔之乱，首先必须考虑的问题是：

钱从何来？

道光六年七月二十二日，掌管财政的户部奏言：军兴之际，银粮二项最要。本年，国库可供调拨的各笔钱款共约一千万两。但不能全用于打仗。扣除河工及冬拨兵饷等各项开支、预留银八百万两之外，目前只能筹备二百万两用于战事。再从新疆附近各省腾挪一下，还能挖掘出二三百万两。如果战事能在十天半个月告捷，这四五百万两就足够了。

然而，这只是一厢情愿的乐观估计。料敌从宽，根据以往的经验，战事往往会旷日持久，军费仍须宽为储备。

最后，经户部尚书通盘核算，此次回疆用兵，以一年为期，全年军费应该不少于一千万两白银。

这笔开销约占当时大清全年财政收入的四分之一，国库无论如何也不能一下拿出这么多现银。

战争的车轮已隆隆启动，而军费才勉强凑集一半，尚有五百万两没有着落。国库如此拮据，又不能违背祖训向天下百姓摊派，这可如何是好？

一文钱也能难倒英雄汉，而况此番数百万之巨？道光帝不免忧心如焚，思来想去，最后只有从自己家里找饭辙，也就是说，他打算由内府经费拨款填补军费缺口。

所谓“内府”，即内务府，是本朝管理宫廷事务的机构，说白了就是皇上自家账房，而内府经费就是皇帝的“私房钱”。当时皇室经费分为两部分：一是国家财政每年的固定拨款；二是关内关外还有大片的皇庄，每年靠收地租也能获得大笔收入。另外，在康乾盛世期间，内府每年多少都有些结余，积少成多，所以，道光帝手里还有一笔数目不小的“私房钱”。

道光帝唤来内务府总管大臣，命他从内府提元宝银二百万两。

总管一听，面露难色，表示如果从内府捐出二百万两以后，内府基本上就得喝西北风了。须知，皇家开支也很大呀，宫里皇家的几十口人，加上太监、宫女、侍卫、官员，将近两千人，仅吃饭穿衣、俸禄月例就是一笔巨大的开销，而且工程营建、室内装修、日常维护一年到头都忙个不停，开支巨大。现而今，圣上崇尚节俭，宫中用度已经够少了，每年不过二十万两。今儿个一下子要挪出去两百万两，莫非十年之内大家都不吃不喝了？

道光帝咬咬牙，坚决命令内务府大臣将二百万两元宝银划拨户部，至于家里日子怎么过，再另做打算吧。

众所周知，在中国历史上，以天子之尊而崇尚节俭，而且毕其一生如一日，道光皇帝堪称首屈一指。这位自幼生长于挥金如土的乾隆盛世的君主能做到这样，实在难得。但事情做过头，就走向另一面。按理说，道光帝贵为天子，富有四海，可在清朝十二位皇帝中，乃至中国历朝帝王中，他却是一位名载史册的节俭到抠门吝啬程度的皇帝，舍不得吃、舍不得喝、舍不得穿、舍不得用，简约成癖，握拳渗水，以致皇后过生日也就吃碗打卤面，自己穿的龙袍竟还打着补丁，他真能做得出“三分钱买个烧饼还看厚薄”那种小气之举。

然而，正是这位抠门皇帝，为何今儿个突然一反常态，如此这般“大手笔”起来？

须知，在中国历史上，开疆拓土的君主名垂青史，自不待言，即使不能开疆拓土，最起码也要守住祖宗留下来的江山，否则，就将成为不肖子孙，生前愧对臣民百姓，死后无颜见列祖列宗。更何况，自大清开国以来，还没有哪代君主丧失疆土。道光帝自然不愿意沦为千古罪人，所以，此时的道光帝多少有些豁出去的劲头，慷慨出手，不吝家财。

当时，虽然没人敢公开提出质疑，但满朝文武并不乏这样的困惑：为了保卫那片荒凉遥远的土地，值得如此大笔真金白银投入吗？对于这个问题，道光帝连想也没想过，他虽然不知道那片遥远而广袤的土地下面蕴藏着丰富的石油、天然气等矿藏，也预想不到日后还会成为我们的核试验基地、能源基地、长绒棉基地，更不清楚这里是亚洲乃至世界的心脏地带……当然，他也不可能了解这些，但道光帝当年就认定一个死理：回疆是乾隆爷打下的地盘，不能丢！

同时，道光帝也明白，回疆的存亡不仅事关自己作为爱新觉罗子孙的脸面，而且，在战略上，回疆是内地的屏障。回疆失守，陕甘就成前沿，一味退缩，就会导致“丑虏无厌，得陇望蜀”，那可哪一天是个头？所以，绝对不能让步！

于是，道光帝下定决心，发大兵征伐，务必全胜而归！军费不足，那就自掏腰包好了。总之，一切要以江山社稷为重！

九月十八日，道光帝以六百里加急晓谕负责转运粮饷的代理陕甘总督鄂山：“现在大兵剿捕逆回，前已由户部先拨饷银四百万两，现计均可陆续运抵甘肃。本日，著再于内库拨元宝银二百万两，迅速解往甘肃，以备军需。”

十月十二日，道光帝获悉回疆西四城均已失守的确切消息，马上意识到南疆形势已危在旦夕，立刻下令河工“可停则停、可缓则缓”，以便节省银两，用于西北军需。随后，道光帝又让内务府翻箱倒柜，查查还有没有压箱底的存货。功夫不负苦心人，内务府居然翻出一批不知猴年马月库存的备赏银牌。数量如下：银令牌一千面、银奖武牌二万六千余面。这些银牌可当五、当十，直至当三十两不等。道光帝马上令内务府移交兵部，由驿站迅速发往军营，作为奖励军功之用。

时值深秋，一场秋雨一场寒，也正是这位龙袍上还打着补丁的皇帝，在冬季来临之时，念及西北边地苦寒，出征将士尤需御寒衣物，于是，特意赐给先期入疆的长龄、杨遇春这两位老将每人一件崭新的皮裘大衣，并差专人驰驿送往军前，随后又拨专项银两，给那些从内省出关的将士们购置了皮衣、皮帽。这正是：凉风吹夜雨，萧瑟动寒林；不作边城将，安知恩遇深。

桃李无言，下自成蹊。表率的力量是无穷的。

道光帝自掏腰包筹措饷银的举动，使大清朝上上下下颇为感奋。很快，自北而南，蒙古僧俗两界、内省士农工商，无不竞相进献报效。

首先，道光帝于十一月二十六日接到蒙古办事大臣蕴端多尔济自遥远的北方重镇库伦（今外蒙古乌兰巴托）发来的奏报，称蒙古活佛哲布尊丹巴呼图克图率领众僧官、喇嘛等，因闻逆回张格尔在喀什噶尔一带地方跳梁，呈请捐献骆驼一千只、马一千匹；喀尔喀蒙古（今外蒙古）土谢图汗、车臣汗两部落首领及众王公（土谢图汗卫多布多尔济、车臣汗阿尔塔什达、贝勒那木济勒多尔济、公索诺木旺楚克），奏请共同捐献骆驼二千只、马二千匹；蕴端多尔济本人自请捐献马一百匹、驼五十只，并恳请让他的两个儿子（多尔济帕拉木、多尔济旺楚克）同赴军前效力。

道光帝览奏，极为赞许，也很喜悦，这足见蒙古活佛、王公大臣俱出于至诚，体现出本朝满蒙一家亲的牢固关系，当即加恩赏给蒙古活佛黄哈达一幅，但考虑到军营所需驼马现已足用，而哲布尊丹巴活佛弟子甚众，蒙古生计全赖牲畜，且库伦距回疆遥远，若将此项驼马解送到乌鲁木齐，会给蒙古王公带来不必要的开支，道光帝实在不忍心赏收，于是传谕停止备办，蕴端多尔济的两个儿子也不必遣往军营，以示当今圣上对蒙古臣仆的体恤。

到了年底，十二月初九日，道光帝又接到科布多办事大臣巴琫阿的奏报，称当地蒙古王公（杜尔伯特左翼汗济旺巴勒楚克、土尔扈特郡王散达克多尔济、和硕特札萨克台吉布彦克什克等人），呈请进献骆驼共八百三十二只，并且已分两批解送到乌鲁木齐备用。道光帝念其诚心，加恩赏收，并分别赏给缎匹，以示嘉奖。

转过年来，二月份，喀尔喀土谢图汗部落的参赞、札萨克辅国公齐旺多尔济，情愿报效驼五百只、马五百匹，以备军需；四月份，土尔扈特亲王鞥（ēng）克济尔噶勒，因回疆军兴，呈请进献马五百匹。道光帝也对他们传谕嘉奖，但令其停办，以示体恤蒙古臣仆之至意。

显然，在道光朝，蒙古地区还很贫穷，所以，当地进献的都是马匹、骆驼，而道光帝当时最缺的是充饷之银，这正是他谢却实物进献的原因。尽管道光帝本人及户部竭尽全力筹集到大部分饷银，但仍有三四百万两缺口。下面，我们将会看到，内地东南富庶省份的商人富而思源、富而思进，最终帮助道光帝解了这一燃眉之急。

十一月二十九日，道光帝接两江总督琦善、两淮盐政张青选的奏报：两淮盐商吁请公捐银四百万两，以备军需。道光帝同意赏收二百万两，事后实收一百万两——这恐怕是当时道光帝一见两淮盐商比他拿的还多出一倍，尽管一下子就帮他解决了军费缺口，但这多少也让他感到有点难堪，故而没有照单全收。

十二月二十日，道光帝又接阅浙江巡抚程含章的奏报，报称两浙盐商呈请报效银一百万两；随后又接两广总督李鸿宾奏报，称粤东洋、盐二商公捐银一百一十万两。道光帝恩准赏收，并交部照例议叙（也就是予以记功表彰）。

这期间，道光帝还接阅广西巡抚苏成额请捐养廉银十万两的奏折。道光帝未准，传谕：各省设立养廉银是用来资助办公的，若捐出去，则办公未免支绌，而且也不成政体，所奏著不准行。

转过年来，道光七年初，西征平叛才刚刚打响，二月二十一日，道光帝就接到代理陕甘总督鄂山驰驿报来的“请续筹银两备用”奏折。鄂山向道光帝报告：此次回疆军需，前经发给饷银六百万两都已划拨，并超支三十八万八千八百六十九两……现在大兵云集，分路进剿，仅人吃马喂，每月约需银三十余万两……经费浩繁，尤应宽为筹备。

鄂山作为负责转运粮饷的军需官，他这份奏折，实际上就是在向道光帝催饷。

恰好此时东南各省纷纷报来好消息，粤东洋、盐两商公捐银一百一十万两，并两淮、两浙盐商各捐银一百万两，共计三百一十万两均已到位，这就是说回疆战事所需饷银基本筹齐。道光帝立即由六百里加急谕令各省督抚，迅速解往甘肃备用，同时指示鄂山、卢坤，饷银解到后，酌量拨解大营，以期源源接济。

很快，道光帝就接到鄂山、卢坤的奏报：解往阿克苏大营的饷银已有二百三十八万余两，俱已起解在途，同时，运粮驼队也都全行出关。

粮饷都已顺利运往前线，道光帝总算稍稍舒了一口气。

在这之后，道光帝还接到长芦盐政使阿扬阿的奏报，称长芦、山东商人因回疆大兵进剿，吁恳捐银四十万两。道光帝对芦东商人报效朝廷的诚心给予肯定，但念及北方商人非比东南富庶，未予准行。

总之，在筹措饷银的过程中，道光帝很注意体恤各方生计不易，他没有接受蒙古活佛、王公的实物捐献，也没有批准内省官员自愿捐献养廉银的奏请，甚至连北方商人的捐银也没接受，只是唯独没有体谅自家内务府的苦衷。

历史不会重演，但有时候前后对仗、上下押韵，若引喻比对，竟也耐人寻味。

所以，在这里还要提及另外两个国君。他二人以道光帝为参照，一前一后、一中一外、一反一正、一亡一兴，彼此相映成趣。这便是明朝的崇祯皇帝与日本的明治天皇。上面我们已经讲了道光帝在国难当头时的所作所为，下面再看看这二位的故事，不但相得益彰，而且也能让人领悟到所谓国家兴亡，诚乃三分天注定、七分在人为。

【外二篇】

其一：晚明君臣众生相，宁失江山不舍财

话说晚明崇祯十七年（1644 年）元旦，李自成在西安称王，随即

统领百万农民军从西安出发，冲着北京城掩杀过来。一路之上摧枯拉朽，大多数城防如大水崩沙，望风迎降，以致大明帝国的心脏北京城指日可下。大明王朝已到了最危险的时刻。

崇祯帝忧心如焚，比以往更加励精图治，竭力试图挽狂澜于既倒、扶大厦之将倾。他实在不想做亡国之君，但最终仍免不了成为励精图治的亡国之君。究其原因，固然有大厦将倾独木难撑之故，但与当时国库之无钱可用和以崇祯为首的官僚集团的集体舍命不舍财，更有直接关系。

但是，崇祯曾紧急召见吴三桂的父亲吴襄和户部、兵部的官员们，讨论放弃宁远，调吴三桂紧急入卫北京。吴襄提出，如果吴三桂进卫北京，大约需要一百万两银子的军费。一百万两银子在毕生俭朴的崇祯眼里，实乃一笔庞大得令他肝胆欲裂的数字。未准！吴襄于是就为他一笔一笔算明细，算到最后，崇祯无语默认了——但他实在无法忍受一下子拿出这么多银子，结果，只得放弃了这一原本有可能成为大明王朝最后一根救命稻草的好法子。

当下，为了坚守京师，筹饷自然成为头等大事。在与吴襄商议后，崇祯多次向户部提出必须要解决筹饷大事。但此时的大明王朝已是山穷水尽，国库里存银竟然仅有区区四十万两之数。户部官员面对圣上的严厉责骂全然无计可施。而当此之时，崇祯手头的钱财却丰盈得很。为此，大臣们反复上疏，跪求圣上暂且拿出属于他个人的内帑以充军饷。所谓内帑，就是属于皇帝个人的私房钱。但这无疑是要崇祯的命！他郑重地向大臣哭穷说："内帑业已用尽。"左都御史李邦华真急了，也顾不得是否当众顶撞圣上了，他说："社稷已危，皇上还吝惜那些身外之物干什么？皮之不存，毛将焉附？"但崇祯听罢默然良久，依旧哭穷："今日内帑难以告先生。"说罢，像是为了给他哭穷平添一点生动的表情细节，他竟潸然泪下数行。

国库没有钱，皇帝有钱不想出，想要再杀鸡取卵或竭泽而渔从老百姓头上搜刮已经既没有足够的时间，也没有充足的地盘了。这时，崇祯万般无奈，只得下谕旨要求文武百官无偿捐助。但富甲天下的皇帝都对拿钱来保卫京师尚不乐意，又有几个官员肯翻自己的口袋呢？国丈周奎既是崇祯的岳父，也是当时最有钱的富豪之一，可当募捐的司礼监太监徐本正到他府上劝捐时，虽然来人哭着劝了半天，周依然不为所动。最终，徐公公愤然发话：“老皇亲如此鄙吝，朝廷万难措手，大事必不可为矣。即便广蓄多产，后来何益？”崇祯知道后，只得密令周奎，要求他捐十万两，以便皇亲国戚起个表率作用。老丈人周奎年岁虽大了些，可对自己的银子一点也不糊涂：你皇上都不出钱，哪里又该轮到我等做臣子的出呢？只是这话他不便开口说出，故而装蒜哭穷，坚称即使勒紧裤腰带也只能捐一万两。崇祯认为一万两委实太少，至少得两万两才可。周奎不敢讨价还价，却暗地里进宫向女儿求援，于是周皇后背着崇祯给了他五千两，可就是这本身出自崇祯内帑的五千两，周奎也只捐了三千，余下的两千反成了他的外快。

其他位高权重的大臣们，尽管个个富可敌国，却彼此效仿，纷纷装穷，甚至在自家的大门上贴出“此房急售”的字条，表示他们家里已经穷得只能卖房子度日了。例如，魏藻德出任多年内阁首辅，身居一人之下万人之上的高位，他知道一分钱不出肯定说不过，于是眼含热泪捐了五百两银子了事。

总之，自天子到大臣的集体哭穷，这是大明王朝上演的最后一幕闹剧，而这场闹剧就是由崇祯皇帝领头并一手导演的。国家大难当头，皇帝舍命不舍财，大臣有样学样，反正江山社稷是他朱家的。

与此相对照的是另一桩耐人寻味、令人感慨的事：李自成围攻北京时，住在彰义门外的一个六十多岁的老汉，把平生的全部积蓄——白银四百余两——全部捐献给朝廷，充作军饷。这位可怜的老人从户部捐款出来时，耳畔响着轰隆隆的炮声，那是围城的李自成农民军在攻城。老人站在街上，忍不住号啕大哭。

国难临头，挺身而出的竟然不是那些世受国恩的肉食者，而是眼前这位原本与国家和政治离得极其遥远的一介草民。

崇祯听说此事后，亦为之动容，当然他还是没能拿出内帑以充军饷，只是下令封老人为锦衣千户。锦衣千户是一个正五品官职，类似现而今国安部副司局长。

这肯定是崇祯有生之年签发的最后一道“奉天承运皇帝诏曰”。尽管皇恩浩荡，只可惜这位毁家纾难的老人，只当了一天锦衣千户（局级干部），因为次日崇祯即自缢于煤山，大明江山宣告易主。

人死为大，一死百了。但对于崇祯来说，即使死了，事也没完。

李自成攻进北京后，从崇祯生前一再断言“内帑用尽”的宫内，竟搜出白银多达三千七百多万两，而且陈陈相因，有好多都已年久氧化变黑。

三千七百多万两白银，这在明朝是个什么概念？要知道明朝中后期万历年间国库年收入也就才达到二百万两，而且这还是经过张居正改革见效后，国库收入变得丰盈起来才有的数字。万历皇帝，也就是崇祯帝的爷爷，正是靠着国库每年这百十多万两的收入，接二连三发动了万历三大征（即宁夏之役、播州之役、朝鲜之役），并且还都最终取得了胜利。

而刚刚跑到煤山殉国的崇祯帝，背靠着一座银山，却为了节省其中的一百万两而丢掉全部的三千七百万两，直至丢掉了价值连城的京师重地乃至无法估价的锦绣江山！这本是一笔很容易算清的往来账目，可号称自幼聪明好学的崇祯恐怕直到吊死也没算得清楚。

每遇大事必糊涂，这是崇祯帝生前的一个特点。悲夫！

至于崇祯的老岳父周奎，果真如徐公公所言，一个月前周奎多捐一文也肉痛的家财，一个月后都在夹棍威胁下送进了农民军大营，从周家抄出的现银就多达五十三万两。内阁首辅魏藻德的下场更惨，他被铁匠刘宗敏抓走，几十年来搜刮的财产成了农民军的战利品，他本人的脑袋也被夹棍夹裂，在极度痛苦中哀号而死，其子也被砍作两段。总之，病入膏肓的大明帝国在彻底倒地之前，其末代君王与寄生于帝国体内的寄生虫们，以抱团哭穷、舍命不舍财的方式，走向了万劫不复的死路一条。

接下来，我们再去看看，甲午战争前，大清朝忙着修园子做寿的时候，日本天皇在干什么呢？

其二：明治天皇真明治，牙缝挤钱建海军

那是 1868 年（中国当时正处于清同治七年），7 月 14 日这天，明治天皇在宫中审视了军务官的奏折，其上赫然写道：耀皇威于海外，非海军而莫属！当今应大兴海军……

这段掷地有声的文字，立即打动了明治天皇的心。他立即颁发诏书，谕令全国：海军之事为当务之急，应从速奠定基础！

在日本兵部省炮制的雄心勃勃的计划中，日本未来的海军将要超过英国，在 20 年内拥有大小军舰 200 艘，计划仅蒸汽铁甲舰就要装备 50 艘，还把海军经费提到和陆军经费等同的高度，达 15 万元之数。

在皇宫里，明治天皇的眼睛里充满血丝，这幅宏伟蓝图令他处于极度的亢奋之中。

1874 年的对台用兵，使他进一步看清了海军的重要性，而随着海军的兴建，百事待举，各处都在叫喊没钱。海军经费一加再加，用于海军建设的专门国债发行了，烟草税、药物税都投到了海军这个无底洞之中，最高时已达岁入的八分之一，但还是缺钱，军费紧张。

明治天皇凝神张望，目光越过那些伸手要钱的臣子们的脑壳，他看到了另一番景象——权臣贵族极尽奢华的府邸，通宵达旦的宴饮，依

红偎翠的冶游，一掷千金的豪赌，充斥马厩的名驹，镶嵌珊瑚宝石的衣装……

愤怒的明治天皇决意苦行，借此向他的臣子们扬起了无形的鞭子，发出了无声的诏令：从即日起，天皇开始撙节内宫开支，进餐时的四碟八碗撤了，入夜的笙管笛箫停了，什么锦衣玉带，什么钟鸣鼎食，天皇不要享受，不要排场，只要海军！

明治天皇以身作则，从我做起。他一生生活简朴，勤勉国事。在已经进入近代化的日本，他的居所竟然连电灯都没有；在炎炎夏日，更是拒绝了电风扇这种需要花钱的新式发明。

他多次为建海军率先节约开支，直至打开自己的钱袋，毫不吝惜地倾倒金钱，他甚至提出“虽国家力不能胜，既属必要之大计，亦只有断然行之”。

1882 年 11 月，海军提出了一个八年造舰计划，预计从明治十六年（1883 年）起，八年中投资 2600 万日元，建造大小舰只及鱼雷艇 32 艘。由于当时日本陆海军经费已高达国家财政预算的 27%，而要扩充海军，每年还须增加 402 万日元，从国家财政中已无法追加军费预算，若要增加税收，必然会导致民怨沸腾。

对于这笔庞大的经费，当时财力不足的日本政府即使发行公债仍难以支付。

于是，明治天皇带头从皇室经费中拨出 30 万日元，充作造舰费，他于明治二十年（1887 年）3 月 14 日发布敕令：“朕以为在建国事务中，加强海防是一日也不可放松的事情。然而从国库岁入中尚难以立即拨出巨款供海防之用，故朕深感不安。兹决定从内库中提取 30 万日元，聊以资助，望诸大臣深明朕意。”

此令一出，举国震动。

内阁首相伊藤博文随即召集地方官员发表鼓动演说，要求地方有志之士以天皇为“榜样”，捐出海防献金。全国华族和富豪无不为之“感动”，在东京的街头，在豪富们摆放着精美插花的客厅，在围棋和剑道的道场，到处是感谢上苍为日本派来治世明君的眼泪和喧嚣，有钱人竞相效仿天皇，纷纷解囊捐款，掀起了一股扩充海军的热潮。不到三个月，海防捐款总额竟达 103 万之多；半年之内，捐款达 203 万日元。

天皇恨不能把富士山变成金山，把琵琶湖变成银湖，用来把濑户内海的每一块礁石都化作一艘艘战舰。壮哉！

就这样，明治天皇奋发图强，经过多年苦心经营，到甲午战争爆发前，日本大体上完成了海军造舰计划，建成了一支拥有 31 艘军舰、24 艘鱼雷艇、总排水量 61373 吨、具有相当规模的近代日本海军。

1893 年——甲午战争前一年，明治天皇又决定此后六年，每年从内库中拿出 30 万元帑银，用于海军建设。而这，已经超过了皇室开支的十分之一。此举再次带动了日本政府议员主动献出四分之一薪俸用做造舰。

到甲午战争前，据说明治天皇甚至干脆用饿肚皮的方法，给他的文臣武将起“带头作用”！

当前线那些在饥寒交迫中行军打仗的日本军人，得知天皇每天仅仅吃一餐饭的时候，人人涕泪交横，呼号宣誓之声满营。

一时间，他成了近代日本精神的象征，他的名字就是日本兴盛和崛起的标志。

可据说，当时到日本去的中国人不少，有人带回了日本天皇靠从牙缝里挤出钱来供养海军的见闻，在京城里居然被传为笑谈。人们说：“东洋小夷，毕竟是东洋小夷，这么干，也不怕让人笑话！”

让人笑话，丢一国之主的脸面，似乎是非常可怕的；唯一不怕的，就是没有海军，没有国防，没有主权和尊严——这，就是大清帝国必将走向灭亡的政治逻辑。

顺便再提一句，如果道光帝在九泉之下真的有灵，得知他那个大儿媳妇——慈禧这个败家娘们儿，在中日甲午战争之时，还在穷奢极欲，忙着修园子做寿，置祖宗江山社稷于不顾，那非得气得在棺材里打滚不成！

在下一孔之见

通过上面两个故事，反观本书中的道光帝，我们可以清晰地看出，道光帝要比崇祯强得多，但比明治天皇又差了不少：他肯定不是一个亡国之君，绝不会像崇祯那样冥顽不化、愚不可及；但他也成不了中兴之君，因为他没有明治天皇那般远见卓识，更不具备“开拓万里海疆，扬国威于四方”之恢宏气魄。他注定只是一位目光有限且又克勤克俭、谨小慎微的守成之君。至于乾隆盛世，那只是他儿时见过的热闹场景、成人后便化作遥不可及的梦而已。惜矣！

一个王朝、一代君王，其自身存在与家国兴亡，诚如北宋欧阳修先生所云：“盛衰之理，虽曰天命，岂非人事哉？”

第十三章

万里转输　源源接济

兵马未动，粮草先行。

回疆地处边陲，幅员广阔，地形复杂，数万大军长途远征，军火、粮饷、被服、马匹、驮只等大量军用物资，能否源源接济，保证供应，这对于平叛战争的胜负，是一件至关重要的大事。道光帝从调派大军入疆伊始，就高度重视这项工作。

道光六年（1826年）七月十三日，道光接到回疆叛乱紧急文报当天，便传谕杨遇春为钦差大臣，立即赴疆。同时，又传谕陕西巡抚鄂山，迅速赶往甘肃，署理陕甘总督，其主要任务，就是将“一切应用军需、粮饷、驮载等项”，“随时妥速筹备，接济前线”。

十六日，命军机大臣传谕，令乌鲁木齐都统英惠，坐镇北路，备办“粮饷火药”，并设法运解回疆。

同日，又敕谕哈密办事大臣恒敬，对陆续驰抵新疆的各路清军，提前筹备全部口粮、骑驮马匹，以利军行，不得迟误。

二十五日，命熟悉陕甘事务的前任陕西巡抚卢坤驰赴甘肃，会同鄂山总理一切，筹办粮饷。

二十八日，命卢坤专门驻在肃州（即酒泉），督办一切。

经过这样一番部署，短短的半月间，两条后勤运输线就建立起来了。一条为东路运输线，西出兰州，经肃州至哈密、吐鲁番，转道喀喇沙尔、库车，直抵阿克苏大营；一条为北路运输线，由乌鲁木齐南行至吐鲁番，转道喀喇沙尔、库车，抵阿克苏大营。此外，还有自伊犁经冰岭直达阿克苏的通道，这也是一条重要的北路运输线。于是，由鄂山驻兰州、卢坤驻肃州、恒敬驻哈密、英惠驻乌鲁木齐、德英阿驻伊犁所构筑的完整布局，就为这次平叛战争建立了一个运转灵便、举措周密的后勤补给指挥调度网络。

为了进一步保证内地和北疆的军用物资能够源源不断地运抵前线，道光帝又从就近省份抽调干练官吏充实后勤补给系统。七月十四日，就谕令鄂山，在陕西、甘肃两省挑选精明强干的道府大员，专门负责后勤事宜，以保证军需物资的拨运工作，不能稍有短缺和迟误。七月二十七日，批准鄂山请调陕西盐道查廷华、宁陕厅同知朱绍颖、新升宁羌州知州诸能定、澄城县知县伍敏、山东兖沂曹济道和杨翼武，前赴甘肃，帮办军务。七月二十八日，又准鄂山所请，派俸满镇迪道昌炽，驻扎哈密，总理粮饷军火，置办军装、锅帐及车辆驮脚等一切事宜，并命安肃道双兴、镇迪道汤鼎二人协理。

八月，道光帝下诏，以乾隆间创拓新疆，故用出征外域之例。嘉庆初，川陕楚军需，未定章程，实报实销，故多縻费。今回疆隶版图六十余年，城堡台站，悉同内地，不得再以险远为由虚开冒领。为此，道光帝谕令总理粮饷大臣定则例、绘图说、备稽核。

八月二十五日，当各路清军陆续开进回疆时，道光帝又准鄂山之请，委派安西直隶州知州赵宜暄总管喀喇沙尔粮台事务，委派宁夏道瑞庆在库车总管粮台事务。同日，接准鄂山所奏，因肃州距阿克苏遥远，哈密设总粮台鞭长莫及，运乌鲁木齐及伊犁粮就近调拨，节省内地转运大半。内地军械火药改由乌鲁木齐北路越冰岭转阿克苏。

九月二十二日，道光帝再派前任甘肃臬司方载豫、新选浙江台州知府王厚庆，迅速赴甘肃，听候调遣。同时，又将陕西长武县知县李肇庆、周至县知县白维清、商南县知县李希曾、富平县知县郭阶平、雒南县知县刘琼、石泉县知县盖钰、朝邑县知县谢长年等派往甘肃，以资差委。通过这样一番调派，大批有实际工作经验的府、州、司、道、县、厅官吏，被委派到后勤补给网络的各处分驻，督率军需物资灵活转输。

正是由于各级后勤机构力量充实，布局合理，运转灵活，使平叛战争得到了可靠的后勤保证。

九月三日，道光帝命令鄂山等筹备军用物资，要求将战箭八十万支、火绳一百九十五万丈、火药四十三万斤、枪子六百五十万发、炮子十二万发、铁马掌四万副、战弓三千张等尽速运交肃州总局。这一谕旨得到了较好的贯彻。

十月一日，鄂山在向道光报告有关军用马匹准备情况时禀明：伊犁调拨马匹一万三千匹，巴里坤等处调拨二千三百余匹，内地调拨五千匹（后又续调二千匹），西安调拨营马三千匹。

转过年来，道光七年二月二十一日，鄂山、卢坤又向道光报告：运输用的骆驼，先后采购一万二千四百五十九只，另雇用八千二百四十只，阿拉善王进献九百九十只，总计为二万一千六百八十九只。

此外，军队饷银、粮食、炊具、军服、草料、帐篷、车辆等物资的运输任务也是十分艰巨的。三四万人的大军，出关赴疆，行军作战，仅每月需要长途转运的粮食就达一万五六千石之多，运费需十余万两。何况，当大兵云集阿克苏之前，道光帝就命令后勤部门，要事先筹备三个月的粮草，以后还需源源输运；大兵云集阿克苏之后，阿克苏仍务必“常存三月之粮”。

整个平叛战争期间，单是军费一项，就从全国各直省调运白银一千一百余万两。

在中国的战争史上，道光帝组织的这次平叛作战，从规模上说，并不算最大。但从战争的准备工作来看，却不能不说是一次相当艰苦的作战行动。仅就后勤运输来说，从内地各省调运的姑且不论，单是从兰州起运的东路运输线，由兰州至前线大本营阿克苏，驿站路线就长达六千余里，肃州至阿克苏也有四千八百余里，哈密转运站距阿克苏还长达三千余里；北路运输线，虽与回疆同处新疆，但由乌鲁木齐至阿克苏的路线也长达二千八百余里，伊犁经冰岭至阿克苏则长达三千余里。况且，阿克苏前线指挥部距叛乱中心喀什噶尔仍有十六天的途程，与叛乱据点英吉沙尔、叶尔羌的途程也都在十天以上。如此遥远的后勤运输线，荒沙漠漠，水草缺乏，气候多变，人烟稀少，环境恶劣，在这样一种自然地理条件下，剿平一场数十万叛军的叛乱，困难是可想而知的。

由于道光帝精心筹划，准备充分，及时建立起一套完整有效的后勤运输网络，从而保证了这次平叛作战的顺利进行。

第十四章

浑巴什河之战：激烈攻防，剿贼先声

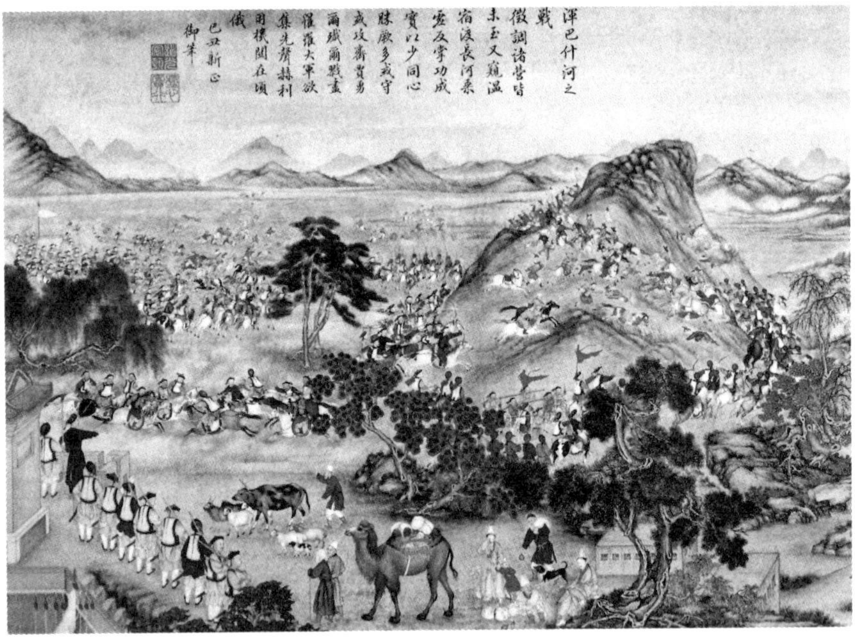

道光六年八月，清军与叛军在浑巴什河畔爆发了一场激战，史称“浑巴什河之战”。由于该战是围绕固守阿克苏城展开的，所以又被称为“阿克苏保卫战”。

八月初八日，道光帝晓谕前敌将领：“此时进兵救援，当以喀城为先，喀什噶尔系极边重地。据报，叶尔羌所属十四路军台回子均叛乱，度其形势，非但喀城、英吉沙尔难以救援，恐叶尔羌亦难保不失守。如叶尔羌可救，则集兵内外夹攻；若已失守，则阿克苏为适中最要地区，关系甚大。”

当时，道光帝见喀什噶尔、叶尔羌回众均已反叛，估计西四城行将不保，如此一来，东四城中的阿克苏就成了事关全局的“最要之地”。

阿克苏位于天山南麓之西段，西邻乌什，东界库车，南接叶尔羌，北通伊犁，地处南疆中部，是新疆南北要冲和贯通东西的锁钥之地。张格尔之乱爆发后，阿克苏凭浑巴什河为天堑，外当贼突，内为诸城屏障，一时间成为兵家必争之地。就清军而言，大兵云集于此，既可阻遏叛军向东蔓延，又可以此作为进军西四城的战略基地；就叛军而言，抢占了阿克苏，便可进而占有整个回疆。于是，敌我双方首先在阿克苏—浑巴什河一线展开了一场攻防激战。

且说额尔古伦前次过河堵剿意外获胜后，长清仍不敢大意，他派人前往侦探敌情，先是查明叛军自从在浑巴什河被额尔古伦击退后，已撤回到叶尔羌。这令长清稍稍舒了一口气。然而，仅过十几日，就又传来让人不安的消息。

八月十一日，长清得到探报，探明有叛军正在距阿克苏南面一百二十里处的洋阿里克屯聚，但不清楚有多少人马。长清鉴于叛军虚实不明，手头兵力又较单薄，所以没有立即发兵进剿，而是耐心等待下一步准确情报，再相机行事。

不久，有确报称：张格尔又从喀什噶尔派遣二名大阿浑，前往叶尔羌界内的巴尔楚克一带纠集回匪，随又窜入阿克苏南路的都齐特、洋阿里克、浑巴什、萨克萨克、隋兰、柯尔坪、萨雅里克、爱依柯尔、河子湖木、郝紫尔等地回庄，鼓噪声势，散播谣言，煽惑当地回民附逆，现已聚集了大约数千贼匪。

书中暗表：张格尔当时气焰熏天，以致胆敢在回疆东西两线分兵打仗，与清军放手一搏，在西线，喀什噶尔回城、英吉沙尔、叶尔羌、和阗均已相继落入其手，只剩下喀什噶尔满城还在顽抗，而这座清军于西四城中最后仅存的要塞，现正由他亲自指挥围攻，指日可下；在东线，前几日虽遭小挫，但张格尔并不在乎，不久，他又从喀什噶尔、叶尔羌调集三千多叛军，派心腹玉努斯阿浑、库尔班素皮、依斯拉木素皮驱之卷土重来，并沿途纠集二千多附逆回众，使东进叛军兵力增至五千至六千余众。这次，张格尔妄图乘清军各路援兵到来之前，攻取东四城，消灭整个驻扎南疆的清军。

叛军继续北上东进。阿克苏南面的都齐特、洋阿里克、浑巴什、柯尔坪、萨雅里克、郝紫尔等地均被叛军占据，叛乱势力迅速蔓延。

而清军这边则风声鹤唳、草木皆兵。例如，当时有一位名叫隆顺的游击（从三品武官），正带着一百七十六名兵丁在阿克苏南面的郝紫尔卡伦驻扎，拟预就地设防，堵截叛军。可是，还没见到叛军的影子，只是一听到风声，隆顺自揣兵力难敌，便擅自拔营驰回。仓皇间走失兵丁五名，锅帐马匹遗失殆尽。

正是由于没有遇到清军堵截，叛军向浑巴什河快速推进，沿途侵占了阿克苏以南各处回庄。

浑巴什河是阿克苏南面唯一一道天然屏障，距阿克苏城仅五十里，为南北要津。当时，阿克苏城防未坚，民心未定，道光帝从数省征调的大队援兵尽管有三万六千余众，但均尚在途中，而叛军则已近逼河上，兵临城下，形势非常危急。

远在北京的道光帝，一方面飞饬各路援兵驰赴阿克苏防堵，一方面又由六百里加紧，连降谕旨，谕令阿克苏办事大臣长清：“惟当督率兵丁，鼓励回众，加倍防范，以待大兵之至。不可不慎之又慎也！”

又谕：阿克苏为回疆适中扼要之地，必须重兵防守！万不可稍有疏虞。

再谕：浑巴什河最关紧要！阿克苏既有浑巴什河可守，水深处所，自应将船只尽行撤去；水浅处所，用枪炮排列轰击，毋令贼匪偷渡，而尤以保守城垣为至要！

另外，道光帝还提醒长清等前线将领，要注意乌什、库车方向上的防御：此时逆贼既随处勾结，和阗已失，必又窥及他城。前不久已获叛军往取乌什口供，而库车有小路与和阗相通，焉知叛军不潜往煽诱？长清等人当多设侦探，查访奸细，于乌什、库车分兵防堵，与阿克苏形成掎角之势。

一道道谕令，急如星火，让人感到阿克苏犹如当年三国之街亭，正所谓：街亭虽小，干系甚重；一旦有失，全盘皆输！

至于长清，也已早就认识到"阿克苏惟浑巴什河可以守险，沿河一带最关紧要！"此前，他已派锡伯、索伦等营官兵，以及各处换防官兵，共一千三百名，沿河分布防堵。但他注意到沿河绵延一百数十里之遥，而且水浅可渡之处甚多，守河兵力显然不够，必须加兵防守。于是，当新疆本地援兵陆续赶到时，长清便派伊犁领队大臣硕隆武带领伊犁援兵五百名、乌鲁木齐援兵四百名，将近一千名援兵，前往河沿分段守御。

也就在这时，长清惊闻和阗已经失守，而其失守的原因系由"内变所致"。这不由得让他联想到叛军当下正快速侵占阿克苏以南各处回庄，沿途招降纳叛，阿克苏本地回民众多，如果叛军再窜入阿克苏东、西、北一带煽惑，势将引发他脚下的阿克苏城也发生内变。这正是长清所担心的。必须严加防范！长清立即命令阿克苏代理回务总管（署阿奇木伯克）色提巴尔第、巴彦岱等人，赶到阿克苏东、西、北各处村庄反复稽查，防止当地回众与叛军勾结，并明白晓谕庄民："务须各安本业，切不可因南路都齐特等处回子叛逆，心生疑惧。倘有附逆者，一经拿获，尽行诛戮！"长清还派兵沿河搜查各处回庄，将庄内零星从逆者一二百人全部肃清。

正是由于长清处置及时妥当，使得清军赶在大战前夕加强了防守浑巴什河的兵力，也使阿克苏城内及其东、西、北三面各处回庄的民心安定下来，清军可以全力应对南面进攻之敌。

八月十五日，叛军侵及浑巴什军台，屯聚浑巴什河南岸。阿克苏保卫战的大幕由此拉开。

浑巴什河东西流向，河南岸山峦起伏，叛军潜伏山后，分成四股沿河游弋，伺机渡河攻取阿克苏。长清督军扼守北岸，昼夜抵御。此后数日，南岸叛军骑兵屡次企图涉水渡河，每日达三四次之多，皆因北岸清军防守严密而未能得逞。敌与我隔河相持。

十八日，敌情有变。守河清军远远望见叛军兵分两路，一路仍盘踞浑巴什河南岸，另一路则沿河朝西北方向移动，逼向乌什边界，而当时乌什守军不满三百。长清闻讯，急调手下协领富盛阿、参将王登科带兵五百赶赴防堵。

书中暗表，其实叛军并未转攻乌什，而是匪首玉努斯（系张格尔心腹）肆其狡诈，带领一路人马企图夺取乌什台路，折而渡河，自西迂回，进攻阿克苏侧后。

二十一日，叛军窜入乌什境内，焚毁察哈拉克军台，杀散守台清兵，随后由水浅处渡河，扑向位于阿克苏西侧的阿拉尔回庄。

次日黎明，富盛阿、王登科率清军驰抵阿拉尔，正遇叛军在庄上焚抢。见清军到来，叛军骑兵直前抗拒。清军亦奋勇迎剿，毙敌数十，叛军败退至沙坡树窝。清军追踪而来，叛军伏兵四起，自午至夕，激战多时，敌我僵持不下。就在这时，幸好有两支清军援兵及时赶到，打破僵局。他们是由乌鲁木齐提督达凌阿带领的乌鲁木齐兵五百名，以及由喀喇沙尔办事大臣巴哈布率领的土尔扈特、和硕特蒙古兵一千名。

说时迟，那时快，这两支援兵从沙冈后抄出，两路夹击，叛军开始退避，退过大河，向南逃窜。清军乘势追击，斩杀渡河之贼三百余口，生擒五十余人，贼首玉努斯落荒而逃。

时值薄暮，达凌阿、巴哈布又得到紧急军情，称另有一路叛军突袭清军河防，已渡过浑巴什河。二人大惊，深恐叛军直扑阿克苏城下，而此时城防空虚，断难御敌，于是连夜赶回救援。

原来，就在清军的注意力被吸引到乌什方向时，潜伏在浑巴什河南岸的二三千叛军，除留一千多人在南岸接应外，其余全部由贼目库尔班素皮、伊斯拉木素皮带领，于二十一日夜，分股从浑巴什河上游的托什罕河潜渡，颇有些声东击西的招法。

驻守托什罕卡伦的清军参将清安，惊见大股叛军突现北岸，又见贼众我寡，自忖抵挡不过，便退下阵来，其手下兵丁旋被叛军冲散。

八月二十二日，长清探知叛军渡河，其前锋已窜至距阿克苏二十里处。当时，阿克苏城守军仅三百名，难以御敌，情况万分危急！长清急中生智，派令帐前三十余骑赶赴敌前，往来驰骋，飞沙扬尘，用以布造疑兵。

当天下午，果有叛军探马数十骑前来，遥见前方沙尘滚滚，有如千军万马席卷而来，当即中计折回。阿克苏城转危为安。

叛军放弃攻城后，贼目库尔班素皮合聚大股兵力，冲扑清军北岸营垒，其势甚炽。叛军首先围住清军协领都伦布的营盘，接着又分兵直扑清军副将郭继昌的营盘，阻断其往援之路，企图将驻守北岸的清军分割包围，各个击破。

都伦布坚守不出，与叛军相持一夜；郭继昌则领兵出战，毙敌千余名，余匪退避。随后，郭继昌连夜飞札，调正在守河的额尔古伦率锡伯兵前来会战。

二十三日黎明，郭继昌以马步兵四百，额尔古伦以马兵三百，一同赶至都伦布营盘，向围营叛军发起攻击。二将亲率马队冲开叛军外围，都伦布亦带兵马自营内突出。内外夹击，叛军溃散。清军痛加剿戮，杀贼三百余名。

贼首库尔班素皮带领数贼向西奔窜，清军固原兵丁单存等人，追及五里，用矛将其戮毙，割取首级。而另一匪首伊斯拉木素皮，侥幸带箭伤而逃。

叛军失去头领，纷纷逾河奔窜。清军追至河边，枪箭齐发，叛军坠马淹死及带伤落河者三四百名。清军夺获叛军旗帜、军械极多，并乘势渡河为营，建立桥头堡。

前面提过，有一股叛军留守南岸，约一千余人，这时蜂拥而至，赶来接应落败同伙，又向清军发起进攻。

二十四日晨，达凌阿、巴哈布援军及时赶到，前往迎剿，与沿河北岸清军互相配合，展开反击。至二十五日，激战两昼夜，斩擒叛军一千数百多人（一说近两千人），遂渡河而阵，稳稳占领南岸。

至此，浑巴什河之战（又称阿克苏保卫战），清军大获全胜。

九月十二日，北京城，一场秋雨不期而至，长空澄净，云光开合，秋水秋山笼罩在蒙蒙细霭之中。

道光帝接阅长清以六百里加急驰递进京的奏折，获悉“阿克苏剿堵贼匪连获胜仗”，心里有说不出的喜悦和赞许！

两个月来宵旰忧勤、筹划军务，终于得此捷音。

望着窗外潇潇秋雨，遥念回疆刻下大兵云集，道光帝内心深处油然而生一种“洗甲之思”。

据说当年周武王伐商纣王时，感动上天，特降大雨为武王刷洗兵甲，随后擒纣灭商，胜利结束战争。此时的道光帝也期盼着眼前这场平叛战争早日胜利结束。

与大获胜仗同样让道光帝感到高兴的是：我大清将士在战斗中的英勇表现。对所有参战有功人员，道光帝连降谕旨，均予奖赏有差。在谕旨中，道光帝特别称赞长清、达凌阿、巴哈布“督率有方”，并给予高度评价：“是长龄等未到大营之先，非长清不能力捍孤城，非达凌阿、巴哈布不能痛褫贼魄、保障东四城，俾大兵进取有资。厥功甚伟！”

还有一事，颇值得一提，这便是浑巴什河之战让道光帝对一个本未倚重的官员，却由于他在战斗中意想不到的出色表现，转而刮目相看，大加激赏。

他就是阿克苏办事大臣长清。

半年前，长清由一个职级不太高的兵部司员被简选任用，授为阿克苏办事大臣，从北京驰驿前往，千里迢迢抵达阿克苏赴任。道光帝深知阿克苏系回疆要隘，他对这个没有在新疆实际工作经历的生手，能否胜任办事大臣这一要职，着实放心不下。尽管事后证明，道光帝这项任命是正确的，但道光帝当时还是没有把握，感到长清未经历行阵，恐其带兵未必得力，甚至一度想收回成命。当阿克苏防守吃紧之时，道光帝便委派久经战阵的宿将特依顺保赶赴阿克苏担任阿克苏办事大臣，主持防务，而让长清作为帮办大臣，从旁协助。

然而，先期赶到阿克苏的长清，却发挥出不凡的领导与指挥才能。一到任，既能激励官兵，抚绥回众，婴城固守，沿河布防，查拿奸细，肃清反侧，随后，又与乌什、库车联防联动，形成掎角之势，攻守兼施，进剿歼敌，既能独当一面，又能统筹全局，诸事办理周妥，调度得宜。尤其是在叛军前锋突然逼近阿克苏这座空城时，当此千钧一发之际、生死转瞬之间，长清没有惊慌失措，而是勇往直前，布造疑阵，使贼匪惧我有备，不战而退，以致道光帝于万里之外为之击节点赞：深得兵家虚实之法！

不过，道光帝也颇有几分后怕，事后追述道：时扬威将军长龄由伊犁取道那拉特卡伦，距大营尚远。贼氛甚炽，势若燎原。倘守御无方致有失事，则东四城俱危如朝露，尚复成何事体？

而且，长清更为难能可贵之处还在于，大获胜仗之后却不骄不躁，仍能查找城防之不足，及时加以改进，被道光帝赞为“颇能实心出力”。

书中暗表，战后，长清并没有因胜利而冲昏头脑，他清醒地认识到阿克苏城防存在着不足。首先，阿克苏城方圆不足一里，除官廨仓廒而外，别无隙地。现在大兵云集，各处运达的军火、粮食日见增多，城内已没有空间驻军和堆贮物资。再有，城墙与城外的庙宇、民居毗邻，且高度相等，根本不足以用来捍卫城防。所以，长清相度地势，于阿克苏城关厢外开挖一道宽深各一丈、周长五百三十二丈（三里半）的壕沟，又将开挖出的土方，堆筑成高八尺、厚八尺的土墙，土墙上建有掩护守城士兵瞭望和射箭的垛口，并在土墙外围设立木栅作为外郭，将兵马派到四面驻防，这样不仅可以解决驻军问题，又可保护当地商民，而且各地运到的粮饷、火药、铅丸等军需物资，都可以放心存贮在城外的庙宇、民房内，可谓是一举多得。

通过实战检验，道光帝最终认为长清是一个临危不乱、胜而不骄的官员，在“回疆乱起，西四城皆陷”的危势下，“独能固守却贼，抚驭督剿俱合机宜，实堪胜任”。至于那位原准备接替长清的特依顺保，道光帝后来指示他“无庸赴阿克苏”，改任署理甘肃提督事务。

总之，浑巴什河之战（又称阿克苏保卫战），取得了自平叛作战打响以来首个战役层面的胜利。此役，驻地清军在外省各路大队援兵赶到之前，以寡击众，最终守住阿克苏城，肃清北岸叛军，收复南岸失地，扼制住叛军北上、东进之势，打出了军威，令贼丧胆，从此不敢窥伺东四城，东四城始无恐，进而确保我后方基地安全，大军随后即可由此西进平叛。正如道光帝后来回忆说：此次回疆用兵，自浑巴什河堵御贼匪，痛加歼戮，已为剿贼先声！

第十五章

柯尔坪之战：转守为攻，夺取前进基地

道光六年九月，扬威将军长龄从伊犁出发，率二百亲兵驰赴阿克苏。十月一日，抵阿克苏大营。也就是从这一天起，长龄才算是真正开始履行其扬威将军之职，亲临前敌，直接指挥平叛作战。道光帝特颁手书寄谕长龄："痛加剿洗，令其心胆皆惊，望风披靡。"并说："尔将军等皆朕亲信大臣，万里之外，朕亦不为遥制……朕日日默祝上苍，翘首西望也。"

此时，南疆西四城已全部沦陷。在北京，道光帝急命军机处连发一道道檄令，从千里万里之外调集兵马，征讨张格尔。其先后调集伊犁兵、乌鲁木齐兵、甘州兵、陕甘兵、宁夏兵、西安兵、四川兵、西宁兵、吉林兵、黑龙江兵，总计三万六千余众。

进入十月，各路援军已有万余兵马云集阿克苏前线。

当地已是寒冬季节。正忙于督军备战的长龄，又接到道光帝一道感情外露的谕旨："边外天气沍寒，朕心实深廑念，特赏长龄黄里貂尾马褂一件。"作为全军统帅的长龄，当然不至于缺衣少穿而受寒遭冻，但皇上的莫大恩典必然会给这位大将军临战之斗志以极大鼓舞。

一抵大营，长龄立即部署兵力，连续派出侦探侦查西四城情况，还探听到张格尔正不断向柯尔坪派来援匪，在该地南北两处庄屯聚。

柯尔坪位于阿克苏西南三百余里处，山路岖险，中隔戈壁。其北通乌什，南通巴尔楚克，西通喀什噶尔，地处要冲，既是清军保卫东四城之屏障，更是进剿西四城必经之所。

此地方圆百里，有南北两处回庄，彼此相距五里。当地回庄住有回众约二千余户，均早已投附张格尔参与作乱。前经浑巴什河之战被清军击败后，残部窜回庄内藏匿。

当时，长龄已查明：近一个月以来，张格尔派遣贼目伊瞒、玉努斯、若依木托、胡坦带来喀什噶尔贼匪五百名，占据柯尔坪，阻截大军；今又继续指使安集延贼目督催从逆伯克、伪叶尔羌阿奇木（总管）博巴克，由叶尔羌纠集回众千名前来增援，并重整柯尔坪南北两庄叛匪残部，前前后后总计约有三千余人，企图在此恃险据守，又屡次窜至浑巴什河沿窥伺阿克苏，以阻截清军向西进剿之路。

当下，长龄决心拿柯尔坪开刀，先行剿洗之，为将来大兵进剿扫除后顾之忧。他随即挑派马步官兵三千六百余名，派令固原提督杨芳统领，于十月十日前往剿办。

十三日，杨芳提兵进至柯尔坪地界东侧之和色尔湖，距柯尔坪回庄仅六十余里。因连日行军二百多里，为稍息马力，杨芳选在此处安营，并连夜派出密探，探明叛军并无动静。

十四日夜，亥刻（晚十时许），杨芳正准备趁夜色掩护发兵西进，突接探报，东面有贼自后路潜袭我军。杨芳一面令大队人马整装待发，一面分遣副将胡超带领一哨人马折回迎击。

胡超率队出营，沿来路疾行十几里，猛见得由路边红柳丛中扑出贼匪二百余人，横路抵拒。清军奋勇直前，当场杀三十余贼，生擒活贼一名，余者窜入林中四散。胡超见夜半天黑，不便追赶，旋即撤队收兵。

经审讯活贼得知：张格尔前已派令安集延头目至叶尔羌，督催该城守将博巴克派遣回兵千人赴巴尔楚克阻截清军。该股援匪由贼目约勒达什率领，来到巴尔楚克将及一月，未见清军前来，随又移至一个叫皮卡克生底的地方。直到今早，贼目约勒达什探听到有官兵过往，遂派二百人趁夜前来抄截官军后路，遂遭此败。

杨芳了解这些情况后，乃留少数兵力屯驻和色尔湖，防守后路，自己仍督率大队兵马向柯尔坪回庄进发。

十五日破晓，清军赶到柯尔坪。杨芳传令分兵合击，围而歼之。

他派副将胡超带兵九百名，向西攻扑北庄，并派副护军参领倭灵额带绿营马队由东北抄截该庄正北，合力冲杀；同时，派额尔古伦带本营马队三百名，同甘州、肃州、乌鲁木齐步兵一千一百名，由东南抄向正南，攻扑南庄。两路分投击杀。杨芳则亲督凉州兵五百名及伊犁满兵三百名，居中策应两路。

且说胡超领兵才至北庄庄前，该庄叛军竟敢从庄内结队冲出，有备而来。原来，叛军贼目伊瞒、玉努斯等人，昨日就已得知有官兵前来，于是连夜督令庄上精壮男丁，与他们从喀什噶尔带来的五百贼匪合乌一处，总共二千余口，作背城借一之斗。当下，伊瞒等击鼓督阵，率众拼死迎战，枪炮齐发。清军官兵也不含糊，当即有蓝翎把总戴如栋，把总索文和将兴得，蓝翎外委景福禄，蓝翎额外外委李舒芳，永安营旗手马兵闫文玉、永昌协马兵胡应泰及固原马继儒、聂良田、王升，步兵赵鸣篪等，首先扑入贼群，戳倒数名执旗贼首。众贼见状拥上相救，大打出手，清军将士闫文玉中矛阵亡，赵鸣篪被木棍打伤头颅，扑倒在地，李舒芳被刀砍伤头部，血流如注。

见贼势如此凶猛，胡超大怒：尔等毛贼，狗胆包天，竟敢杀伤我天朝官兵！随即下马持矛，身先步战。但见他一抖掌中长枪，去似箭，回如电，寒光掠过，立毙数贼。在场清兵齐声喝彩，士气为之一振。这时，参将存柱，游击武光琳、李遐龄，都司李万余、冉贵、徐福，守备高玉连、花履中等，亦相继率领本部人马，直前与敌短兵相接，搅杀成一团。

移时，倭灵额带绿营马队由北抄截，与胡超众力齐攻，将北庄叛军杀戮过半，迫其残部向南庄奔窜。

与此同时，额尔古伦带兵正由南向北兜剿，将南庄叛军千余口赶杀出庄，迫其向北逃窜。

两股残匪相向而逃，逃至半途即被南北两路清军合围夹击，枪箭到处，纷纷倒地。

正酣战间，贼目约勒达什带着手下叛军一千余口，从皮卡克生底赶来救应。清军杀性正起，这股叛军形同飞蛾投火，一出现即遭围剿。杨芳督令胡超、额尔古伦等马步环攻，并力齐冲，前后夹击，追杀十余里，一直追至大黑紫尔卡伦以外，将叛军全行杀尽，尸横遍野，并于贼尸中，根据俘虏指认，找出约勒达什、伊瞒、玉努斯、若依木托、胡坦五名首逆，当即割取首级带回大营呈验。

此役，清军夺获鸟枪 186 杆、长矛 1010 杆、腰刀 112 把、撒袋（盛弓和箭的袋子）136 副、弓 48 张、马 132 匹、牛 281 只、羊 2046 只、阵鼓 12 面、抬炮 2 尊、小炮 2 尊、铅丸火药 54 包、蒙古包 1 顶、新旧帐房 5 顶。除生擒七十三名外，叛军三千余人殄灭净尽，几乎无一漏网。

杨芳攻占柯尔坪，既掩护主力在阿克苏集中，又夺得前进基地，为清军西进扫除了障碍。转年，清军以柯尔坪为跳板，进攻喀什噶尔等西四城。正所谓“打得一拳开，防得百拳来”。自此，清军从防御转为进攻。

杨芳对自己指挥的这场胜仗，也颇为自得。战后，他收到一封家书，内称十月十五日，正好是清军在柯尔坪喜获胜仗之日，辰刻，他的长孙刚巧出生。真乃双喜临门。为此，杨芳特意将自己这个新出生的长孙起名为“柯儿”，以纪念柯尔坪这场胜仗。

捷报传至京城，道光帝非常高兴，尤其对副将胡超“下马持矛，身先步战”这种压倒一切的大无畏战斗精神，予以充分肯定，朱批：可嘉之至！加总兵衔。

第十六章

和阗回众缚贼投诚

当清军云集阿克苏，尤其是攻占柯尔坪的消息传到西四城的和阗后，当地黑山派回众对张格尔派来统治他们的所谓“和阗王子”的态度，从一开始的附从再到观望，进而转变为暗中磨刀霍霍欲图之。

话说张格尔有一个表兄，叫约霍普，是张格尔信任委用之人。这厮凶狠贪残，正是他，前随张格尔入卡作乱，用鸟枪击伤我喀什噶尔帮办大臣舒尔哈善，现又因攻陷和阗、杀害我大清官兵“有功”，被张格尔封为什么“和阗王子”。

占据和阗后，约霍普与伪伯克阿布拉狼狈为奸，时常科敛当地回民的银钱，搜罗妇女、马匹，上贡给张格尔。另外，还有四个安集延人——阿布都、克里木、卡拉乌里帕底、沙土尔第，也一直跟着约霍普助纣为虐，为张格尔卖命。

和阗这一带，原本不属于张格尔为首的白山派的势力范围，而是其对立面——黑山派的聚居地。当张格尔派约霍普到和阗时，当地回众逃避者甚多，被迫随同叛军攻城的回民也不足千人，这与张格尔在喀什噶尔、叶尔羌“振臂一呼，云集响应”的宗教狂热情形有很大的不同。显然，和阗回众对张格尔所谓的“和卓事业”的认知度非常有限，而且黑山派出于反对其对立面——

白山派的目的，仍旧明里暗里依附清朝。

在最初阶段，由于没有听到有关清军出动的消息，和阗回众尚处于观望状态，但在遭到张格尔横征暴敛后，很快就人心思变。尤其当听到清军云集阿克苏、攻占柯尔坪后，和阗当地的众伯克们（回民官吏）震慑天威，开始密议“擒贼赎罪”，也就是打算将约霍普等贼目抓起来，交给清军，立功赎罪，但他们内心又非常害怕清军不能宽恕他们从逆的罪过。就在摇摆不定的时候，一个他们所熟悉的同族人从阿克苏清军大营回到了和阗。

此人名叫伊敏，是和阗的五品商伯克（即掌管征收粮赋的地方回民官吏），前随年班进京朝见大清皇帝，这年七月和阗陷落后，伊敏恰好返程途经阿克苏。当时，长龄正命阿克苏阿奇木伯克伊萨克找人前去和阗查探贼情，于是，伊萨克便派伊敏顺往和阗打探。

伊敏到后，众心始定。伊敏立即同众伯克向伪伯克阿布拉商谋“缚贼投诚”之事。阿布拉开始还在犹豫，后经众人连劝带吓，始从。随后，有一个叫海近勇的民人，召集当地回众二千余人，将伪和阗王子约霍普及其两个弟兄捏克托、胡达，连同约霍普手下的安集延人阿布都、克里木、卡拉乌里帕底、沙士尔第等，一共七人，全部拿获，并击毙约霍普手下跟班百余人。

书中暗表，所谓“民人”就是清代编入民籍的人，即所谓“平民”。海近勇作为一个暂居和阗的内省平民，竟然能在危急关头，义勇当先，率众平叛，身上还真有些东汉班超当年出使西域，率三十六骑踏平匈奴营垒之遗风。

正是在海近勇的帮助下，黑山派的伯克们夺取了和阗的控制权，并宣称效忠于朝廷。

时已入冬，伊敏赶在降雪之前回到清军阿克苏大营，向长龄、杨遇春、武隆阿禀明情况，阿布拉随后将约霍普等七名贼目押解到阿克苏，并将收缴到的和阗大臣印信上交。

未动一兵，便下一城，并将攻陷和阗、伤害官兵的朝廷要犯拿获归案，长龄喜出望外，他上奏道光帝：“今于大兵未进之前，该城回众缚贼迎降，事机极为顺利。”随即选派副都统巴哈布，统领马队五百名、步队一千名，带同众伯克等前往和阗安抚、驻守。

道光帝闻报，也很受鼓舞，对即将打响的平叛战争，颇为乐观自信，传谕长龄、杨遇春、武隆阿:“大兵甫筹进剿,回众即已闻风投诚,缚贼自赎。克日天戈西指，剿抚兼施，自必势如破竹。”道光帝还当即奖赏了出力人员：伯克伊敏，著赏戴花翎、元宝一锭；民人海近勇，著赏六品顶戴、蓝翎、银五十两；就连阿布拉这等变节贰臣，道光帝鉴于他能迷途知返，也赏给元宝一锭，以示法外开恩。

然而，事情并没那么简单，和阗回众对清军仍心怀疑惧，而张格尔也不是吃素的，岂肯善罢甘休？

且说副都统巴哈布受长龄委派，带领马步官兵前往收抚和阗，没想到，途遇和阗七品伯克讷第沙尔拦路禀告“探闻叶尔羌贼匪正准备夺取和阗”。巴哈布闻听，感到自己所带兵马尚属单薄，而和阗回众刚刚归正，能否抵御叛军攻打也无把握，鉴于这个情报事关重要，于是当即下令兵马停止前进，原地待命，由他亲自将讷第沙尔押送回阿克苏清军大营。见到长龄、杨遇春、武隆阿后，讷第沙尔便又道出另一层意思，他说：和阗回众因为曾经从逆，现在刚刚投诚，既害怕贼匪复来扰害，更害怕大兵前往剿办，惶惶不可终日。所以，恳求让和阗回众自行固守和阗城，不必麻烦清军前来。

听完这番诉求，长龄等人这才觉察到，尽管和阗回众有投诚之举，但仍心怀疑惧，若此时骤然派兵前往，必然会使他们愈加惊惧，难保他们不逃往叶尔羌投靠叛军，合伙助逆。经审时度势，长龄三人商定，为今之计，应增派官兵，会同巴哈布所带之兵，一并转赴巴尔楚克驻扎，先大造声势，使叶尔羌的叛军知道有大兵压境，不敢出动。这样一来，不仅使和阗可以“不守自安”，而且也为将来由树窝子一路进兵做好准备。

书中暗表，巴尔楚克位于东四城之南、西四城之北，它逼近叶尔羌，又与和阗、喀什噶尔等地相通，是西四城、东四城之间的咽喉要道，清军原于此设置军台。前不久，道光帝曾降旨指示前敌将领：日后进兵应分正奇二路，一路由巴什雅哈玛草地，另一路就是由巴尔楚克军台。

谋定而后动。刻下，长龄在巴哈布原带的一千五百名官兵的基础上，又增派由乌鲁木齐协领富盛阿与宁夏镇总兵史善载所带领的马步官兵五千五百名，并命老将杨遇春亲自出马，督率这七千清军，前往巴尔楚克布防驻扎。同时，长龄还遣人晓谕和阗回众“安心固守”，待大兵克复喀什噶尔后，即来救抚，并警告他们，不要有其他什么想法，否则，自取灭亡（不得复萌他志，自干剿戮）！

再说张格尔，当他在喀什噶尔获悉和阗回众投诚清军后，马上差派手下头目噶尔勒与玉努斯，带领一千五百多安集延、布鲁特人，暗中发起反扑。

噶尔勒，系喀什噶尔白帽大阿浑。玉努斯，乃喀什噶尔本地人，自幼跟随张格尔混世界，这年夏间，张格尔入卡攻至喀什噶尔时，玉努斯便随他打仗破城。显见，玉努斯这厮绝非善茬儿。

就在清军与和阗回众把注意力集中在近在咫尺的叶尔羌方向时，那里的叛军反倒没有动静，而远在喀什噶尔的叛军，却由噶尔勒、玉努斯率领，来了个长途奔袭，将和阗城再次占据，重新恢复了张格尔的权威。随之而来的是血腥报复，当地大批黑帽回民惨遭屠杀，最后，只有一个名叫阿明的和阗黑山派伯克带着两千名属下逃到了阿克苏。

直到这时，和阗黑山派回众才倾心投靠朝廷，急求清军救援。但就在这时，天降大雪，阻碍了用兵，而且，长龄也已根据最新获取的情报，决定先放弃和阗，全力攻打喀什噶尔。

道光七年正月二十五日，大兵进剿前夕，长龄向道光帝奏报了和阗的最新情况和他下一步打算，大意是：根据打探到的和阗信息，现在和阗被很多来自叶尔羌、喀什噶尔的安集延、布鲁特人及该城（白帽）回子盘踞。阿克苏大营相距和阗本有二十余站（约两千里地），今于官兵未到之先，再次被叛军占据。为今之计，唯有专力进剿喀什噶尔，只需贼巢一破，首逆就擒，其余各城不战自下。

显见，当时长龄决意集中兵力于一路，专力攻打喀什噶尔，但这与道光帝此前反复提出的“兵分奇正”相左。君臣二人在进兵决策上出现了意见分歧。

第十七章

决策：兵分奇正？抑或并敌一向？

道光帝披览地图，发现一条偏僻小路可直通喀什噶尔，不觉眼前一亮，计上心来……

经过一个多月紧张的准备，至道光六年（1826年）秋冬之际，道光帝基本完成了平定张格尔叛乱的作战部署，一支由三万六千人组成的平叛大军大部分抵达回疆前线；以长龄、杨遇春、武隆阿为核心的前敌指挥机构建立起来；由鄂山、卢坤、恒敬、英惠、德英阿统一调度的后勤补给系统也开始运行，大批粮草、军饷、军械、车辆、骆驼、马匹等军需物资陆续调运入疆。

一场大规模的平叛战争即将打响。

扬威将军长龄坐镇阿克苏清军大营，会集各路人马，整顿军需供给，日理万机，甚是操劳。道光帝为示关怀，特派长龄之子桂轮前往军营，并晓谕长龄，这不是为了派去打仗，为的是让年近七旬的他能有专人在身边随时服侍，当然了，临阵之时也可顺便历练历练，镀镀金。圣上原话是："锋镝之下，不可妄遣，朕以卿年近七旬，特命伊随侍左右，兼可练习也。"

长龄感念圣恩之余，心里也非常清楚，大军从关内远道而来，战期每延一日，则粮饷倍增，耗费巨大，圣上希望他保重身体，速战速决，早传捷报。

但此时回疆已进入冬季，气候寒冷，草枯水涸，冰雪在地，行军作战多有不便。陆续云集阿克苏的清军大队人马，在完成阻断叛军势力向东蔓延、确保东四城安全的作战部署后，便转入休整，准备来年再战。

也就在这时，道光帝与长龄在对来年进兵路线上，发生了意见分歧。

此次进军南疆，圣意已决：不但要收复西四城，更重要的是要擒获张格尔，拔除动乱祸根！为此，道光帝一面对前敌将领表示"不为遥制"，一面又反复告诫长龄不要惊走张格尔，应设法邀击或包抄之，这就给长龄日后进军平添了很大难度。因为，张格尔进卡滋事，虽有据守之意，但是，一旦清军大规模进剿，在其力不能敌时，便会撤往卡外。所以，比较而言，击溃叛军易，生擒首逆难。

早在道光帝任命长龄为扬威将军的第三天，即道光六年七月二十六日，就命军机大臣传谕长龄、杨遇春、武隆阿，指授进军方略，要求长龄等必须事先制定一个"出奇制胜"的策略，或者是诱敌深入，将其包围歼灭；或者分出奇兵，绕到边境哨卡一带，截住叛军退路，令其无法逃脱，一举歼灭。这是道光帝在指导平叛作战中首次提出“出奇制胜”的战略构想。

到八月十六日，道光帝在发给长龄、杨遇春、武隆阿的一道上谕中，开始将出奇制胜的战略构想具体化了。因为，就在前日，他在披览乾隆朝西北用兵舆图时，发现由乌什的巴什雅哈玛山有一条草地小路可通喀什噶尔的巴尔昌山，所以，道光帝立即降谕指示长龄可派将领兵由此包抄，与正面主攻的大军形成夹击。圣意如下：

行军作战，只有出奇才能制胜。前已降旨，命长龄等在进兵时，要事先筹划一条奇策，先将叛军退路堵截，然后剿捕，以期达到聚而歼之的效果。近日，朕披览地图，发现回疆由乌什的巴什雅哈玛山通往喀什噶尔的巴尔昌山之间，有一条草地小路，甚是偏僻。这条路，比起巴尔楚克那条当地回民日常往来的熟路，更加近便，而又不为人所知。若进兵平叛时，长龄一面统领大兵，沿台站大路正面进兵，一面分派参赞一人，暗中率领一支奇兵，由草地小路提前抄至叛军背后，一旦战斗打响，两面夹击，出其不意，攻其不备，将张格尔叛军就地歼灭，不使其临阵脱逃漏网。

最后，道光帝要求长龄、杨遇春、武隆阿，在阿克苏会合时，要共同对他这一战略构想详细筹商、周密谋划。虽然他告诉长龄不必拘泥于此，“朕断不为遥制”，但显然，道光帝自以为慧眼独具，认为这是个好主意。自此而后，数月之内，道光帝始终坚持其出奇制胜的战略思想，屡次指示前敌将帅照办。八月二十六日，传谕长龄等，先将回疆的道里山川调查明确，早日确定奇兵进军路线，务必前后会合，一鼓歼擒，不使叛军逃窜。甚至事先警告长龄等，如果此次大举进兵，仍不能将张格尔歼擒，永除后患，尔等将如何对朕交代！口气已近乎严厉。

九月二十三日，道光帝又提出，大军进军平叛之前，先派遣“奇兵”两路，每路各三千名，可分别由锡伯总管额尔古伦和千总索文等带领，先后出发，衔枚疾进，抄至喀什噶尔后路，然后正面部队再由大路进抵喀什噶尔，实行夹击合剿。

十月十二日，道光帝重申九月旨意：两路会合夹攻，总须专注喀什噶尔，将张格尔擒获……

十一月七日，道光帝仍在继续完善自己出奇制胜的战略构想，他在给长龄、杨遇春、武隆阿的谕旨中，绘声绘色地描出一套“场景式”的作战方案：进兵时，先要制造一种舆论，佯称官兵驻守阿克苏、乌什，以松懈叛军防备之心。但同时要分出二路奇兵，一路由乌什的巴什雅哈玛卡伦外的草地，潜赴喀什噶尔；一路由巴尔楚克向树窝子潜进。每一路各领精兵七八千人，由得力将领督率。每一路再分成两批，衔枚潜行。武隆阿熟悉回疆形势，统领奇兵至喀什噶尔堵截，断其归路；长龄等再统率大兵，由正面进发，会合攻剿。务期一鼓歼擒，巨憝授首……该将军等总当熟筹妥计，毋任张逆潜踪逃窜。

转过年一月九日，道光帝经过反复思考分析，归纳出结论性意见，再次降旨强调：此次平叛，不论一路、二路、三路，总之要出奇制胜，相机办理，断不可正面大队人马先到，而奇兵未到，致使张格尔再次逃脱……惟在该将军等运筹周妥，同心协力，一鼓集事。必须将首逆歼擒，勿令逸出卡外。

总之，道光帝的指导思想是明确的、一贯的，即兵分奇正，出奇制胜。奇兵或一路、二路、三路，或同时进发，或前后分进，正兵攻其前，奇兵断其后。目的只有一个，两面夹击，一鼓歼擒，不使张格尔逃窜。

从张格尔屡败屡窜、败而复来的历史教训来说，道光帝的指导思想和战略部署是有道理的。但道光帝毕竟身居大内，远离前线，对前敌情况的了解终究有限。所以，由其设计的总体作战方案与实际情况存在一定偏差。

作为前线最高指挥官的扬威将军长龄，对道光帝的作战方案似乎从一开始就持有保留意见，尽管他也确实遵旨提前作了各项准备，但经派人实地考察后，便越发觉得所谓“兵分奇正”纯属纸上谈兵、不切实际，必须纠正，只是碍于圣命难违，不好表态。在道光帝三令五申之下，长龄直到年底（十二月），才含糊其词地进奏：一旦大兵全部到达，诸事妥备，就将分兵前进，抑或合兵前进。届时，如何进发，如何后应等事，将根据实际情况，临时决定，然后奏上。

显然，长龄没有表明“谨遵圣命”之意。

来年一月二十五日，长龄将正在巴尔楚克驻防的杨遇春与正在乌什驻防的武隆阿，紧急召回阿克苏大营，共同筹划，做出决策：大军归并一路，于二月初六日，由中道突往围攻，专力进剿喀什噶尔。

决策定下后，长龄并未马上奏报，而是一直等到大军进发的前一天（二月初五日），才将奏报发出。可见，长龄当时的思想斗争还是非常激烈的，直到最后一刻，才置圣命于不顾，做出这一逆天决断。他这么做，日后很有可能要承担极为严重的“抗命”风险。但作为前敌主帅，长龄这么做又是极为负责且难能可贵的！他未给自己、也未给道光帝留有回旋余地，不唯上、只唯实，就此而论，倒是颇有几分铮臣风骨，甚合“将在外，君令有所不受”之战场法则。

于是，在平叛战争已打响多日后，二月二十六日，道光帝才终于收到了前方关于进军路线的奏报——《筹议大兵由树窝子一路合力进剿》，也算是长龄对道光帝三令五申“出奇制胜”战略构想的答复。长龄首先从卡外地理形势、外夷向背、我军兵力及敌我态势对比等多个方面，逐条做了分析汇报，并由此导出“归并一路，由中道突往围攻”的结论。奏报主要内容如下：

“此前屡奉谕旨，令分正奇两路进兵，用以牵制贼势，以免叛贼逃窜。臣等前已派令提督齐慎带领马步官兵，先赴乌什的巴什雅哈玛卡伦附近驻扎，一面转运存贮军粮，一面计划待兵力到齐后，由武隆阿率领自乌什草地前进，长龄和杨遇春则由树窝子这一路进发。但是，经多次探查道路情况，发现自乌什以外直到巴尔昌的地形，均系险窄的山沟，而且还有数站戈壁地带，并无水草，加上山石错杂，马队难行，后路兵粮尤难跟运。

现在，乌什卡外的各布鲁特部落，大部分受张格尔煽惑，与之勾结，我军不可孤军深入。

此次平叛，前后共调官兵三万三千余名，需九千一百五十余名官兵留防后路的阿克苏、波斯图、洋阿里克、都齐特、伊勒都、乌图斯克、满萨雅里克，以及乌什、库车等处，另有五千名四川、延绥官兵尚未到达，所以，实际可供进剿的马步官兵一共只有二万一千九百五十余名。如以两路分进，不但彼此相距二十余站（两千里地），声息难通，而且，倘若某一路稍一受阻，就会影响整个战局。

现在，乌什一路因布鲁特部落已与张格尔勾结，难以潜行通过、抄截贼后；喀什噶尔正面，叛军人数众多，张格尔自恃人多，正欲负隅顽抗，如果不聚集大兵全力压上，绝不能震慑叛军，无法速战速决。所以，我们审时度势，根据现有兵力，必须归并一路，改由中道，出其不料，突往围攻，这样才能反正为奇，易于得手。”

接下来，长龄向道光帝报告了具体战斗序列及进兵方案：现在筹计已定，臣武隆阿统领领队大臣哈朗阿、阿勒罕保、倭楞泰、德海、祥云保、提督杨芳、总兵余步云、成玉等满汉马步官兵一万一千三百余名，作为前敌，仍分两队，以便兜截抄击；臣长龄、杨遇春统领领队大臣安福、吉勒通阿、巴哈布、硕隆武、提督达凌阿、总兵史善载等满汉马步官兵一万六百余名，亦平分两队，应后接前。择期于二月初六日，径由树窝子一路，先将附近从逆各回庄顺道扫除，廓清后路，并于沿途安设营卡台站官兵，接递文报，护运粮饷。一俟驰抵喀什噶尔，即当并力图攻，计擒首逆。

对于道光帝反复强调的“断不可使张逆战败逃遁”的战略意图，长龄进兵之前，也做了另手部署。在奏折的最后，他特向道光帝详加说明：我考虑到喀什噶尔、英吉沙尔二城周边分布着大小卡伦（哨卡）共计一十七处，其余的偏僻小道错综复杂，均可绕道通往境外的浩罕、拔达克山、布噶尔等回夷诸部落。张格尔一经落败，就势必企图外逃。如果我们抽调正规兵力专去兜擒，恐怕也不能做到处处周密。鉴于回众内部分为黑帽、白帽两派，张格尔占据喀什噶尔后，杀害了很多黑帽回众，双方结怨很深。我们日前寻访到两个正在乌什做贸易的喀什噶尔黑帽回商，他们自身及其家族都与张格尔有着深仇大恨，因此，他们二人自愿表示要赶回喀什噶尔，联络同庄同族，招集黑帽回众，待我军开到之日，帮助我们擒拿张格尔。他们这样做也是为了保全同类，避免黑帽回众惨遭杀戮，所以，他们的心情和言辞都很真切。于是，我就令这二人秘密前往，设法擒获张逆，并许诺事成后，给他们请赏。

书中暗表：此前，长龄曾让伊萨克找来六个可靠的回民，分别派往喀什噶尔等处，联络当地回众及头领（伯克），帮助拘捕张格尔；后又派令部落首领噶尔察等人前往卡外各部落，许下封赏，责令他们帮助擒拿张格尔。但都没有下文。今天，大军进发前，长龄又这般行事，很明显，其如意算盘是想利用黑、白两派回众间的矛盾，以重赏促使黑帽回众成为自己的“第五纵队”，帮助从背后抓住张格尔，如此一来，既能弥补清军兵力不足，又能了却圣上心愿。这也算是一种“集约型”的出奇制胜吧。

长龄的这道奏折，实际上是委婉地否定了道光帝一直坚持的出奇制胜的作战方案。按说，道光帝是不会高兴的。但长龄的奏报，言之凿凿，出语有据，是根据前线现有的兵力配备、实际地理条件和复杂的敌情变化制定的，不失为一个积极稳妥的作战方案。

道光帝在接阅长龄上奏的这份《筹议大兵由树窝子一路合力进剿》的奏报当天，就命军机大臣传谕：“乌什至巴尔昌一带，既然多有戈壁，水草缺乏，卡伦外各布鲁特又多与张格尔勾通，自然不宜奇兵深入。长龄等人议定由树窝子一路，分为前敌、后应，突往围攻，所见甚是。行军作战，部署进兵，均由长龄等相机妥办。”表示同意并批准了长龄等的作战方案。

道光帝身为一代封建帝王，君临天下，一言九鼎，三令五申命前敌主帅制定并实施出奇制胜的作战方案，长龄却反其道而行之，坚持正面进兵，这在君主专制的年代，实乃抗命不遵。但道光帝尚能体察下情，不囿成见，当时不仅没有责备长龄，反而充分尊重前线将领的意见，使君臣相左的进兵思路很快实现了统一。其间，他没有让臣子感到“奉天承运”、“伟大正确”的强势，甚至还非常谦虚地表示：“朕只就舆图形势，指示机宜，究竟可行与否，该将军等自能审察抉择，以期应手成功，不必拘执此谕也。”

这，对于推动本次平叛作战的顺利发展，是一个很重要的因素，正所谓：将能而君不御者胜。

第十八章

出师：天戈所指，旬日三捷

道光七年初春，阿克苏，春寒料峭，冰雪初融。二万六千多大清将士渐次云集。沉寂的天山南麓，一时间号角连营，人欢马跃，羽檄交驰。

二月初六日，天光放亮，随着辕门外三声炮响，扬威将军长龄顶盔挂甲，跃马扬鞭，自阿克苏大营出发，沿中路统兵进剿。

参赞大臣杨遇春由巴尔楚克一路，参赞大臣武隆阿由乌什一路，俱率所部向中路会合。

全军并敌一向，直趋喀什噶尔，向盘踞在那里的张格尔叛军发动总攻。

听，风在呼啸军号响；看，旌旗招展紫电青霜。

复仇的时候到了！开弓没有回头箭！

大清将士们充满斗志，决心踏平前方这片谷地，扫荡山谷中那些负恩反叛的暴徒，给他们以及他们的子孙一个永世难忘的血的教训！

首战洋阿尔巴特

平叛大军从阿克苏起程西行，长长的队列在亘古莽原上艰苦跋涉。

但见荒漠如海，天似穹庐，辽远而深邃，雄浑且苍凉。那一座座沙丘如潮涌、如驰象，奔腾翻卷，连绵不绝，而脚下的沙碛路则仿佛是从远古飘来，左突右冲，七拐八弯，时隐时现，若有若无……

将士们任凭风吹日炙，日复一日默默地走着。一路之上，除了战马的喷鼻声和车轮转动发出的吱嘎声，什么也听不见，万籁寂静。偶尔有罡风掠过沿途干涸的河床，扬起积沙弥漫，掠过路边梢林，枝丫震颤，断续发出呜咽般的浅啸。

荒凉的土地迫使清军差不多要携带人和牲畜所需要的全部粮秣，只有这样才能勉强满足军队的巨大给养需要。原有的军台已被叛匪劫掠焚毁，为了接护粮路，确保军报传递，沿途还要重新安设台站，留驻一定数量的官兵值守。

就这样，大军连续走了八天，行程四百六十余里，于二月十四日至巴尔楚克。

巴尔楚克，亦称巴尔楚，是一处岔口，从这里有两条路可通往喀什噶尔：

一条是官道，指向正南，溯叶尔羌河而上，行至叶尔羌，再转向西北，经英吉沙尔，再向北，行至喀什噶尔，全长 600 多里。这是清代的官方驿路，被称作“官道”。虽然绕远，但比较好走。乾隆年间，清军自阿克苏发兵喀什噶尔平定大小和卓之乱（也就是张格尔祖辈搞的那场叛乱），所走的就是这条官道。

另一条是商路，指向西南，溯克孜勒河而上，直趋喀什噶尔，全程 476 里地。这是一条比官道要难走、但距离较之为近的捷径。民间商旅多走此道，故被称为“商道”。因沿途多灌木丛林，故又俗称“树窝子路”。

长龄吩咐留兵三千驻守巴尔楚克，以防贼匪自南面官道绕袭我侧背，然后，便立即督率大军取道树窝子路继续前进，抄近道直奔大河拐。

从树窝子至大河拐，沿途荒无人烟，灌木丛生，路径纷杂。长龄担心奸贼狡诈百出，沿途潜伏抄袭，故随行多设侦哨探马，以防不测。但一路走来，却很平静。

又经过八天的艰难跋涉，大军终于走出树窝子，于二十二日行抵大河拐。

这里地处克孜勒河下游，河道在此突然弯曲，淤水成泽。在荒芜的土地上，大河拐两岸却显得生机盎然。长龄下令就地扎营。他环顾西周，一切还是那么平静。这不禁让他感到困惑：大军已深入戎马之地半月有余，行程过半，竟未遇一贼。这帮鼠辈窜匿何处？怎么连个鬼影儿也不见？

而且，还有一事着实让长龄犯愁：此时大军已出征半月，因一路行走甚急，以致后方粮运接济不上，随营粮草即将告罄，全军上下每日只得宰杀疲驼羸马而食。我军利在速战！而当前，最让人担心的是张格尔有意退避，以坚壁清野之策，不战而坐困我军。所以，全军将士争望与敌接仗，杀贼夺粮。

书中暗表：其实，长龄多虑了，事实上，贼匪已经近在眼前。

当时，张格尔并不认为自己敌不过清军，反倒自我感觉人多势众，可用人海战术以多取胜，即使手下都是一堆豆腐渣，也能撑死清军这头老母猪！所以，他觉得用不着搞“坚壁清野”那一套，他要与清军对决雌雄，并且早已派令亲信迈曼底阿浑，带上玛斯吐尔、阿拉布克、泥雅素皮、呼罕巴依四个头目，在喀什噶尔及其周边各处回庄拼凑人马，前往抗拒清军。眼下，正有一股贼匪向清军营地悄悄逼近，只待月黑风高之时……

当天日暮，薄云遮月，夜空下一片昏黑。三更过后，长龄忽接探报：发现贼匪数千潜袭我营。因昏夜不察虚实，长龄没有发兵迎击，他坐镇中军大帐，杨遇春、武隆阿也各于本营镇静防守。转眼间，贼匪呼啸而至，左右冲扰，官兵枪炮齐发，压住阵脚。战至后半夜，贼匪伤亡惨重，纷纷乘夜幕掩护窜逃。清军因天色未明，也没追杀。

次日黎明，清军出营查点战场，但见被击毙者甚众。有个受伤未及逃走的毛贼，被清兵从尸堆中搜出，拖回大营审讯。长龄从其招供中得知：张格尔派来其亲信迈曼底阿浑，在前面一个叫洋阿尔巴特的地方抗拒官兵，现已凑集五万余众，并已获悉清军进至大河拐，昨晚与官军打仗的，正是他先期派来劫营的三千人马，用以试探清军虚实。

当下，长龄、杨遇春、武隆阿在地图上查看洋阿尔巴特，只见图上标示：自大河拐至洋阿尔巴特七十余里，系属戈壁，滴水全无，且尽系沙窝，人马行走均极费力。但三人一致认为：贼匪既有准备，那么，初次接仗，必须痛加剿杀，以寒贼胆。

长龄发出战斗号令：“我军自阿克苏到这里，粮食将尽，现在敌营就在前面，不乘此杀贼囤粮，更待何时？”

兵随将令草随风，众将官群情激奋，大军立即出发，急速前进。

大河拐至洋阿尔巴特七十余里，沿途皆戈壁，无从得水，人马渴甚。然而，就在这时，叛军沿途掘堤放水，漫溢道路，企图阻止清军前进。没承想，这一破坏行动反倒帮了清军大忙，使全军在戈壁中取水得便，以济士马，于是，人欢马跃，星驰骤进，七十多里的沙碛路，仅用半日就走完。

正午时分，大军进抵洋阿尔巴特。这里沙漠平旷，一览无余。只见西南有沙冈一道，横长约六七里，遥见贼匪据沙冈排成长列，约计二万余人，声势颇为浩大。

长龄当即分兵三路，他本人居中，自督马步兵队由中路迎击；杨遇春居左，督领马步兵队由左手抄截；武隆阿居右，督领健锐、火器二营官兵由右手抄截。三路齐头并进。

叛军首领迈曼底见官兵三路进攻，即令贼目玛斯吐尔、阿拉布克、泥雅素皮、呼罕巴依率叛军突下沙冈，分头迎拒。

清军枪炮齐发，刀矛竞进，立毙叛军一二百人。

迈曼底见官军勇锐异常，急忙传令回撤。叛军奔聚沙冈，企图整顿队形，居高下压，再发起一次反冲锋。

长龄见势，立即从左中右三路攻击队伍中挑选出精兵强将，组成数股突击分队，齐力上攻，分路夺冈，绝不给叛军重新排布的时间。杨遇春、武隆阿各在两翼督战策应。官兵夺粮心急，不避锋镝，如饿虎扑食，一同抢上沙冈。枪箭所至，贼众纷纷倒地，迈曼底及其手下贼目玛斯吐尔、阿拉布克、泥雅素皮、呼罕巴依都先后被枪箭射中，死于乱军之中。余匪力不能支，又见头领被杀，军心发生动摇，开始溃散，一半窜入回庄，一半向西奔逃。

长龄立即督饬中路官兵赶向回庄，以枪炮围攻之。杨遇春、武隆阿则各率左右两军追赶奔窜之贼，尽杀三十余里，叛军沿途尸横遍野，一直追到一个叫排子巴特的地方，杨、武二将见叛军已被歼灭殆尽，又见天色渐暗，不便穷追，当即引兵返回。

这时，窜入洋阿尔巴特大小回庄的叛军，也已被长龄督兵歼擒净尽，大军随于该处扎营。

统计战果：三路官兵共杀贼万余名，生擒三千二百余名，夺获大纛旗帜三十八杆、大小火炮十二尊、鸟枪七百余杆、刀矛弓箭铅丸火药无算。叛军丢弃的牲畜和粮食全部被清军缴获。尤其是得到粮食后，全军勇气倍增。

二十四日，大军进至排子巴特。在此，长龄会同杨遇春、武隆阿具折，由六百里加急向道光帝报捷。这时，有探来报：前方沙布都尔庄后十余里火光一片，知有贼屯聚。

二十五日，拔寨起营，仍分三路进兵。

再战沙布都尔庄

且说张格尔闻官军已开过巴尔楚克，而自己的兵马又于二十三日在洋阿尔巴特被官军痛剿，于是便派安集延大头目色提巴尔第等前来迎战。色提巴尔第乃张格尔心腹，张格尔授以他统掌兵事之权，并将自己平日使用的鞍辔枪马交与色提巴尔第骑用，还派号称“勇敢头人”的回子大头目素丕卡克、安集延头目占巴克前来助战。

色提巴尔第一接到张格尔的命令，便在各处白帽回庄纠集二三十万人，十五岁以上者均被抓差，不愿者当即砍杀，很快聚集起不下十万作战兵力，于沙布都尔庄把守。

二月二十五日，我平叛大军进抵沙布都尔回庄。

沙布都尔又称“夏蒲桃”，距喀什噶尔已不足百里。

长龄仔细观察眼前地势，只见这一带遍布苇湖沼泽，回庄周围林深苇密，沟渠纵横，大队骑兵难以施展；又望见贼匪于庄外临渠结阵，马步贼匪不下十余万众，并且还事先掘堤放水，毁淹田路，制造水障阻挡我军骑兵冲击；另外，他还隐约察觉叛军沿庄后树丛中埋有伏兵，致使我军难以绕袭。据此情形，长龄决定兵分三路：他与杨遇春督率中路，武隆阿率左路，杨芳督率右路。各路均以步兵在前，由正面越过水障展开攻击；骑兵在后，相机而动。

叛军首领安集延大头目色提巴尔第见清军三路来攻，先以数骑直进清军队前，往来奔突，迎诱清军深入。当清军进至其枪炮射程内，色提巴尔第便指挥叛军依托险要地势施放枪炮。清军立即还以颜色，用连环枪炮猛烈轰击，叛军纷纷倒毙，但后续叛军仍不顾死活扑至渠上，意欲下压。双方枪炮互射，相持不下。

清军步队各持刀矛弓箭奋勇抢上，不顾渠水深浅，飞身越渡，与敌短兵相接，虽鏖战多时，仍旧保持严整阵形，加之来势迅猛，叛军伏兵竟无机可乘，猝不得发。清军随攻随进，将敌分割包围。被围叛军难以支应，或毙命于沟渠，或陷于沼泽，垂死挣扎。

长龄见步队正面进攻得手，随即督令马队由左右浅渠处乘势涉渡，实施两翼迂回。清军骑兵迅速出击，抄袭敌侧，横截杀入敌阵。叛军被冲成数段，彼此不复相顾，纷纷四窜。

就在这时，安集延大头目色提巴尔第突兀现身。但见那魔头身穿锁子铁甲，胯下一匹金装鞍辔大青马，鞍挂鼙鼓，手持鸟枪，率同执旗贼目数十人，在阵前击鼓驰骋，亲自督战，指挥叛军拼死抵抗。

书中暗表：这些执旗贼目就是张格尔此前派给色提巴尔第的“勇敢头人”，个个都凶悍异常。当下，色提巴尔第带着这伙亡命之徒力图挽回败势。

怎奈天欲亡之！

突然，猛听得平地一声巨响，一股浓烟腾空而起，原来是贼营火药意外自燃，发生爆炸。叛军被炸得血肉横飞，阵脚登时大乱。清军乘势掩杀，枪箭如雨，立毙执旗贼目素丕卡克、占巴克等数人。更有锡伯马甲（清军锡伯营兵丁）贝洪阿在混战中，手疾眼快，瞅准时机，突施冷箭，将色提巴尔第射杀百步之外；另有一锡伯马甲图明阿拍马上前，将其坐骑、旗鼓、鸟枪、铁甲统统夺获。叛军失去指挥，开始溃败。

长龄见状大喜，传令诸将各率本队人马分头掩杀。一时间，叛军被杀得遍野横尸，残部被逼至浑水河边，争相凫渡逃窜。清军躐水追杀，将其多半砍戮，任之漂没，随又渡河赶剿三四十里，将残匪擒戮殆尽，始行撤回。

清军返回浑水河北岸，稍作休整。但气未喘匀，遥见西北丛林中尘土冲起，突有一股叛军援兵数千人蜂拥而来。杨遇春、武隆阿急忙应战，复率诸将迎击，当场毙贼一千数百多名，余匪向西窜往浑水河桥。这时，河西又有叛军二千余众，拥桥援应，欲待败匪奔逃过桥即拆桥抵拒官兵。清军用大炮隔河轰击，将其击溃。

这时，天已薄暮，清军沿浑水河岸扎营，赶修贼毁桥梁，准备来日渡河继续前进。

长龄见官兵连次接仗，追杀贼匪甚多，兵力马力均须略为休整，遂下令暂憩一日。

次日（二月二十六日），长龄会同杨遇春、武隆阿拟具奏折，由六百里加急向道光帝报捷。其中有云：查本日两次接仗，贼众甚多，官兵来往剿杀，无不人人奋勇，擒戮贼匪不下四五万人，夺获枪炮器械、贼粮马匹尤多。贼胆已寒，（我军）兵气倍壮。

书中暗表：一个月后，道光帝在北京接到这份奏折，览奏欣悦之至，称“该将军等懋著勋勤，实堪嘉奖”。赏赐之外，又再次加恩，将长龄、杨遇春、武隆阿交部从优议叙。道光帝还特将锡伯马甲贝洪阿、图明阿升用骁骑校（由兵丁升为士官），尤其对一箭射杀敌酋的贝洪阿，给予“赏戴蓝翎”的奖励。

蓝翎本是清朝中下级官员的冠饰，俗谓“老鸹翎”。赏戴蓝翎，就是皇帝对于中下层有功人员的一种嘉奖。

三战阿瓦巴特庄

二月二十七日，清军自浑水河北岸拔营起程，循河南进，沿途搜剿落败藏匿的零散贼匪数百人。根据审讯活贼得到的口供，长龄了解到前距五十余里，有阿瓦巴特回庄，依冈背河，树林环密。叛军自从在沙布都尔庄遭到痛剿后，张格尔并未服输，仍胆敢重又纠结十余万众，派往阿瓦巴特回庄迎拒官军。

稍后，长龄又得到清军侦报，证实确有数万叛军在阿瓦巴特回庄盘踞，其情形与活贼口供相同。

大战在即，全军上下立刻警觉起来，马步各队均以临战状态，向阿瓦巴特回庄方向搜索前进。抵近之时，映入眼帘的却是一派有似田园牧歌般的景致，牛羊蔽野，芳草如茵，全无临战肃杀之气。须臾，有叛军探马出现，数百骑，按辔缓行，皆显疲弱状，一见官军，拨马便走。

长龄恐敌诱我冒行，当即严令三军“勿掠牲畜，亦勿追贼探马”。

书中暗表：长龄这道命令是正确的。阿瓦巴特回庄是叛军老巢喀什噶尔的重要门户，张格尔特派安集延大头目阿瓦子迈玛底率众守之。这厮颇有心机。当清军逼近阿瓦巴特回庄时，他在清军必经之路两侧故意布下疑阵，并派遣疲弱之师前来搦战，继而佯败，暗中却于庄内埋伏精锐以待，幸好被长龄识破，清军没有坠其计中。

时已薄暮，长龄传令清军在距阿瓦巴特回庄十里处扎下营盘，准备明日开战。

“凡战者，以正合，以奇胜。”长龄对《孙子兵法》中的这句话并不陌生。当晚，长龄念及白天所见情形，判断叛军已在大路前方布下重兵，明日官军如果仅从正面进攻，将很难得手，于是思索着如何出奇制胜。当下，密令随军出征的阿克苏阿奇木伯克伊萨克派出哨探，趁夜色掩护悄悄出营，务必尽快探明通往该庄的各条路径。

次日五鼓（拂晓时分），哨探回营中报告：通往庄上的各条小道均已探明，如此这般，即可潜至。长龄闻听甚喜，当即点齐吉林劲骑一千名，平分为两队，派令哈朗阿、阿勒罕保各率一队，趁天色未亮，分别由左右间道秘密抄往，先期绕至贼后潜伏下来。长龄与二将约定：辰巳之交（上午九时），齐抵该庄，前后兜剿。

说话间天光大亮，清军主力大张旗鼓，仍旧浩浩荡荡由大路开进。辰刻（早晨七八点钟），行距阿瓦巴特回庄八九里许，遥见一道沙冈横亘前路，叛军排列冈上，形如雁翅展开。

清军直逼冈下，步兵居中，骑兵张左右翼并进。

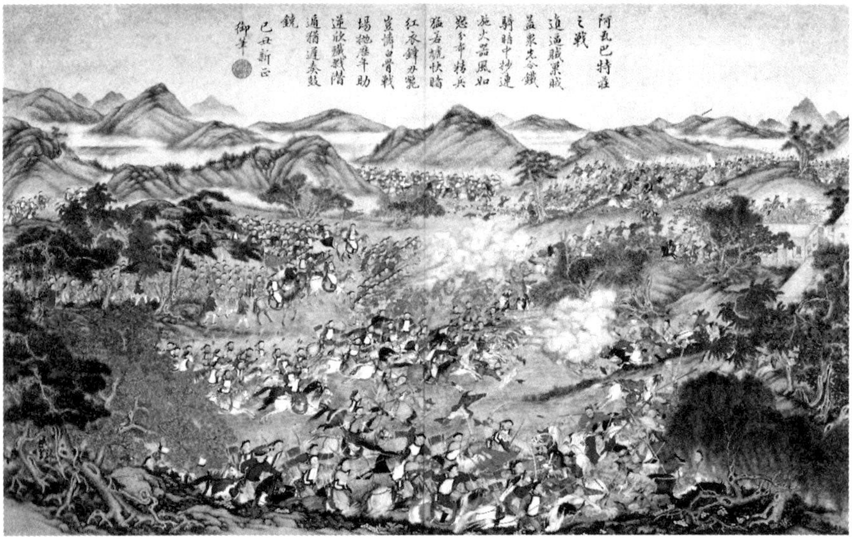

其作战序列是：长龄督令提督杨芳、总兵吕天俸、余步云、成玉等，率领陕甘四川步兵居中；领队倭楞泰、吉勒通阿、安福、卓尔珲保、祥云保、巴哈布、硕隆武等率领马兵，分为两翼；马步各队横排阵势，一鼓齐进。

叛军见官军发起攻击，立即于冈上据险迎拒。

清兵奋勇抢扑，枪炮齐发；叛军佯作退势，企图引诱清军登冈，俟其登至半坡、阵形发生紊乱时，再乘隙实施反击。长龄命令步队以连环枪炮聚击，随放随进，保持严整阵形，稳扎稳打，并乘风施放火弹喷筒。

书中暗表：“连环枪炮”又称作“九进十连环”，是清军运用火器作战的一种标准战术。该战术是由多排鸟枪兵或炮手依次开火和装填弹药，形成持续密集的火力。至于喷筒则是我国古代一种火器，体轻实用，堪称现代火焰喷射器的雏形。它用毛竹做筒，安装木柄，筒内装入含砂的火药。战时，顺风燃放，致使敌兵昏迷，或受烟幕遮障，或飞砂伤及双目而失去判向力，然后乘机攻击。

清军使用这一战法，攻至半坡。密集的火力与腾起的硝烟，将敌步兵有效地压制，使其或抱头伏地，或眯目顾望，堪堪不支。然而，叛军中还拥有大股骑兵，非但未被压制，竟然还胆敢自高处冲下，冒火突烟，拼死冲压清军步队战阵。长龄见状，急令在后跟进的虎衣藤牌兵迎击之。

书中暗表：虎衣藤牌兵是清军中一个兵种，士兵从头到脚一袭虎衣，一手持藤牌（经桐油浸泡，既可防箭镞，还可挡枪子），一手操短刀，专砍马腿，是骑兵的克星。

当此之时，虎衣兵跃舞藤牌，直前疾砍。战马见“虎”无不惊骇，尥蹶嘶鸣，四下奔窜。叛军骑兵驭之不得，遂自相践踏，阵形大乱。

正在这时，自冈后突然杀出一彪叛军伏兵，为首者乃安集延大头目阿瓦子迈玛底。但见那厮身穿猩红战衣，拍马舞刀，直前应援。

然则，螳螂捕蝉，岂知朱雀在后。

就在敌我攻防胶着之际，时间已指向辰巳之交，清军出奇制胜的时候到了！说时迟，那时快，哈朗阿、阿勒罕保各率所伏马队从庄后掩杀而至。

叛军腹背受敌，红衣贼目大惊失色，但已黔驴技穷，分身乏术。

清军前后兜剿，叛军首尾难顾，纷纷败下阵去。清军乘势抢过沙冈，分投追杀，毙敌二三万众，生擒二千有余，斩其酋阿瓦子迈玛底、那尔巴特阿浑等，夺获马匹枪炮无算。待追至洋达玛河岸边，叛军残部已四散远窜，清军随将沿河一带回庄零星匿匪搜剿净尽，始撤回，至沙冈扎营。

二月二十九日，长龄会同杨遇春、武隆阿缮写《官兵三获胜仗》奏折，以六百里加急，奏报道光帝，内称：十日之内，三战三捷，贼已破胆，我兵气益倍。

道光帝览奏欣悦之至，降谕嘉奖：长龄著加恩先赏紫缰，杨遇春著加恩旹加太子太保衔，武隆阿著加恩赏加太子少保衔，并希望前敌将领早日扫平贼穴、生擒匪首，一鼓荡平、迅奏肤功，他本人“惟计日以俟捷音”！

第十九章

决胜浑河沿 收复西四城

决胜浑河沿

所有的计划在跟敌人接触后就烟消云散了。——19 世纪，德意志帝国参谋总长老毛奇如是说。

上回书讲到清军在阿瓦巴特庄大获胜仗，向南追至洋达玛河，逼近张格尔老巢喀什噶尔。这时，有消息传来，称张格尔又凑集了数十万贼众，准备沿途抵挡官军。长龄估计张格尔在战势对其愈加不利的情况下，肯定会全力抗拒。长龄还查明，从目前大军扎营处距喀什噶尔仅七八十里，中隔七里河一道，那里回庄鳞列，道路狭隘，另外，他又从被俘贼匪讯得口供："张格尔羽党尚多，处处均有准备"。于是，长龄判断张格尔最后的设防地点当在七里河，官军将会在那里与敌遭遇。

七里河位于喀什噶尔以北，顾名思义，就是流经城外七里处的一条河流，此乃喀城最后一道天然屏障。

长龄随即派人查探进军线路，很快得到报告：从我军当前所在位置洋达玛河出发，前方只有一条大路通往七里河，中途先要经过一个叫"浑河沿”的渡口。

书中暗表：浑河又名博罗和硕河，“浑河沿”乃浑河上的一处要津，位于喀什噶尔以北十里处。

二月二十九日，清军首先向浑河沿进发。

当初，大军出征时共有三万六千余众，长龄恐敌深沟高垒，遣偏师绕袭我侧后、断我粮道，故每走一程，便多留屯兵，严防后路。所以，当此进军喀什噶尔之时，其实际兵力尚不及二万。长龄令武隆阿、杨芳为先锋，统领主力大军一万数千众头前开进，自己则与杨遇春仅带二三千兵马随后督征。

就在长龄抵近浑河沿时，接到探报：浑河南岸发现贼匪，其势甚众！长龄这才猛然意识到，自己先前判断有误，张格尔关口前移，把防线设在浑河沿，而不是七里河。

大战在即，长龄急忙督率本部人马赶与前锋大军会合。然而，当他赶到浑河北岸时，却连个前锋的影子也没看见，反倒与大股叛军猝然相遇。

浑河沿距喀什噶尔仅十里地。清军前锋大军因迷路失期，尚未赶到这里，而喀城方向的叛军已有十余万众在此拒河守险，以待我军。

隔河望去，但见叛军在南岸凭河列阵，沿滩涂挖掘三道战壕，其后叠筑土冈一道，横亘二十余里。冈上筑有空穴，密布射孔，排列大小炮位。

眼见叛军声势浩大，尤其是如此排兵布阵，长龄不免有些惊诧。虽说是久经沙场，却不曾见过这般阵势。

书中暗表，张格尔叛军在浑河南岸构筑的这片工事是出自英国间谍的勾画，是地地道道的舶来品，所以，没有出过洋的扬威将军不曾见过，倒也不足为怪。原来，英夷眼见张格尔旬日之间连败三仗，意识到如果再不赶紧拉他一把，张格尔恐将休矣，于是帮他选定有利地形设防，并现场指导叛军构筑工事。

这是一种典型的欧洲近代战术，具有防御纵深及强大的火力配置，可以给进攻一方造成极大杀伤。

对岸叛军一见清军进抵浑河沿，立即从土冈上方的射击孔内开炮轰击。声焰腾空而起，炮弹落如雨下。清军连忙四处躲避，并架起连环大炮进行还击，但都被对岸土冈所遮挡，不能对叛军构成威胁。叛军见状士气大振，后续援兵还在不断涌来，越聚越多，鼓号震天，气焰极其嚣张。

在纷飞的炮火中，老将杨遇春独步阵前，观敌料势。敌我夹岸相持，形势对我不利。他注意到：浑河弯曲如弓，渡口位于弓背，随之向南突出，致使我军三面拒敌，而且左右两侧均为苇湖沟渠，步兵马队均难以施展。老将军思索着破敌之策，他把目光投向浑河上游……这时，杨遇春的长子杨国佐策马赶来，劝说父亲此处不可久留。杨遇春回头答道："怕死即不必来！"他见儿子还端坐在马上，随即呵斥"赶快下马"，说时迟，那时快，就在杨国佐滚鞍下马的那一瞬间，一颗流弹呼啸而来，将马鞍击个粉碎……

太阳快落山时，清军在渡口就岸扎下营盘，排列枪炮，严防叛军潜渡偷袭。果不其然，营盘刚刚扎下，叛军数百人竟敢由东面水浅处渡河，偷袭我左军营垒，被我迎头击退。长龄亦从军中挑派二百名水性好的民遣（由流民、遣犯充当的兵勇），组成敢死队，泅渡到对岸，接连三次袭扰贼营。

夜幕降临，四下一片昏黑。对岸叛军阵地传来隆隆炮声，又有长号嘶鸣，伴随着沉闷的击鼓声，竟夜不绝。

三更过后，西南风骤起，撼木扬沙，尘雾晦蒙。

五鼓时分，天已拂晓，狂风沙暴仍在呼啸肆虐，四下仍是一片昏黑。

俗话说："五鼓、三更，关公走麦城。"

此时，在将军大帐内，烛光摇曳不定，长龄忧心如焚：孤军深入与敌相持一昼夜，而武隆阿、杨芳统领的前锋大军仍杳无音信。他判断前锋大军必是深践戎马之地，迷道失期。当下叛军已经占有地利，进逼咫尺，又据上风，借风威，得天时，且敌众我寡，所带区区三千兵马独当叛军十余万众，兵力对比极其悬殊。总之，天时、地利、人和均不在我，若再这么相持下去，一旦被敌察觉我方孤军深入，大队贼匪倘若乘此夜色昏黑抢渡前来，别处援贼再乘间道抄袭我侧后，恐至四面受敌，后果不堪设想！

想到这里，长龄不由得倒吸一口冷气，紧急传令“退营十里”。他打算暂且与叛军脱离接触，待天气转好、大队人马会合后再图进取。

此令一出，军心开始浮动。

当此紧要关头，杨遇春跨步进帐，奋然请缨，欲过河击贼。长龄面露畏难之色，告知因天气不利，打算“退后安营”。杨遇春急呼“不可！”他与长龄观点相左，反倒认为：此乃天助我也！雾晦中贼不辨我有多少兵力，又料想不到我军此刻能渡河进击，出其不意，机不可失！且我为客，利速战，难持久。

见长龄还在犹豫，而情况万分危急，战机稍纵即逝，杨遇春心急如焚，大声说：“留某同毙于此，与国家事何益？如某过河击贼不胜，将军驻兵勿动；击而胜之，提兵接应。”

长龄最终被这种战斗精神所感染，当即收回成命，与杨遇春密为筹划。杨遇春胸有成竹，将破敌之策细细道来：“贼人临河拒守，我兵别无前进之路。倘竟平铺直渡，则彼众我寡，难以得手。唯有乘此风势，合并兵力，潜渡上游，使贼猝不及防，方能出奇制胜。”长龄听罢，许之。

书中暗表：多亏长龄从善如流，否则，将失一令而军败身亡，危矣！

破敌之策已定，中军传令各营，准备战斗！

一杆大纛即于阵前竖起，红旗迎风招展，以示有进无退！

在战斗打响前，让我们稍作停顿，谈点感言：长龄和杨遇春这二位仁兄同为统带千军万马的战将，但在危急关头，其表现却不尽相同：长龄满目都是无法克服的不利因素，而杨遇春却能在同样不利的因素中发现转机之所在。这是由于在杨遇春身上具备一种特质——洞察力，一种透过事物表象发现其内在本质的能力。

为将者必须具有洞察力。因为，最坏的时刻往往可能蕴含着最佳的契机，而且，唯有洞察力才能发现并捕捉到这一契机。

19 世纪初叶，有一位与长龄、杨遇春同时代的将军，他远在欧洲的普鲁士王国，名叫克劳塞维茨，正在写作那部后来被取名为《战争论》的著名书稿。也许正是同样一个夜晚，在微弱摇曳的烛光下，他坚定地写下了眼前这段闪亮的文字：

“在行动中大多需要立马下决心！此时并没有充分的时间给你去重新了解情况，甚至连仔细思考的时间都没有。要想不断地战胜意外事件，就必须具有两种特质：一是在茫茫的黑暗中仍能发出内在的微光以照亮真理的智力；二是敢于跟随这种微光前进的勇气。”

这里所提到的“内在的微光”就是指洞察力。克劳塞维茨将军讲得多么生动形象，而且精辟！

黎明将至，新的一天开始了。时间指向道光七年三月一日（1827年3月27日）。战斗即将打响。

有道是“站在高岸上，遥看颠簸于大海中的行船是愉快的；站在堡垒中，遥看激战中的战场也是愉快的……”所以，还是让我们回到浑河沿继续观战吧。

首先进入我们视线的是，长龄先派一千名索伦骑兵大张旗鼓，沿河下游作欲渡状，用以牵制叛军主力；接着便是杨遇春自率亲兵数十骑，连同二三百名汉南虎头兵，携抬炮数十架，潜赴上游。当此之时也，大风扬沙击面，障敌耳目，清兵乘势骤渡，一踊而过，朝着西南方向迅疾穿插，随即兜转，占据上风头，全力突扑叛军侧后。前锋炮手首先扛炮轰击，炮火借风势并作齐发，一时间天崩地裂，震耳欲聋。炮雨中，杨遇春率二三百马步官兵摧压骤至，竟如百万大军从天而降。

贼营登时大乱。叛军头目急忙掉转兵马拼死抵抗。两相刀矛竞举，枪炮震天。一番混战过后，清军越战越勇，顺着风势直前扑杀，如山奔海立一般；叛军且拒且退，被大风刮得晕头转向，不辨虚实。清军来了个大炮上刺刀，数十门台炮近敌齐射，炮借风威，风啸炮鸣，火光冲天。叛军但见对面红光四射，人高马大，不由得惊呼“关公来了！”军心随之动摇，旋即放弃抵抗，纪律全无，一人倒毙则一队鸟散，一队鸟散则全营狼奔豕突，十万叛军顷刻间溃不成行。

索伦骑兵乘机自下游渡河，与上游的杨遇春前后夹击，踏平叛军阵地。可怜那几个远道而来的英国间谍从此人间蒸发，想必是死于乱军之中，化作他乡之鬼。

克复喀什噶尔

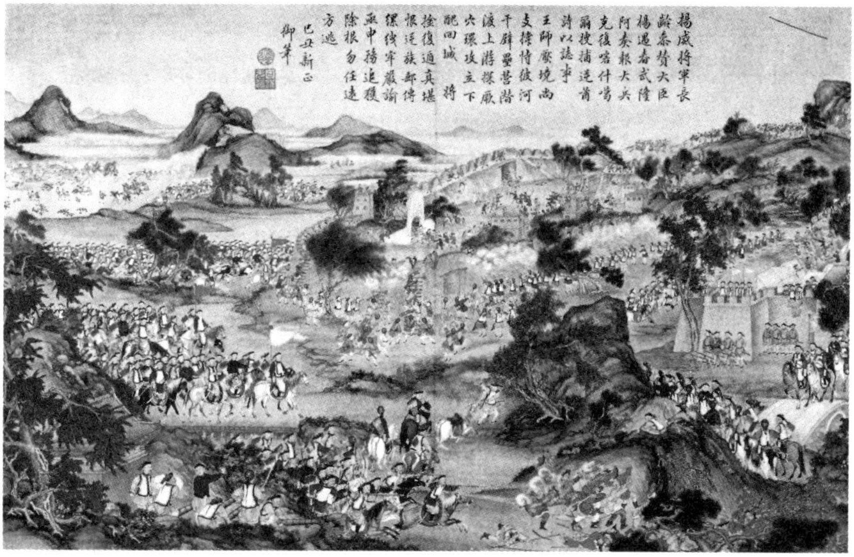

天光大亮时，浑河沿岸风止雾霁，清军竞渡。

先前迷路的武隆阿、杨芳亦率大队人马赶来。长龄令他二人乘势追剿，自己则亲率大营由破城子一带疾进。

且说杨遇春连续作战，不给叛军片刻喘息，迅速率部穿越七里河这一狭窄地带，向喀什噶尔方向展开追击。

追不及五里，惊见有五尊大炮横扑于途。讯问被俘贼匪，方知张格尔昨日下令将镇守喀什噶尔城池的大炮拆卸装运，派人移往浑河沿岸用以阻击官军，孰料行至中途，前方败讯传来，贼匪弃炮而逃。再看这五尊大炮，体型巨大，乌黑发亮，一旦燃放，其威力可想而知；假如清军过河稍迟，而叛军将其移就到位，则对岸“皆在轰毁中矣”！此番情景令在场官兵无不倒吸一口凉气，既后怕又庆幸，对力主出击的杨老将军油然起敬。而杨遇春仅微微一哂，禽兽之变诈几何哉？止增笑耳！他无暇据鞍顾盼，因为追击仍须继续。

但就在这时，长龄派人赶来阻止杨遇春，劝其“勿追”。杨遇春未及多想，只是急切地对来人讲：“战机稍纵即逝，请将军即以大队继进也！”随后一鼓作气追抵喀什噶尔城下。

喀什噶尔是座双孖城，一座是回城，另一座是汉城。杨遇春凭直觉判断，张格尔就在回城内，还未及逃走，于是抢先夺据回城东北之关帝庙隘口，准备发起突袭，一举围而擒之。

首逆已在掌控之中，杨遇春正指挥围擒，恰恰当此紧要关头，长龄、武隆阿、杨芳先后皆到，随之军中忽起流言，讥讽杨遇春“贪功”。

本来是同仇敌忾的战场，怎么一下变成暗箭中伤的职场？有道是：楚河两岸硝烟障，从来暗箭起同行。其实这一切都源于扬威将军战袍下面藏着的“小”。长龄想要亲统大军擒获首逆，拔得头功，而不希望由别人捷足先登。当然，这无非是一私之念而已。

信而见疑，忠而被谤。杨遇春闻听这等流言，登时气塞胸膛，但同时也猛然悟出其中微妙之处，当即中止围捕行动，抽身退到附近的真武宫待命。连日来冲锋逐北，只有在这一刻，杨遇春才感到心力交瘁，遂乃病发，不能督兵。他强打起精神，对身边人讲：“首逆就在前面不远处，尔等速去请命将军，围而捕之可也！”

直到申刻（下午三四点钟），清军大队人马才全部进抵喀什噶尔城下，而最佳围捕时间已白白错过数个时辰。

此时的叛军残部已纷纷窜奔城头，见官军围拢上来，慌忙开枪燃炮，拼命抵抗。

清军向汉、回两城发起攻击。

武隆阿带领马步各队，首先攻克汉城。

长龄这边亲临前敌，督催官兵全力围攻回城。

喀什噶尔回城是南路回疆第一大城。它建在一座土冈之上，斜长有三里多地，四周地势高峻，迂回曲折，城外有众多回户环城而居，当地阿奇木衙门（即总管衙门）就位于回城中央。

长龄命令提督杨芳、总兵余步云、锡伯总管额尔古伦等各率本部兵马，从四面将该城团团围定，枪炮环攻。透过弥漫的硝烟，长龄望见城头上有三四个红衣贼目，上蹿下跳，甚是扎眼。经打听才知道，原来是张格尔的外甥托哩和卓、安集延大头目推立汗及其侄子萨木汗，还有从逆伯克阿布都拉，就是那个坏到家的赵通事。

城上这四个魔头见官兵四面围攻，自料难逃出城，索性率叛军拼死抵抗，作困兽之斗。在叛军中，有一支由英国间谍帮助训练出来的洋枪队，个个号称“神枪手”，他们伏在城头，使用英夷提供的新式滑膛枪瞄准射击，压制清军攻城。而清军中则有一支由土尔扈特、和硕特蒙古部落子弟所组成的马队，尽管其战术动作欠佳，也没经过专业训练，但个个生来就是优秀猎手，枪法、箭法奇准。他们策马冲到城下，使用原始的猎枪和弓箭，将张格尔洋枪队的神枪手一一射杀，定点清除。

攻城清军乘势奋勇直上，或短兵鏖战，或登梯越冈。有一队清兵翻越城垣，冲入城内敌阵，首先攻破阿奇木衙门，抓获活贼带回审讯。活贼交代：张格尔此前一直居住在阿奇木衙门，今早闻听大兵过河击败贼匪，当即带领骑贼数十人乘间窜逸，不知去向。

长龄闻听张格尔跑了，心中暗叫“不好”，马上派遣官兵分投查拿。官兵冲进阿奇木衙署，逐屋仔细搜查，还是没有发现张格尔踪迹，最后在衙署后面的官邸内，当场将张格尔的妻室爱则尔毕比等三口搜获，还抓获巴布顶之子阿里雅汗，也就是张格尔那个前不久由浩罕送回来的侄子。清军当即严讯，但他们都供称不知张格尔下落。

夜幕降临，长龄挑灯夜战，继续督催兵马全力攻击回城。清兵手持松明火把层层逼近，用连环大炮轰击各城门。东城门于当夜被攻破，长龄随令二千步队入城剿捕，其余马步各队仍在城外严密围堵。经内外剿杀，擒戮叛军无数，当场击毙张格尔的外甥托哩和卓，以及贼目阿布都克里木、萨木萨克等三十余名，擒获安集延大头目推立汗、萨木汗以及从逆伯克、回人大头目阿布都拉（即赵通事）。

次日黎明，回城其余三座城门也被攻破。至此，清军彻底克复喀什噶尔。

长龄随即进城安抚黑帽回众，指望他们能将张格尔捉来见他。但遗憾的是，这些黑帽回众告诉长龄：张格尔于大兵未到城下之前，就已带领马贼逃走，听说逃往英吉沙尔、叶尔羌等处，但不知确否？

长龄又将推立汗、阿布都拉等贼目提来，反反复复详加审讯。推立汗交代：现在卡伦以外有黑帽回众堵御，浩罕又与张格尔不和，所以张格尔应该不敢往卡外逃窜，也不会投奔浩罕。从前，我们曾经商量过，如果打了败仗，官兵打过来，只有先逃往英吉沙尔、叶尔羌，然后再视情况而定。赵通事也交代：张格尔只打算逃赴英吉沙尔、叶尔羌等处，当时走得匆忙，实在没来得及商定具体去向。

长龄听罢这些口供，将信将疑，遂将英吉沙尔和叶尔羌两地列为重要追剿目标，但他仍不死心，又提审张格尔妻室爱则尔毕比等三人，伊等同供：初一日，张格尔闻知官兵渡河，即骑马出城迎拒，嘱我等不必害怕，并没说要逃走……于是，长龄又抱着一线希望，连日来，派令清军带同黑帽回众，在喀什噶尔城内及城外各处回庄挨门逐户仔细搜查，严防张格尔藏匿其间。他期待着会有意外收获。

书中暗表：长龄不会有什么意外收获了。战场形势瞬息万变，有利战机稍纵即逝，张格尔已于当日深夜，借夜幕掩护，率三百骑冲出南门逃逸。正是一己私念，导致张格尔在必获之际又一次侥幸逃脱；也正是这一念之私，随之其后，几乎给长龄招致灭顶之灾。有道是“戴盆何以望天？”不弃私心，必误公干！扬威将军在今后的工作中，真应该“狠斗私字一闪念”了。

此后，官兵又陆续拿获贼目阿布都勒依木等一百六十三人，这些人都是张格尔所任命的伯克（土官），还有从逆回众二千八百余人。这批人都相当顽固，当长龄问及张格尔逃窜踪迹时，得到的回答却是众口一词：“不知道。”长龄只得于讯明之后，即行正法。

喀什噶尔之战，清军共消灭叛军六万余众，生擒四千余名，缴获大神炮四尊、劈山炮二百余门、鸟枪五千余杆、火药二万余斤，弓箭、刀矛、铅弹等项无算。

战前，道光帝曾传谕长龄等前敌将领："庆祥婴城固守，为国捐躯，朕垂泪览之，可悯之至"，特指示"寻找庆祥尸身作何下落，务须于克复喀什噶尔时，先行查明，舆榇回京"。

克复喀什噶尔后，长龄谨遵圣旨，立即寻找庆祥等去年守城尽节的将士们的遗骸。据说，城陷之时，庆祥自缢后，有一个叫翟凤鸣的兵丁将其尸身移至衙署上房安置，但克复之日，整个衙署都早已被叛军焚毁夷平，以致无从寻觅。

长龄怀着沉痛的心情，前去凭吊被叛军焚毁的参赞大臣衙署，正是在这里，庆祥以身殉国。他奏请道光帝将衙署废墟改建为"昭忠祠"（相当于今之爱国主义教育基地），用以旌表庆祥的壮烈气节。长龄与庆祥同为朝廷命官，而且曾一起在新疆共过事，袍泽之谊笃深。此时此刻，他希望能够尽快找寻到死者的骸骨，妥为成殓，尽一份生者的责任，以免长逝者魂魄私恨无穷！然而，清军讯遍所俘贼匪，得到的回答竟然都是"不知当日抛弃何处？"长龄虽尽全力，仍无从寻获，最后仅找到庆祥生前使用过的一方银印，而且已被贼匪用刀砍得疤痕累累。睹物伤情，可以想见当时张格尔叛军对我大清官员何等残忍，以及对天朝威仪任加亵渎。

既然如此，好，那就以血还血、以牙还牙、冤冤相报吧！

长龄派人将所有能寻到的上年喀什噶尔阵亡官兵的骸骨，妥为收殓，立冢从葬。然后，安设庆祥（生前任喀什噶尔参赞大臣）、舒尔哈善（生前任喀什噶尔帮办大臣）、乌凌阿（生前任领队大臣）、穆克登布（生前任领队大臣）及众官兵牌位，将安集延大头目推立汗、从逆伯克阿布都拉（即赵通事）连同该逆之子阿布都萨塔尔，拖到牌位前，凌迟致祭，以慰忠魂。

下一步计将安出？

长龄考虑喀什噶尔刚刚克复，当地回众情绪还没稳定下来，而且还有很多被打散的贼匪藏匿附近，所以，他决定坐镇喀什噶尔搜拿余贼，抚驭良善，故派令杨遇春、武隆阿即日带兵向英吉沙尔、叶尔羌等处进剿，并指示二位参赞："确探张逆去向，赶紧跟踪追捕，务使元恶迅速就擒，以绝根株而申天讨！"

杨遇春本来气塞病倒，他实在憎恶那些暗地里中伤他的人。然而，卧病之时，有件往事却在杨遇春的脑海中依稀浮现。他清楚地记得，那是嘉庆十九年三月的一天，先帝在北京玉泉山前，曾执手相嘱："将来如有军务，卿须为我独当一面。"十多年过去了，先帝的殷殷嘱托仍在耳畔回响。杨遇春意识到，如果此时自己一病不起，既有负平生之志，更有负先帝生前嘱托与当今圣上之皇恩浩荡，所以，他必须马上振作起来！

杨遇春毕竟是习武之人，靠内功自我调理，身体很快复原，又继续踏上征程。

收复英吉沙尔

杨遇春、武隆阿率七千兵马自喀什噶尔起程后，对沿途所过回庄逐一搜查，但都没有发现张格尔踪迹，仅拿获白帽贼匪五百余名，随经讯明，就地正法。

当清军进至距英吉沙尔五十余里处时，遇到一群黑帽回众在此迎候，他们由阿布都瓦依提带领，向官军投诚，并呈献马匹粮草。杨遇春、武隆阿向其详加讯问城中贼情，阿布都瓦依提回禀：张格尔并未逃往英吉沙尔，至于逃往何处，实不知情，而且守城贼目伪阿奇木（伪总管）迈玛特呢雅斯等人也已乘间窜逸，不知所往。尔后，阿布都瓦依提郑重表明："我们黑帽回子不敢背叛，至有今日，实系为贼所逼，无可如何，只求恩准归降，情愿帮拿贼匪。"杨遇春、武隆阿当众宣示天朝威德，令其将助逆贼匪逐一指拿。黑帽回众伏地磕头，甚为威服。杨遇春随派官军由黑帽回众引导先行入城。

英吉沙尔不战而下。

三月初五日，杨遇春、武隆阿入城。这时，先期入城的清军已在黑帽回众的协助下，从城中搜拿从逆贼匪三百余名，收缴枪炮刀矛等各种武器二千余件。杨、武二将查看城内情形，感到黑帽回众诚心投顺，当面加以安抚，随后对所获贼匪进行审讯，查问张格尔逃踪。这伙贼匪对从逆罪状供认不讳，但对张格尔逃往何处实际上也并不知情。

其间，清军还在城中收殓上年尽节官兵尸骨，发现所遗枯骸甚多，而且都已无从辨认。悲愤之余，杨遇春、武隆阿下令立冢从葬，安设前英吉沙尔领队大臣苏伦保及阵亡官兵牌位，将所获逆贼三百六十一名拖到牌位前，分别凌迟骈首致祭。

此次随杨遇春、武隆阿一同进城的有一位当地回众头领，他就是前任叶尔羌阿奇木（回务总管）玉素普。该总管效忠朝廷，去年张格尔叛军攻陷叶尔羌时，不肯从贼，被张格尔囚禁于喀什噶尔，直到清军克复喀城后，才从监中被解救出来。长龄见玉素普深明大义，堪以任用，便派他跟随杨遇春、武隆阿前往英吉沙尔。

当时，道光帝授以前敌将领便宜行事的权力。收复英吉沙尔后，其善后事宜须交由当地阿奇木（回务总管）办理，杨遇春即先行委令玉素普代理英吉沙尔阿奇木之职，传恩旨赏给二品顶戴，令其“妥抚良回，搜拿余孽，查办一切”。

在城防部署上，杨遇春与武隆阿酌留西安官兵五百名，派令甘肃游击周悦胜管带，与玉素普总管一同驻守英吉沙尔，镇抚地方。另外，又重新安设台站，恢复了遭叛军破坏的交通通信。

清军下一个进军目标是叶尔羌。

叶尔羌城池之大、人口之众，数倍于喀什噶尔，而且还曾是张格尔的祖父——大和卓波罗尼都的老巢兼起家之地，从前官兵前往那里剿匪时，曾遭遇过诈降。杨遇春、武隆阿鉴于那里情况复杂，不可不加意防备，于是英吉沙尔一经收复，就先派头等侍卫阿布都尔满潜赴叶尔羌，查探情形，以便相机剿抚。

当下，料理完应办要务，杨遇春、武隆阿统领大军继续西进，驰赴叶尔羌追拿张格尔。

收复叶尔羌

且说杨遇春、武隆阿督率马步官兵，望叶尔羌方向搜索前进。行至中途，武隆阿突发旧疾，四肢剧痛，而军中条件简陋，不能医治，念及军务紧要，武隆阿不敢勉强支撑，随将所带兵马交给杨遇春统领，他本人则暂返喀什噶尔紧急调治。

三月十六日，杨遇春统兵进入叶尔羌地界，就在距城二十里一个叫倭巴的地方，与此前派往叶尔羌查探敌情的阿布都尔满相遇。阿布都尔满不虚此行，策反得手。当下，他带领叶尔羌的大小阿浑、伯克（回教教主、当地土官）前来迎接官军，恳乞投诚，并缚献守城贼目乌舒尔巴凯等十一人，交出全部武器弹药及马匹，还禀报：另有贼匪一百六十余名已被拿获，现于城中监禁。

杨遇春仔细盘问张格尔下落，众人回答：张格尔并未前来，现正连日派人到各处查探，实在不知道张格尔确切消息，只知道本城贼首伪阿奇木（伪总管）博巴克前于三月初三日，闻知大兵已打过阿瓦巴特庄，张格尔连吃三次败仗，心中害怕，就带着一百数十号人马，逃往色勒库尔一带去了。

当日，杨遇春带领官军入城收抚。叶尔羌亦不战而下。

书中暗表：杨遇春长年驻扎甘肃，镇守西北，其威名远播关外西域。此次平定回疆之役，当地回众惧其威名，尊称他为“哈萨谙班”。哈萨是“美髯”之意，谙班是“尊长”之意，二者合之即为“大胡子爷爷”。由此观之，英、叶二城一闻杨遇春之名，便不战而下，良有以也。

入城后，清军挨户搜查，又拿获贼匪五百余名，但仍未发现张格尔踪迹。杨遇春提讯所获贼匪，这帮贼人都说“不知张格尔去向”。

与前面各城情况相同，清军在搜城时，收殓到去年遇害官兵的遗骨甚多，堆积如山，无从辨认。杨遇春下令立冢从葬，安设叶尔羌尽节大臣官兵牌位，将所获贼匪讯明正身，逐个凌迟骈首，致祭忠魂。

且说叶尔羌收复后，南疆西四城只剩下和阗一城尚未收复。和阗原属黑山派的势力范围，去年被叛军占据，但却是张格尔统治链条中较为薄弱的一环，而今和阗叛军已陷入孤立无援、朝不保夕的绝境。

杨遇春认为，官兵业已连复三城，现在必须趁我军声威震慑之际，赶紧戡定和阗，只有这样，今后才可以集中精力查拿首逆张格尔。此前，他已派本地可靠之人伊斯玛依尔潜往和阗，秘密联络和阗黑山派大阿浑穆图巴拉，侦探该城匪情。当下，伊斯玛依尔回营禀报：和阗尚有贼匪，他们是安集延贼目爱玛尔阿里及喀什噶尔贼目玉努斯等人，带领安集延马贼和惰兰回子等共计一千五百人在彼盘踞。

杨遇春本想亲提兵马灭之，但考虑到叶尔羌位于西四城居中要地，刚刚收复，地广人稠，还有诸多收抚事宜尚未了结，所以，他本人一时无法脱身，于是决定派提督杨芳率领队大臣哈朗阿、阿勒罕保、总管额尔古伦等，挑带精兵四千五百余名，驰往剿办。

收复和阗

三月十九日，杨芳自叶尔羌起程，率马步官兵四千五百人直取和阗。

和阗原属黑山派势力范围，现在虽被叛军占据，却是张格尔统治链条中相对薄弱的一环。随着英吉沙尔、叶尔羌不战而下，收复和阗已成破竹之势。

起初，一切进展顺利。清军途经大小回庄，当地回众欢歌起舞，夹道迎降。杨芳宣示天朝恩威，回众无不伏地感威。清军还在黑山派的帮助下，顺带查获当地张格尔党羽二百余人。当此之时，杨芳颇为乐观，预计和阗大阿浑穆图巴拉已在前面迎候官军，两相里应外合，和阗亦将不战而下。

然而，意想不到的事情发生了。中途，清军抓到三十个刚从和阗窜逃出来的毛贼，从他们嘴里得到一个坏消息：穆图巴拉等人已遇害身亡。

原来，穆图巴拉在接到杨遇春派伊斯玛依尔送来的指令后，便开始行动。他先在城中秘密联络黑山派回众作为内应，随后又带上自己的儿子，与伊斯玛依尔等人一同出城，在城外一个叫二台的地方迎候官兵，并准备就地堵截和阗叛军的退路。没承想，走漏风声，这一切被那个叫爱玛尔阿里的安集延贼目获知。这斯极为凶悍，乘清军未到之前，抢先下手，疾率数百贼匪奇袭二台，将穆图巴拉父子及伊斯玛依尔等人全部杀害，随即窜进山里逃走。

杨芳讯明情况，悲愤填膺，当即将这伙毛贼就地正法，并派人驰返叶尔羌速报杨遇春。杨遇春闻讯，亦吃惊不小，急调城中马步官兵一千四百多人赶往策应。很快，杨芳手中兵力增至六千，军威甚壮，望和阗杀奔而来。

三月二十六日，杨芳督师行至杂古牙尔地方扎营，当晚探获重要情报：前方距此六十里，一个叫毗拉满的地方，有贼匪数千。杨芳传令全军枕戈待旦，天明进剿！

书中暗表：这伙贼匪乃和阗叛军主力。当时，盘踞在和阗的叛军大头领噶尔勒，早已探听到清军收复叶尔羌的消息，起初，他与同伙玉努斯商量准备逃走，但又害怕半道被官兵拿住，于是心一横，遂决计拼死抵拒。噶尔勒纠集当地无赖三千人，再加上他先前带来的安集延兵及回兵一千五百人，总共拼凑了四千五百人，随他一同前往毗拉满阻挡官兵，同时，他还派令玉努斯带人随后接应。

次日五鼓，天将明，杨芳整队进发。午时，大军掩至毗拉满，迎见数千叛军排阵击鼓，施放枪炮，直前抗拒，气焰甚嚣尘上。

杨芳迅即排兵布阵：他与锡伯总管额尔古伦带领伊犁马队居左，领队大臣阿勒罕保带领索伦马队居右，总兵余步云带领步队居中，领队大臣哈朗阿带领吉林马队潜由北面沙山驰抄贼后。

清军马步协同，四路夹击，往来冲杀，而叛军阵前，有一贼目身穿花衣（此乃噶尔勒），跨马挥旗，驱众死战。但经清军奋勇冲杀，贼势渐渐不支。

忽然，从东南沙山后冲出另一执旗贼目（此乃玉努斯），带领骑贼五六百人前来接应。双方搅作一团，枪矢交加，刀矛相接。

混战中，有吉林佐领富尔松阿、固原把总韩国彦、兵丁田兴起等清军将士冲入敌阵，直欲擒贼擒王，但田兴起不幸被贼砍伤左额，血流满面，左臂又被长矛刺伤，踉跄出阵，而富尔松阿、韩国彦仍并力向前扑杀，最终将花衣贼目噶尔勒擒获。

叛军失去指挥，开始溃逃。清军乘势追杀二十余里，大获全胜。此战，斩杀二千三百余贼，生擒一千余口，夺获武器弹药无数，仅玉努斯等零星残匪趁乱脱逃。

当日申时（下午四五点钟），战斗结束，清军就地扎营。

次日（二十八日）乘胜进军，一日无战事。

二十九日辰刻，行至距和阗三十里处，见此地已聚集黑山派回众千余人，在道旁迎接官兵入城。杨芳询知城内已无叛军，遂命阿勒罕保、余步云先带官兵入城安抚，自己随后跟进。至此，和阗收复。

进城后，清军查封存粮，起获军械，传令各庄回目（村长）搜拿余匪。杨芳委令随同前来的沙雅尔阿奇木伯克巴彦岱代理和阗阿奇木（回务总管）事务，查办一切善后事宜，又派人将贼目噶尔勒解送喀什噶尔大营讯办。

其间，杨芳还专意寻访前任和阗办事大臣奕湄、桂斌下落，乃得知去年城破之时，这二位朝廷命官均投涝池（蓄水池）自尽，后被叛军捞出，抛弃城外。杨芳派人出城各处寻找，但所获遗骨都已无法辨认，只得将其收殓齐全，在城西择地立冢丛葬，下令戮贼致祭，修建祠院，以慰英灵。

肃清卡内逃匪

道光帝曾指示长龄等人：张格尔必须拿获，自不待言，至于喀什噶尔贼首左霍尔、英吉沙尔守城贼目伪阿奇木（伪总管）迈玛特呢雅斯、叶尔羌贼目博巴克、和阗逸贼玉努斯与爱玛尔阿里等，助逆肆虐，亦必应赶紧拿获，立正典刑！

当下，杨遇春在叶尔羌调兵遣将，拿获多名钦犯。

拿获玉努斯

先是叶尔羌代总管阿布都尔满打探到和阗贼目玉努斯被杨芳击败后，带领残匪数十人从一个叫桑珠的地方窜逃出卡，他迅速将这一情报禀报杨遇春。杨遇春传令总兵余步云、总管额尔古伦带兵前往剿捕。

四月十四日，余步云、额尔古伦带领本部兵马追至位于叶尔羌南面不远处的哈哈里克，忽遇贼匪从山中窜出，挡住道路。令人大出意外的是，这伙贼匪根本不像是玉努斯那股区区数十人残匪，而是由众多步兵、骑兵排列而成的“堂堂战阵”。

书中暗表，其实，这正是玉努斯所带兵马。原来，这厮在逃窜途中，又于沿途各处裹胁二千多人，伏聚一处，图谋顽抗。

当下，余步云、额尔古伦无暇多虑，立即传令摆开阵势，督率官兵直前扑击。玉努斯挥舞一面破旗，率众拼死迎拒，与官军短兵搅杀。战至多时，贼势始不能支，纷纷溃散。清军鼓勇鏖战，击毙贼匪三四百名，余匪奔逸。清军乘胜追杀三四十里，将余匪诛擒殆尽，仅玉努斯只身逃脱。

杨遇春继续分派官兵分投兜捕，到处张贴悬赏告示，并令阿布都尔满多派回兵于要路堵截。余步云、额尔古伦亦差派官兵，会同回兵跟踪搜剿。最后在叶尔羌树窝子一个叫故玛的地方，将玉努斯拿获，押解回营。据其交代：此次遇见官兵，自知没路可走，于是聚众死抗，不想官兵甚是厉害，敌不住，逃至树窝子被拿。杨遇春随于审明后，将玉努斯凌迟处死，并重赏了出力的回兵。

再说那些获赏的回兵回去后再接再厉，不久又在叶尔羌城东一个叫和勒木的地方，查获另一在逃贼目伊瞒及其儿子、兄弟共八人，将其一并拿解前来，交与杨遇春审讯。据伊瞒交代，他曾带领回匪在都齐特台、浑巴什河、洋阿里等处与官兵打过仗，是张格尔亲信头目，后来被张格尔派去与玉努斯一起夺回和阗，再后来闻听大兵克复喀什噶尔，便带同兄四人、儿子三人，逃往叶尔羌河东和勒木地方潜匿，今被拿获。杨遇春讯明后，将伊瞒等八人正法。

生擒左霍尔、爱玛尔阿里

还在三月中旬，杨遇春刚刚收复叶尔羌不久，他得到确切情报：喀什噶尔伪伯克左霍尔带领着一伙被打散的安集延贼匪，约有七八十人，潜藏在色勒库尔。色勒库尔位于叶尔羌城西南方向的大山中，距城八站地，三四百里开外。

此前，杨遇春就已听说从逆伯克、叶尔羌伪阿奇木（总管）博巴克逃往那里，甚至还有传言说张格尔也在那里或阿赖等处藏匿。色勒库尔一时间成了重点目标。

于是，杨遇春决意剿洗之！他派副将胡超带领马步官兵二千余人，跟踪追剿左霍尔，又嘱令胡超顺道查拿博巴克，并查明张格尔是否逃往色勒库尔或阿赖等处藏匿。一有确信，即行飞报。

四月十五日，胡超带兵进至色勒库尔卡伦。在这里，他没有打听到有关张格尔和博巴克的消息,但却意外探明和阗逃匪爱玛尔阿里的下落。这厮在和阗二台袭杀投诚回众后，便带领手下贼匪千余人，由山内逃往色勒库尔卡伦一带潜藏。而且，据当地布鲁特头领报告，爱玛尔阿里现与左霍尔合污一处，就在前方一处玛杂（墓地）内屯住，距卡伦仅五十余里。

胡超闻听很是兴奋：正好将他们一网打尽！

次日五鼓，天将明，胡超带兵出卡，向前追至玛杂地方。没想到这伙贼匪虽说是釜底余生，却仍然负隅顽抗。胡超提兵扑杀，锐不可当，转眼间斩杀一百余贼，生擒三十五口，余匪又复奔窜。胡超挥兵分抄捷往，进至新地沟，迎头截杀，生擒贼首左霍尔、爱玛尔阿里、迈玛第尔等二十名，余贼全行剿尽，夺获鸟枪马匹甚多。随将左霍尔、爱玛尔阿里等押解至叶尔羌，杨遇春于讯明后，将其就地正法。

此后，叶尔羌、和阗一带的匪患已基本肃清，四城已定，后顾无虞。长龄接受杨遇春的建议，调乌鲁木齐提督达凌阿带领乌鲁木齐官兵前往叶尔羌驻守，接替杨遇春本人；调宁夏镇总兵史善载带领本标官兵一千名前往和阗驻守，接替杨芳。杨遇春、杨芳则率本部官兵返回喀什噶尔，相机出卡追捕张格尔。

第二十章

首逆漏网 主上震怒

以收复西四城为标志，道光帝领导的“复定回疆”之役全面告捷，张格尔之乱被平息下去，但是，“四城克复，元恶未除”，叛首张格尔漏网逃脱，未被捕获。道光帝此番动用了一千多万两帑银，调集了数万大军，为的就是要捉住张格尔，一扬天威，而现在首恶却跑得不知去向，以致道光帝极为关注的最重要目标不能实现，为此，道光帝责令长龄等人尽快将张格尔擒拿归案，活要见人，死要见尸。

扬威将军长龄当然知道擒获张格尔的重要性，也清楚没有擒获张格尔、让其漏网逃脱的严重后果。

还在清军攻克喀什噶尔的当天（三月初一日），由于未见张格尔其人，长龄马上命令清军在全城挨户搜查，同时，又对被活捉的张格尔之妻爱则尔毕比、张格尔之侄阿里雅等人严加讯问，但他们均不知张格尔下落。这时，归附清军的黑山派回众前来报信，称张格尔可能逃往英吉沙尔、叶尔羌等处。于是，长龄派令杨遇春、武隆阿立刻领兵向英吉沙尔、叶尔羌进发。

道光帝在接阅克复喀城却未抓获张格尔的奏报后，十分懊恼！他对长龄深为不满，命军机大臣传谕长龄：张格尔技穷逃窜，早就在我意料之中，所以，屡次饬令尔等，要设法堵截，防其逃遁，简直是一而再、再而三地告诫你们。现在，兵临城下，大功即将告成，却又让张格尔跑掉，实深痛恨，殊失朕望！饬令长龄等人赶紧分兵追捕，务必活捉张格尔，否则大兵入疆，劳师糜饷，仅拿获一二名张格尔家属来搪塞责任，将来你们有何脸面见朕？！

三天后（三月初五日），英吉沙尔收复，仍不见张格尔踪影。道光帝闻讯，余怒未息，将张格尔逃窜未获归咎于长龄等前敌将领“办理不善”，当即俱以处分，命革去长龄紫缰；撤掉杨遇春太子太保衔，保留太子少保衔；撤掉武隆阿太子少保衔，以示惩创，并告诫长龄等人：“倘竟任该逆远飏，仅以歼获贼目、收复城池，草率塞责，则是老师糜饷，大负朕望，惟该将军等是问！”

十天后（三月十六日），叶尔羌收复，张格尔仍下落不明，长龄由此判断，张格尔“自已窜出卡伦”。至于张格尔逃往卡外何处，当时根据被俘贼匪口供，有的说张格尔逃往塔什霍尔罕（色勒库尔），有的说逃往阿赖。长龄查见这两个地方一南一北，终究没有一个确切的方向，认为不足为凭，但又一想，虽无确切方向，张格尔大概也不会逃出这一带。于是，长龄一面檄谕卡外各部落协同截拿，一面继续调遣官兵分投查探。

当道光帝（于四月二十四日）得知张格尔逃出卡外，恼怒之余，终于旧事重提，秋后算账，对长龄当初未按他所指示的“分路进兵、出奇制胜”方略进兵，大加谴责：我早就料到，一旦大兵会集回疆，张格尔势必技穷奔窜，所以屡次谕令长龄等人，要分路进兵，出奇制胜。而长龄等却认为分路进剿，不如统归一路，可使叛匪猝不及防。我以为你们身处前线，随宜调度，一定确有把握，所以才批准你们的方案。而实际上，早在喀什噶尔克复之前，张格尔就已潜逃。你们迟滞一个月之久，才知道张格尔并未逃往英吉沙尔、叶尔羌，而是早已窜出卡伦。直到此时，你们才如梦方醒。我看了你们的奏折，实深愤懑！

接着，道光帝又连珠炮似的向长龄发问：

根据你前面所奏报的，你不是让伊萨克挑派六名可靠回子，分往喀什噶尔、叶尔羌等处，联络当地众伯克回户等去拘拿张格尔吗？你不是又令噶尔察等人前往卡外各部落，传檄晓谕，责令他们将张格尔逮住交给我们吗？到快要进兵之时，你又说有黑帽回子自愿纠集族众，待大兵到日，设法帮助我们擒拿张格尔，为什么这些布置始终没有产生作用？是不是我方所派去的间谍被贼匪察觉而遇害了？抑或是你们谋而未行，一奏塞责？

至于黑帽回子自愿效顺朝廷，表示协助抓住张格尔，想必其耳目能接近张格尔，那么，为什么在克复喀城之前并没有预先布置？克城之后，又没能指明张格尔的下落？其所谓"效顺"表现在哪里？你们既无成竹在胸，又岂能统筹全局？……现在，根据贼匪的口供，说张格尔逃往塔什霍尔罕或阿赖，但这并不是切实的下落。总之，你们必须侦探到张格尔的确切行踪，设法掩捕，务必计出万全，期于必获。如果久让张格尔在逃，以致老师糜饷，唯长龄等是问！你们自己说该当何罪？

在道光帝的追问下，长龄这才不得不硬着头皮向圣上禀明实情：他在战前布置的那些出奇制胜招数均未奏效，安排的内应未能得手，派去的内线被当地白帽回子察觉，通风报信给张格尔，被张格尔拿住杀害了。至于卡外各布鲁特部落，虽经连续遣人出卡，前往分送檄谕，并且刊刻悬赏告示，分投遍行颁发，但还没收到实质性的成效。然而，长龄认为，现在正当跟踪捉拿张逆吃紧之时，卡外部落繁多，且路杂山深，最容易成为藏奸之地。最后，长龄表示：臣等唯有善为驾驭，设法羁縻，务使怀德畏威，一体效力，以期速擒首逆，上慰宸廑，断不敢少涉疏懈，自干重咎。

道光帝得知这些情况后，非常失望，朱批：览奏又成虚盼矣！奈何？奈何？

不过，直到这时候，长龄对近期抓获张格尔还是很乐观的，他在另一份奏折中这样表述道："待西四城全收复后，我军后路即可无虑。况且此时我大兵声势威赫，已经屡次檄谕各回夷部落，谅他们不敢窝留张格尔。又听说浩罕早与张格尔不和，布鲁特人又多半没有归附张格尔，所以，即使张格尔逃出卡外，窜匿偷生，也超不出布噶尔、安集廷，以及汰劣克、阿坦台这几处地界。将来大兵出卡，均可以利用我军声威对他们进行威慑，令他们交出张格尔。现在，我经过权衡轻重缓急后，认为当务之急是：催令回夷各部落并力拦截抓捕张格尔，并多派可靠之人出卡，分投打探张格尔行踪，同时将已收复的喀什噶尔、英吉沙尔、叶尔羌三城严密布防，抓紧收复和阗。一俟全局肃清，我军得到张格尔确切下落，就立即分兵出卡。无论张逆隐匿何处，总可以跟踪追往，专力擒拿，以申天讨。”

道光帝对长龄这种乐观情绪颇为不悦，讥呵道：“在收复喀什噶尔之前，若能这样布置，张格尔肯定早就被抓住了，你们也可同获重赏，那该是多么尽善尽美啊？乃延至月余，尚未探有逃往何处确信。朕十分愤懑！”

三月二十九日，和阗收复，至此，西四城全部收复。长龄、杨遇春、武隆阿以六百里加紧向道光帝报捷。道光帝却冷冷批道：“四城虽定，逆首未得，眼看莫大之功赏，汝等不能承受，朕又恨又惜”！道光帝对长龄、杨遇春、武隆阿仍未抓获张格尔很不满意，尤其是长龄等人直到现在还不知道张格尔的确切逃向，更是令他“何堪愤懑！”降旨斥责道：“殊不成话！张格尔逃走四十余日，你们还没探得准确信息，长龄安坐于喀什噶尔，简直就如同聋子和瞎子一样，只是以空言塞责，于事何济？”道光帝要求长龄等诸将，此时必须赶紧探明张格尔确切的潜匿地点，设法擒献，期在必得，断不准任其漏网！如果能迅速擒获张格尔，朕不但不会因为你们延迟战事而降罪于你们，长龄等人仍可渥受厚恩，否则，何颜对朕也？勉之！懔之！

面对圣上严旨切责，长龄不敢怠慢，于四月间西四城全部收复之后，又加派兵力分投查探张格尔下落，并四处张贴悬赏布告，广泛动员当地民众参与缉捕，赏格定为白银十万两。同时，他还决定移兵卡外，震以声威，使卡外各部落发自内心畏服天朝，逼他们赶紧擒献张格尔。

当时，杨遇春正在叶尔羌驻扎，忙于办理英吉沙尔、叶尔羌、和阗三城善后事宜，长龄只好商令刚刚病愈的参赞大臣武隆阿带兵出卡。武隆阿判断张格尔有可能会沿着入卡时的旧路逃出卡外，所以，他统领马步官兵四千二百名，先行驰往图舒克塔什，于卡外驻扎，一面派人查探张格尔下落，一面相机追捕。

见清军压境，图舒克塔什一带的部落首领，连忙派人前来向武隆阿禀告，说张格尔并没到他们这里来。武隆阿起初将信将疑，随后证实张格尔确实不在此地。这不免令武隆阿颇感失算，加之在卡外连日遭遇风雪，刚刚病愈的武隆阿体虚受寒，右臂甚痛，只得收兵返回喀什噶尔。

四月二十二日，长龄具折，将武隆阿带兵出卡扑空的情形驰奏圣上。

五月十六日，道光帝览奏，怒气飙升，斥之“一派空言！”责问长龄“早应筹及，何待今日如梦方醒？”接着，又旧事重提，连加痛斥：

“长龄自到军营，节经降旨，勿令张逆逃出卡外，不啻至再至三，乃张逆于三月初一日从数十骑遁去，距四月二十二日发折时，已五十余日。该逆虽如鬼如蜮，何至毫无踪影？该将军等所办何事？……试思兴师动众，若不速得首逆，作何了局？长龄等将何颜对朕耶？……所奏现商令武隆阿挑派满汉官兵四千二百名，驰赴图舒克塔什卡外暂行驻扎，该参赞若遵照前旨，早由乌什草地前进，岂但张逆可就擒获，亦必早膺懋赏，又何必如此周章也？”

盛怒之下，道光帝给长龄下了死命令：务须查明张格尔确实下落，设法擒拿，期于必获！

总之，三、四月间，长龄、杨遇春、武隆阿这三位前敌将领都在全力搜捕张格尔，尽管抓获若干钦犯，但由于回疆地域辽阔，山多路杂，部落众多，张格尔又只是率领少数亲信死党窜逃，忽东忽西，飘移不定，致使清军一时很难找到张格尔确切藏身之所。

四城既下，首犯未获。道光帝一天一天算着日子，催逼要人，而张格尔活不见人、死不见尸，四下茫然。一道道圣旨，从天而降，落到喀什噶尔清军大营，如雷贯耳，长龄每每跪聆之下，惶恐万状，寝食难安。而就在他一筹莫展、焦虑万分之际，一封被截获的密信，似乎使事态出现了转机。

第二十一章

出卡穷追　两路驰捕

四月，探得张格尔在木吉潜匿，清军密往掩捕

道光七年四月末的一天（大概是四月二十八日或二十九日），阿克苏二品阿奇木伯克伊萨克在卡内拿获四名形迹可疑之人，当即押送喀什噶尔清军大营。长龄对他们逐一加以严讯。开始这四人都不肯从实招来，但一封密信却使其露出马脚。这封密信是从一个名叫巴依莫特的布鲁特人身上搜出来的，它是由喀城通事（翻译）推列特写给爱散阿浑的，内称："喀什噶尔……现在官兵甚多，查拿紧急，和卓（即指张格尔）且在木吉居住，如有机会，我再送信去告知和卓。"

巴依莫特见事已败露，无法狡赖，又扛不住清兵的刑讯拷问，这才供认不讳。

原来，张格尔于三月初一日，闻听自己最后那支有生力量在浑河沿被官军打败后，便立即策马出城，沿塔什密里克庄一侧的开齐山小路逃出卡外，由巴依莫特等人陪着逃到了木吉。

在木吉落脚后，张格尔又叫巴依莫特等四人从小路偷偷摸回卡内，替他给威塔什庄的温巴什、巴布顶，还有塔什密里克庄的玉子巴什、

密尔阿布拉、通事推列特等人送信，让他们探听清军共有多少人马？几时出卡追击？

巴依莫特等人进卡后，先见到了巴布顶、密尔阿布拉，这两人都说“探明再写回信”，后又见到推列特。作为通事（翻译）的推列特消息灵通，他告诉巴依莫特等人：喀城这里“大兵甚多”，请张格尔且在木吉住着听信，并回复书信一封，让巴依莫特带上，但没承想，巴依莫特四人走到半道就被清军给拿住了。

巴依莫特还交代：张格尔身边现有喀什噶尔阿浑（通经教主）爱散，以及博巴克（原驻守叶尔羌的贼目）、托呼达、迈玛特呢雅斯（原英吉沙尔守城贼目、伪阿奇木总管）、集阳伯克（伙同张格尔反叛的布鲁特头目）等几个头人，还带着沿途纠约的五百多人。这伙人正在木吉那里暂住，听候消息。另外，他还听张格尔等人说过：如果官兵多，就要前往汰劣克、阿坦台处躲避；如官兵少，就打算向浩罕、汰劣克等处借兵，再来进卡打仗。但不知此时他们走了没有？

长龄审罢，立即派人赶往捉拿通匪者。只可惜巴布项、密尔阿布拉已经逃走，仅将推列特拿获，向其追查张格尔那封密信原件，该犯坚供已烧毁无存。清军随将推列特及巴依莫特等犯一并正法。

书中暗表：木吉位于喀什噶尔西南方向三百多里处，是一个很重要的通外山口，当初，英国间谍援助张格尔的武器弹药就是通过这里偷运入卡的。

长龄根据所获口供，判断张格尔一伙很可能仍在木吉潜匿，并没跑远，随即布置抓捕行动。长龄本打算派武隆阿带兵出卡追剿，但武隆阿右臂病痛尚未痊愈，动转维艰，于是只得调遣其他将领。他首先派令都司张贵福带七百精兵，组成一支尖兵分队，全员改穿回民装束，怀揣利刃，扮成一支出卡贸易的回民马帮，又令伊萨克挑派二十三名熟悉卡外道路且忠实可靠的回民为其带路。四月三十日，张贵福部自乌帕拉特卡伦潜出，秘密前往木吉实施抓捕。临行前，长龄谆嘱张贵福：一旦探明张格尔确实下落，就出其不意，乘夜动手。

第一批人马出发后，长龄紧接着又派遣第二批、第三批官兵络绎出卡，随后接应。他派副将郭继昌带步兵六百紧随张贵福之后，又派领队大臣安福、倭楞泰、祥云保率一千四百名骑兵继之。这二千马步官兵俱带一月口粮，由伊勒古楚卡伦鱼贯而出，驰往木吉。稍后，长龄再派副将琦忠、周志林带领五百四川兵丁，西安协领德惠带领三百西安满兵，一同前出至伊勒古楚卡伦外驻扎，相机接应出卡官兵。总的算下来，长龄用于木吉抓捕行动的官兵共计三千五百余众，他们分批出卡，尽量减小目标，同时又暗中保持联络，前后呼应，互为应援。

长龄对这次抓捕行动成竹在胸，特以六百里驰奏京师："谅该逆釜底游魂，无难克期就获"，恭请圣上放心。

道光帝接到奏报后，晓谕长龄："张逆现在木吉地方潜匿，惟当严饬各该员等出其不意，密速掩捕，万不可再任远扬，又致费手。"尔后又怅然批道："首逆尚未就获，朕心何能稍释？"

且说都司张贵福带着那支扮成商队的清军，饥餐渴饮，晓行夜宿，于五月四日抵达一个叫克克里木的地方。在这里，张贵福打探到张格尔确实还在木吉潜匿，随身仅带四五百人。显然，张格尔尚未察觉清军这一动向，当此之时，张贵福如果按照长龄所嘱咐的那样"出其不意，乘夜动手"，很可能一举成擒。因为他手中这七百精兵，无论在数量上还是战斗力方面均优于对方，而且还有大队接应兵马紧随其后。可是，非常遗憾，当张贵福闻听"木吉一带还有许多布鲁特人"时，便犹豫不前了。他担心有张格尔的耳目混在布鲁特人当中，如果我兵少有声张，必致该逆闻风逃窜。于是，张贵福先差人前去探路，随后又将队伍带到一处偏僻之地隐蔽起来，坐等探报。直到数日后，副将郭继昌带接应兵马赶来，与之兵合为一处，这才继续前进。

然而，战机稍纵即逝，一次出其不意抓捕张格尔的机会，就这样被错失掉了。

五月，获悉张格尔又窜往拉克沙

五月十二日，副将郭继昌带兵行抵赫子尔达巴罕，渐近木吉之时，却传来一个令人沮丧的消息：张格尔已由木吉窜往拉克沙。

原来，张格尔此前在木吉屯驻期间，曾差人前往浩罕借兵，没想到，浩罕方面不但没有答应，反而扬言要拿献张格尔请功。张格尔闻听甚惧，匆忙窜往拉克沙一带的山里躲藏起来。

拉克沙位于帕米尔高原深处，北接阿赖岭，南临色勒库尔，距喀拉提锦较近，并与达尔瓦斯、珲都斯、布噶尔、拔达克山等处相通，它距清军追兵所在位置——赫子尔达巴罕，足足有十余站之遥（约三百多里地），而且道路极为幽险。

郭继昌派人将这一重要情况迅速报与长龄，又于次日领兵过山，望拉克沙方向进发。一路之上，他安抚沿途布鲁特民众，让他们照常安居乐业，希望他们能够协同官军设法围拿张格尔，另外，他还派人潜往拉克沙探查张格尔确切行踪。当行至一个叫倭里塔克的地方时，郭继昌传令队伍在此扎营，等候探报。就在这时，忽有兵丁禀报：望见西南方向色尔库勒沟口赫子尔拉克地方，有马步贼匪数百人执旗擂鼓，从沟口冲出，直向我军营盘而来。

是张格尔那厮吗？来得正好！郭继昌急忙带兵迎击。

前行约二三里，见贼匪抢上沙山，清军旋即扑至山下。贼匪居高临下，开枪抵抗。郭继昌命都司张贵福带领马队从左侧抄上，守备朱贵带领步队从右侧抄上，他本人亲率一队兵马从中路奋勇攻上沙山。但见枪箭齐发，贼匪奔溃。清军追杀贼匪二百数十名，活捉十四名。随又追至三十里之外，见有四五十个残匪逃奔西面雪山，正欲兜剿，忽然风雪大作，清军不便穷追，于是收兵回营。

回营后，郭继昌审讯活贼，乃知这三百多贼匪并非张格尔人马，而是从和阗逃窜过来的一股残匪。他们由安集延头目爱吉迈玛特带领，一路上绕山行走，打算前往阿赖寻找张格尔，当行至赫子尔拉克时，见沿滩有放牧的马匹，前面扎有营盘，不知是官军还是当地回民，于是擂鼓前来，不料遭遇官军冲杀，他们的头目爱吉迈玛特已被官兵用枪打死了。

也是在这一天稍晚些时候，在郭继昌后面跟进的领队大臣祥云保，率清军马队行至一处山口时，正好遇见刚从倭里塔克败窜下来的那几十号残匪。这股残匪一见官军便弃马奔上雪山，清兵亦弃马上山，将其追杀殆尽。随后，祥云保领兵赶到倭里塔克，与郭继昌合营一处。

什克南伯克库布特派人送信，提出帮助清军诱擒张格尔

长龄坐镇喀什噶尔大营，闻听张格尔又逃到拉克沙，出卡官兵没能抓到张格尔，仅消灭一股正在准备投奔张格尔的残匪，内心不免失望，当即飞饬副将郭继昌“务须慎密探捕”。还好，就在这时，提督达凌阿将两个汉民送到大营，他们携有重要情报，给长龄带来利好消息。

这两人一个叫白凤仪，另一个叫冯世清，均为陕西榆林府人。他们向长龄禀报：他二人过去一直在喀什噶尔经商，去年张格尔破城后，把他二人发往境外的什克南，交给当地回人为奴。如今大兵压境，什克南伯克（即什克南地方头领）库布特将他二人放出，让他二人前来报信，转告将军大人，前日由将军大人发来的要他们擒献张格尔的谕帖（指令）已经接到。现在，库布特探听到张格尔就在什克南以北的喀拉提锦一带藏匿，手下还有数百人。本年闰五月十二日古尔邦节是当地回民过年的时节，库布特打算将张格尔诱至什克南过节。届时，如能拿住张格尔，就马上将其押解前来请功；若拿不住，就派人将各处关口堵住，差人给将军大人送信，等待官兵前来围捕。

空口无凭，为了表明所言不虚，什克南伯克库布特还特地托白、冯二人转报长龄：今有在什克南藏匿、前曾伙同张格尔造反的布鲁特头目集阳伯克，已被拿住，随后便差人押解前来。

长龄注意到库布特所报张格尔藏匿之处喀拉提锦，与郭继昌前日所报的拉克沙，二者所在方位大致相符，由此推断库布特提供的情报是可信的，尤其是该伯克还打算乘过年时节诱擒张格尔，亦足见他“有心效顺”。所以，长龄当即派人随同白、冯二人赶回什克南，传谕奖励库布特伯克，令其赶紧设法擒献张格尔，事成之后，他这边一定会“照

格封赏”。同时，长龄还特别提醒库布特“毋得稍漏风声，致令（张格尔）复行远窜”。

的确，长龄此时最为担心的就是张格尔“复行远窜”。因为自拉克沙再向西行走仅三四十里，就出了大清疆域。张格尔一旦逃往域外，清军追剿就会更为艰难。于是，长龄又决定派老将杨遇春、杨芳各领兵马，分投出卡进剿，接应前已出卡的官兵，设法将张格尔解决在拉克沙。随后（五月二十二日）由六百里加急，将上述情况变化奏报道光帝。

二十天后，正在“无时不悬盼捷音”的道光帝接到长龄紧急奏报时，开始还以为是抓住了张格尔，最起码也该是抓到张格尔的重要亲属，可拆开一看才知张格尔“又窜到拉克沙地方”，官军无非还是跟踪追捕老一套。道光帝非常失望，随即在奏折上批道：“本日（闰五月二十日）据长龄等由六百里加紧奏报，朕意必是擒逆捷音，或得逆属，览奏又成虚盼矣！奈何？奈何？……朕心悬万里，亟望捷音之至！”

道光帝命军机大臣传谕长龄：当前“总以必获张逆为要”！接着，又进一步提醒他：“计此时克复四城已及数月……长龄惟当一面督饬将弁，设法擒拿首逆；一面将善后事宜悉心核酌，赶紧妥办，毋再以空言塞责！”

杨遇春、杨芳各领兵马分路出卡追捕，清军千里跃进帕米尔高原

还在四月二十五日，杨遇春就已由叶尔羌返回喀什噶尔。鉴于卡外道路险远，情况复杂，他向长龄建议，我军只宜在卡伦之外一二站内驻扎，示以兵威，不要深入，而长龄则坚称“首逆可得”，必欲穷追。五月十八日，杨遇春奉将军命，统领马步官兵三千余名，由图木舒克卡伦出卡，向南取道色勒库尔，驰赴拉克沙抓捕张格尔。

再说副将郭继昌最终探明张格尔确实就在拉克沙山内“依险藏匿”，身边尚有贼党数百人，而且还获悉，张格尔因害怕浩罕派兵前来拿他，

又差人赶往达尔瓦斯部落借兵，当地部落头领以“马瘦”为由，没有借兵给他。郭继昌随将这一重要情况驰报长龄。

长龄闻听张格尔又跟达尔瓦斯部落有勾结，立刻警觉起来，他迅速查明在拉克沙山后有一条大河，水深流急，河上系有一道铁索浮桥，连接对岸达尔瓦斯各部落，想必此前张格尔所派之人正是经由此桥窜往达尔瓦斯借兵的。因此，长龄担心官军一旦前往拉克沙拿捕张格尔，那厮情急之下，将会“越山过桥”，向达尔瓦斯逃窜，于是飞令郭继昌选派得力官兵，绕山潜往，先将浮桥拆毁，切断张格尔逃路，然后再实施抓捕。

拆桥指令发出后，长龄又担心郭继昌因分兵拆桥，有可能减弱其堵截张格尔的兵力。刚好，五月二十四日这一天，提督杨芳带领马步官兵自和阗返回喀什噶尔大营，长龄当即派令杨芳驰援郭继昌部，督办拆桥，追堵张格尔逃路；同时，长龄还嘱令杨芳率兵赴浩罕边境，示以兵威，责其拿献张格尔，并催要张格尔家属及匪首博巴克。

杨芳得令后，连忙于次日凌晨率马步官兵一千一百余名，由喀浪圭出卡，向北直奔阿赖岭而去。

阿赖岭位于达尔瓦斯与浩罕之间，只有前出至阿赖岭，向南可堵截张格尔由拉克沙窜往达尔瓦斯的逃路，向北可陈兵浩罕边界，迫其交出人犯。

至此，长龄已派八千六百余名清军出卡，将手中一万七千兵马近半数移师帕米尔高原。尽管最初单刀直入似的秘密抓捕未能得手，但此时清军已从帕米尔高原南北两个方向张开两翼，形成分进合击之势，即：杨遇春督率南路清军沿色勒库尔，杨芳督率北路清军沿阿赖岭，同时向张格尔藏身之地拉克沙进剿。

帕米尔高原位于大清国最西端，平均海拔4000～7700米。“帕米尔”一词乃当地塔吉克语“世界屋脊”之意，而早在中国汉朝就以“葱岭”相称，古丝绸之路在此经过。清朝全盛时期，帕米尔高原全境归属大清，阿尔楚尔帕地区曾立有乾隆御制记功碑，用以宣示主权。

帕米尔高原地形复杂，气候多变。它不是一块平坦的高原，而是由几组山脉和山脉之间的谷地所构成，喜马拉雅山脉、喀喇昆仑山脉、昆仑山脉、天山山脉、兴都库什山脉五大山脉于此汇集，犹如群龙聚首，形成一个巨大山结。巍巍高原之上，崇山峻岭纵横交错，雪峰连绵直插云天；冰川倒挂于百尺悬崖边，倾泻而下；急流湍行于万丈深谷间，奔腾咆哮；更哪堪，寒风凄劲，春夏飞雪，昼夜飘风，冰雪厚度可深达百米。

正是当地极其恶劣的自然条件以及由此导致的重重险阻，使得帕米尔高原成为古丝绸之路上最为艰难的一程。它曾阻隔了马其顿铁骑的东进之路，也曾阻拦了汉代名将班超的西征步伐，如今又将奈我大清将士何？还是让我们拭目以待。

卡外部落纷来归顺

上回书说过，还在西四城收复之初，长龄就向卡外所有布鲁特部落发出牒文，要求他们帮同官军擒拿匪首，引渡张格尔，而今更有杨遇春、杨芳两员大将统领大队清军出卡，千里跃进帕米尔高原，卡外为之震动，这既是对隐含敌意者的警告，也是对心怀期望者的鼓舞。各部落首领纷纷派人前来表示投诚归顺。

闰五月初四日，色勒库尔、什克南、瓦罕、拔达克山、干竺特等部落首领（伯克）各差亲信头人作为信使，结队来到喀什噶尔清军大营。

扬威将军长龄与参赞大臣武隆阿接见了他们，并详加垂询各部落情况。来使纷纷表示：前蒙颁发的谕帖（指令）都已收到。我们向来感戴大皇帝天恩，情愿出力报效，现各差亲信头人来营叩见将军大人，恳求代为向大皇帝奏报。

随之其后，干竺特部落信使代表本部落伯克呈进表文一通、金一两五钱，恳求转呈大皇帝，又呈送长龄及武隆阿金四钱、回褐（粗布）二匹；瓦罕部落信使代表本部落伯克呈送长龄、武隆阿腰刀一把、马三匹、细狗二只。

长龄笑而纳之，当面谕之：尔等诚心效顺，自当代为陈奏。现在张逆在拉克沙一带，尔等务须赶紧前往，设法擒拿，以膺莫大封赏。

来使喏喏，均称：我们已经派人于各境要路堵截，虽不能越境搜拿，张格尔如到我们地方，必定生擒送赴大营。

长龄察言观色，见他们俱出于至诚，于是本着天朝上国对番邦外夷“薄来厚往”的惯例，摆设筵宴，优加奖赏，并回赏各部落首领若干元宝、绸缎、茶叶、布匹等物，令其各自带回转交，随后派兵把这些来使护送出卡。

送走这帮来使后，长龄颇为自得：现在外夷各部落，甚至包括此前从逆的阿坦台、汰劣克等在内，均表示已差人到各处要隘堵截，谅张格尔不能远窜，再加上官军已分路往捕，定可指日就获。

道光帝（闰五月二十九日）接到长龄上述奏报，认为“布置尚属周密”，并晓谕长龄“朕惟日夜伫望驰奏红旗”！

不过，当时唯一令道光君臣心存悬念的乃是浩罕对天朝的态度。这个急剧膨胀的番邦部落还没有派人前来输诚。

浩罕遣使前来打探虚实

在剿灭张格尔的过程中，浩罕与清廷事实上已处于军事上直接对抗状态，有大批浩罕军官和兵弁参加了张格尔叛乱。清廷早已获知，起初并不想深究其来历，直到道光帝六年十一月的上谕还宣称：“从逆安集延想系该部落（指浩罕）贸易回子，挟嫌滋事，未必全部落皆助该逆，亦不必差人檄谕。”随着浩罕介入程度的加深，清廷对其态度则日趋严厉。道光七年四月，长龄接到上谕：“必当严行檄谕浩罕……如竟敢纵匿，即当移兵进剿！”

为此，长龄曾两次派遣使节驰往浩罕，严发檄谕，催逼浩罕伯克（清朝官方仍称浩罕国王为“伯克”）将张格尔重要亲属，包括其原配及原配所生之子、其弟巴布顶之子布噶尔、其兄玉素普及玉素普的二个儿子，先行交出，如敢存留，立即提兵往剿！后又谕令浩罕国王协同官军截擒张格尔，如果张格尔窜往浩罕，须立即擒拿，交送清军大营，扬威将军定会奏请皇上，照格封赏；倘敢放纵或藏匿张格尔，不日大兵压境，必当痛加剿洗，不要自贻后悔！

但，令人失望，清军大营一直没有收到浩罕的回复。

在得知浩罕不肯借兵给张格尔并扬言要擒献张格尔的传闻后，长龄对浩罕又产生幻想，寻思如果情况属实，“更可乘机导谕”，于是又特地派了一个叫谈禄的把总（清军绿营低级军官），驰往浩罕，催令交出张格尔家属，并告知张格尔窜逃行踪，令其赶紧协拿，以膺封赏。

其实，浩罕那边也在密切关注着清军动向。浩罕国王马达里汗做贼心虚，在获悉正有一路清军（即杨芳那路）向浩罕边界开进时，便担心清军是以追剿张格尔为由，对他去年出兵援助张格尔的行为进行报复，当下派遣头人密尔杂爱斯玛特，前往喀什噶尔清军大营窥探虚实。

闰五月二十四日，密尔杂爱斯玛特来到大营，呈递上浩罕国王的回禀（回函）。长龄质问浩罕来使：去年缘何犯我大清疆界？对方诡称：（当初）我们的汗王因闻张格尔进卡滋事，曾带兵前来帮助官兵，并差人进城（指喀什噶尔汉城）送信，而参赞（指时任喀什噶尔参赞大臣的庆祥）未给回复，反将我方信使杀害，是以我们的汗王立即带兵返回浩罕。

显然，浩罕方面否认它曾援助过张格尔的行径。长龄听罢，心中暗骂：一派胡言！

接着，又听密尔杂爱斯玛特继续陈述：此时大兵到来，将军差人前去发给谕帖，让我们帮着捉拿张格尔，但因张格尔不敢回到浩罕，所以未能擒献。现在我们赶紧设法擒拿，还求大兵稍缓前进，以免张格尔闻风远窜。

长龄开始还以为浩罕此次遣使来营，就像几天前什克南诸部落那样，也是来投诚归顺的，听到这里他才明白，其真正来意乃是试图阻止官军继续进剿。长龄责问密尔杂爱斯玛特：尔等即使不能马上擒献张格尔，因何不立即将张逆家属子侄交出？

对方狡辩道：若先行送出，张格尔愈加畏惧，更不敢回浩罕了。我们只是想先将张格尔擒住，然后再交出其家属。

长龄有问，来使有答，其混账说词虽闻所未闻，但也似乎不无几分歪理。长龄于是晓以利害，见来使伏地叩头，便本着天朝上国之富有与宽容大度，对来使优加赏赉，然后令其携带我方回谕（回函）星夜驰返。

在回谕中，长龄令浩罕赶快拿出一个擒拿张格尔的办法，限二十日内，速即遣人来营禀报。

在北京的道光帝，当得知浩罕派人到大营呈递回禀后，马上降旨提醒长龄，浩罕这是在“甘言诱我，不足凭信。其求大兵缓进，此则系其本心”。不过，道光帝也心存幻想，希望二十日期限到后，能从浩罕那里得到令人满意的答复。

然而，在规定的二十天期限内，长龄并没有得到答复，直到又过了二十多天，浩罕这才派人再次来到清军大营。

七月十三日，浩罕使者额尔勒巴杂尔比、密尔杂爱斯玛特二人，由清军把总谈禄带引着来到大营，向长龄呈递浩罕国王的来函。在函中，马达里汗以张格尔并未逃入浩罕境内为由，提出愿意派兵一万前往境外擒拿，并代为拘禁，条件是“恳求多赏元宝”，也就是说要长龄支付足够多的费用。

这简直就是把我天朝上国对尔等番邦宵小的宽容大度，当成尔等不要脸的资本！

长龄被激怒了，当即传见浩罕来使，谕以严正警告：

“天朝欲拿张逆，因恐扰累尔等外夷地方，是以檄令各部落出力擒献，可膺封赏，此系大皇帝体恤外夷之恩意。否则，大兵自进剿以来，旬日之内杀贼数十万，连复四城，仅剩张格尔穷蹙出卡，若要追击，何难之有？岂要尔处帮兵助力？尔处既不肯拿献，以后尔处永远不必入卡贸易！”

长龄这番话的意思是：我天朝大兵攻无不取，战无不胜，抓个张格尔并不算什么难事。之所以让你们帮忙出力，乃是我大清皇帝对你们的恩恤。最后，长龄严正警告对方：若不肯照办，以后就别来卡内做生意。——在长龄看来，禁止浩罕与我大清贸易，就等于斩断了浩罕的财路，扼其七寸命门。

长龄讲完，果见来使“词色之间，甚形愧惧”。其实，他哪里知道，那是来者正暗中咬牙切齿，怀恨在心。

在浩罕来使呈上浩罕国王送来的皮张、驼绒、布匹、食物后，余怒未消的长龄仅勉强收下食物一项，其余则全部退回，随后酌赏来使一些绸布、茶叶，发给回谕，打发走人。

在旁观者看来，大清朝与浩罕之间的藩属关系，连一点表面形式也快要维持不下去了。

六月，获悉张格尔窜往达尔瓦斯之藏堪。秋起霜落，清军欲罢不忍、欲进不能

前文说过，当清军探得张格尔窜往拉克沙之时，又另有情报显示张格尔在喀拉提锦一带藏匿。喀拉提锦位于拉克沙北面，两地相距并不太远。于是，长龄便派人传令喀拉提锦部落帮助擒拿张格尔。不久，喀拉提锦部落有一个叫萨底克的头目，匆匆来营向长龄禀报：张格尔并没有在他们喀拉提锦那里藏匿，而是早已窜往达尔瓦斯了，而且，就在本年五月间，他在达尔瓦斯伯克沙伊布拉依木那里，曾亲眼看见张格尔。当时，张格尔带着托胡塔等数十人，前去送给沙伊布拉依木鞍辔、腰刀等物，要向达尔瓦斯部落借调兵马与官军打仗。沙伊布拉依木伯克未允，仅回赠张格尔一顶蒙古包和一些粮食，并留张格尔在达尔瓦斯居住。

萨底克还表示说，他本人因承袭了朝廷赐给他祖上的四品顶翎，为感激天恩，所以前来送信，并表示愿意出力报效。

长龄听罢，断定达尔瓦斯伯克沙伊布拉依木已将张格尔“引赴”（接往）达尔瓦斯了，于是乘机对萨底克谆谆以教，还特意让他参观了贮备在营中用来悬赏捉拿张格尔的十万两赏银，并告知：你如果能商同达尔瓦斯伯克，将张格尔一伙迅速缚献，这十万两赏银就赏给你二人所有。

小狗儿没见过大食。从来没见过这么多银子的萨底克，闻听此言，立时两眼放光，非常兴奋，且极艳羡，连忙动身赶往达尔瓦斯，急着与达尔瓦斯部落首领商量如何抓人领赏。

书中暗表：张格尔又窜往达尔瓦斯，这对清军来说不是个好消息。它表明此前什克南部落首领设套诱捕张格尔的计谋已经落空，清军费尽周折拆毁拉克沙通往达尔瓦斯的铁索桥也没能阻止张格尔继续远逃。须知：达尔瓦斯比拉克沙又向西远去十余站（三四百里），它不但已越出大清疆域，而且也几乎快要超脱大清朝的势力范围。与此相反的是，达尔瓦斯却离浩罕不远，已进入浩罕军队经常出没的地方。这必将给清军尔后的抓捕行动带来更大的麻烦，尤其是在与浩罕关系日趋紧张的情况下，这种麻烦已带有擦枪走火的危险性。

长龄并没有意识到这种危险性的存在，他一面传命杨遇春、杨芳分带官兵，改向达尔瓦斯继续前往追捕张格尔，一面以六百里加紧驰奏道光帝。

远在北京的道光帝览奏非常失望，命军机大臣传谕长龄：连日盼望西师红旗。本日（六月十六日）长龄等由六百里加紧驰奏……览奏殊负朕望！前因张逆窜至拉克沙，副将郭继昌等潜断铁索浮桥，杜该逆窜往达尔瓦斯之路。兹据奏：达尔瓦斯伯克沙伊布拉依木将该逆引赴（接往）达尔瓦斯地方。是我兵纵已将桥拆毁，该逆已由拉克沙逃赴达尔瓦斯。

正是张格尔逃往达尔瓦斯这件事，使道光帝开始对卡外各部落的忠诚度产生怀疑，并对长龄轻信外夷所言甚为不悦。他责问长龄：喀拉提锦布鲁特头目萨底克既然愿意出力报效，又亲眼看见张格尔带领数十人穷蹙逃往达尔瓦斯，那么，他设法就地将张格尔一伙擒获，交给我们，这有何难？有必要先远道入卡送信，然后再回去商量抓捕吗？这分明是“狡诈”。此前，各处侦探张格尔藏身之地始终没有一个确定的方位，这是由于张格尔行迹无常，还是卡外部落为了试探官军而用假话来糊弄我们？长龄不加深查，动辄就上报。试问，张格尔如果真有确切踪迹，各部落又同心效顺朝廷，那么，何至于都过去四五个月这么久了，张格尔仍没抓住，竟同海捕？

显然，道光帝对长龄迟迟抓不到张格尔已是越发不满，疑虑失望之情溢于言表。

杨遇春驻军色勒库尔

且说杨遇春自五月十八日领兵出卡后，首先朝着色勒库尔方向进发。他对所经过的布鲁特各部落，随处加以抚谕，这些部落也都甚为恭顺，纷纷表示：“如果张逆窜来，必当出力擒献。”所以，一路之上没有受到人为干扰，唯有沿途恶劣的自然环境，着实给行军造成巨大阻碍。

从喀什噶尔前往色勒库尔，千里征程，绝大部分是崎岖盘旋的山路。山从人面起，云傍马头生。行进间，眼前每每是高山仰止的雪岭冰峰，脚下是冰雪融化形成的众多溪流，水深处还须搭桥躐渡，所以行军速度非常缓慢。

经过艰难跋涉，杨遇春带兵行抵色勒库尔。色勒库尔乃当地塔吉克语“群山之首”之意。它位于帕米尔高原迤东，是南疆重要门户。当初，杨遇春收复叶尔羌时，曾听说叶尔羌贼首伪阿奇木（伪总管）博巴克逃往色勒库尔一带，后又听说张格尔也逃到这里，再后才确定张格尔等匪首窜往拉克沙藏身。当下，杨遇春准备取道色勒库尔前往拉克沙擒之。

然而，在实地查看由色勒库尔通往拉克沙的路径后，杨遇春发现前面的山川形势更为险要，道路状况尤为复杂，若令大兵继续前进，后路粮运难以为继。大兵断难深入！杨遇春决定驻军色勒库尔。

在色勒库尔，杨遇春一面向当地部落首领迈玛特沙示以恩信，晓谕天朝所要抓的只有张格尔一人，绝不会扰累当地回民百姓；一面继续打探张格尔的消息，随后便探得张格尔已从拉克沙逃到达尔瓦斯，在藏堪地方藏匿。

前面已经说过，达尔瓦斯已远远越出大清疆界，而藏堪更是一处极为幽深之地。

稍后，杨遇春又探得一个看似不坏的消息：达尔瓦斯伯克沙伊布拉依木已将张格尔圈住……

得到这一消息后，色勒库尔伯克迈玛特沙自告奋勇，向杨遇春请缨，愿带五百回兵为向导，帮助清军前去抓捕张格尔。于是，杨遇春就让迈玛特沙先带领回兵驰赴什克南，会同什克南伯克库布特，一同前往达尔瓦斯,晓谕达尔瓦斯伯克沙伊布拉依木设法擒贼立功。紧接着,杨遇春又派令副将胡超挑带奋勇官兵一千名，连夜跟进。

道光帝在北京得到这个好消息后也很兴奋，认为“张格尔如果被达尔瓦斯圈住，此系极好机会”！他肯定了杨遇春的部署，并充满乐观地想象着：“此时，（张格尔）当已迅速就擒。朕惟计日以待！”

然而，事情远非道光帝所想象的那么乐观。

且说色勒库尔伯克迈玛特沙带领五百回兵起程后，因沿途河深水急、山径崎险，走了二十多天才抵达什克南部落。当他向什克南伯克库布特商议同往达尔瓦斯擒拿张格尔时，没承想，这却让库布特颇感为难。此前，什克南伯克库布特曾设计在家门口诱擒张格尔，结果没成，现在他更感觉没有把握，认为什克南这里与达尔瓦斯相距甚远，平素并无往来，如果就这么径直前往，未免太过冒失，唯有选派可靠之人先赴达尔瓦斯探明情况，然后再设法办理，这样才不失稳妥。

杨遇春闻之甚急。让他焦虑的是，探马往返送信，路途上又需耽搁不少时日，刻下，已将近秋季，天气逐渐寒冷，转瞬大雪封山，官兵势难久驻。于是，杨遇春飞催副将胡超驰赴什克南，督同迈玛特沙、库布特迅速出动，设法擒拿张格尔，毋再迟缓！同时，他还差人分谕达尔瓦斯及其附近各布鲁特部落，一同帮助官军堵截张格尔，勿令他窜！

然而，胡超带领清军从什克南北上达尔瓦斯，沿途水深路险，更有甚者，在靠近达尔瓦斯的各处要口，均有当地布鲁特人把守（境外布鲁特人多听命于浩罕）；浩罕又派安集延兵沿边设险，以致胡超不能领兵深入。

当时，清军尽力避免与浩罕及卡外布鲁特部落发生冲突（即所谓“召衅外夷”），所以，杨遇春不便向浩罕等提出诘责。隐忍之下，杨遇春开始意识到：自己这一路恐怕已难得手。

六月十六日，立秋。道光君臣都不愿意见到的秋天如期而至。这意味着大雪即将封山，出卡追捕张格尔的行动无论结果如何，都该结束了。

道光帝悲秋之余，内心极为焦虑地关注着回疆战事：达尔瓦斯是否缚献张逆？浩罕是否协擒，并能否献出该逆亲属？他把长龄呈报上来的奏折，按照时间顺序又都一一浏览了一番，看到的结果是：张格尔越跑越远。这令他不能不迁怒于长龄，当日降旨：

“综阅该将军节次奏报，张逆愈窜愈远。倘各部落观望、领兵各员迁延，日复一日，作何了局？非但老师糜饷，抑且启外夷轻视之心，成何事体？现在大营官兵计一万八千余名，旷日持久，费用愈大，转饷愈难；且困兽犹斗，张逆虽釜底游魂，相从尚有数百人，卡外部落，皆其同类。我兵出卡虽有八千六百余名，尤须加意提防，不可恃勇深入。转瞬大雪封山，计将安出？该将军等务立定主意，一面檄谕各部落擒拿张逆，期于必获；一面将卡外各兵妥慎筹酌，可撤即撤。一切善后应办事宜，迅速办理，毋徒以空言塞责。倘一筹莫展，虚糜粮饷，则惟长龄等是问！朕必执法严惩，毋谓言之不早也！”

道光帝在谕旨中指出，回疆战事旷日持久，不仅仅是劳累军队、浪费军饷这么简单，还会引起卡外部落对我大清威仪的轻视。他要求长龄不可冒进，在大雪封山前，早点拿定主意，不可犹豫，赶快将卡外各路兵马撤回，并严词提醒长龄，如果再这么拖下去而没有办法解决，他将受到严惩。

七月一日，杨遇春在色勒库尔接到道光帝命他回京觐见的圣旨。

原来，这份圣旨早在六月一日即已下至喀什噶尔清军大营，内容是“命参赞大臣杨遇春来京陛见，以提督杨芳为参赞大臣”，只是因为当时杨遇春、杨芳领兵出卡多日，行走甚远，一时半会儿撤不回来，于是，长龄奏请道光帝恩准杨遇春“暂缓起程”。过后，长龄派人自喀什噶尔辗转千里、历经多日跋涉，才将这道圣旨送到军前。帕米尔高原道路之险远，由此可见一斑。

杨遇春奉旨之日，屈指一算，自己督师出卡已两月有余，却终究没有追到张格尔，他不得不承认自己这一路已“别无可乘机会”，不久，在接到长龄的撤军命令后，即传令远赴什克南追剿的副将胡超带领所部官兵，押上前不久由什克南伯克拿获的那个叛匪大头目集阳伯克，撤返色勒库尔，随他一道返回喀什噶尔大营。

书中暗表：集阳伯克乃布鲁特大头目，与张格尔并非同一族类，但却长期助纣为虐。自嘉庆二十五年起，接连纠集人手帮同张格尔谋反。在攻破喀什噶尔城池后，被张格尔封为总管大伯克。本年二月间，当闻知清军要由乌什草地前来攻打喀什噶尔时，又出卡纠约卡外布鲁特各氏族部落，企图堵挡要路。集阳伯克最终还是落到清军手里，被押至大营后，经长龄讯明后处死。

总体来说，杨遇春那一路追兵尽管劳而无功，却也全师而退，有惊无险。下面让我们回过头来，再说说杨芳那路追兵的历险征程。

杨芳止兵阿赖岭下

且说杨芳自五月二十五日领兵出卡后，沿着克孜勒苏河峡谷向阿赖岭挺进，三日渡过三道大河，水急没鞍，尽管挑派善水兵丁在下游组织援救，结果还是淹死数人，冲失不少装备粮驮。

在沿途与先前分批出卡的郭继昌、安福、倭楞泰、祥云保等各队清军会合后，杨芳这一路兵力已达五千之众。当人马行至一个叫乙亨的地方时，已出卡千里，深入浩罕所控制的“生布鲁特”地界达百余里（三站多地）。杨芳探明从乙亨前往阿赖岭还有三站地（百余里）的路程，途中还要通过两条大河，水势更加危险，而且道路两侧的山沟均通往周边布鲁特部落，这些“生布鲁特”随时都可能对清军后路粮运造成威胁。这令他感到不安。

所谓“生布鲁特”就是指卡外那些不太听话的布鲁特部落，这是相对于卡内那些比较恭顺的“熟布鲁特”而言的。

行军打仗，粮草为重。为保证粮运安全，杨芳传令暂停前进。他派人分头晓谕周边各部落首领协助大军进剿，很快得到积极回应，但只有浩罕多日总无回复。这令杨芳开始有一种不祥的预感，随后又派专人再去催其表态。

这期间，各部落将他们打探到的有关张格尔的各种情报纷纷送到营中，其中就有张格尔逃往达尔瓦斯于藏堪藏匿的消息。但在杨芳看来，都是些捕风捉影，并无真知灼见。

在乙亨，杨芳意识到漫漫前路充满着诸多无法逾越的艰难险阻，充满着各种各样的危险和令人恐惧的不确定性，他致函长龄，对出卡穷追这种战法表露出悲观的情绪。信中写道：

“查张逆窜匿藏堪，恃喀拉提锦山险为屏障，恃达尔瓦斯险窟为退薮。两部落附近浩罕，从来能以自立而浩罕不能力服者，为其窟穴险阻，难于用兵故也。谨遵示令，俟至通布伦（山）、阿赖（岭），如能进兵，必极力赶办，断不敢畏难贻悮，自贻伊戚。

芳更有请者：此时诸夷人知将军赏重，无人不诡词诈骗。芳及众将领皆渥受天恩宪德，孰不思竭力追擒，其如道路窄险，粮运维艰。

藏堪尚距阿赖甚遥，张逆视兵行为退止。我止彼止，我进彼退，日追日远，伊于胡底？通布伦地方仅距浩罕城四站，柴草两缺；而阿赖又逼近一站，转运更艰。用兵深入，易进难撤。姑听诸夷一派骗赏情词，难以入告。而前敌千难万难，在将军前可以曲蒙原宥，在皇上前则百身莫赎矣！芳情急妄吠，伏乞鉴原。”

尽管杨芳在信中大吐苦水，甚至担心皇上不会理解“前敌千难万难”，然而，在扬威将军鸣金收兵之前，他还得硬着头皮继续前进。

望山跑死马。又经几日艰苦跋涉，当直插云霄的阿赖岭突兀横亘在大清将士们眼前时，众人不禁倒吸一口凉气：从山下仰首望去，去天三百，半山有横云似瀑，飞流直下。山下军行，不得鸣鼓角，鸣则疾风暴雪立至。走在前面的人马，就像蚂蚁一样在云雾缭绕的山腰间缓缓爬行。山坡是如此之陡峭，山路是如此之艰险，有些地方，本已到了穷途末路，却硬是从悬崖绝壁的罅隙间，抠出一条仅供攀援蛇行的羊肠小道。

书中暗表：阿赖岭乃帕米尔高原北缘的分水岭，岭脊以西，水皆西流。当地民谣唱道“登上阿赖山，离天三尺三；老鹰脚下转，人在白云间”。这里是生命的禁区，高寒缺氧，终年积雪，天无飞鸟，地无寸草。面对如此严酷的天然险阻，长途跋涉、负重而行的清军早已势如强弩之末，心有余而力不足了……

杨芳止兵阿赖岭下，立营通布笼山。

这里是通往浩罕的必经之路，距其老巢浩罕城仅有三四站地（百余里）。长龄发来指令，鉴于驻兵阿赖距浩罕较近，他要求杨芳一面应须加意安抚浩罕，同时也要逼令浩罕速将首逆张格尔缉拿归案，并将张格尔家属妻儿立即引渡给清军。杨芳遵照将军指令，立即向浩罕发出缉拿首逆、引渡人犯的牒文。但浩罕那边仍无任何消息，不祥之感再次袭来，杨芳随又派人飞谕往催。

在通布笼军营，杨芳再次致函长龄，内称“贼遁愈远，军悬绝徼，道险饷艰，诸夷贪赏妄报，词不足信”，其言外之意是就此罢兵回撤。坐镇喀什噶尔清军大营的长龄，也已意识到前往达尔瓦斯藏堪的道路难行，且逼近浩罕，若再深入，浩罕必生疑惧，进而有可能对我军进行袭扰，于是传令杨芳停止前进，但先不回撤，“仍将官兵暂驻阿赖，相机商办”。

就在杨芳接到长龄“暂驻阿赖” 的将令而顾虑重重之际，他还接到长龄派专人自喀什噶尔送来的一道上谕，传达了道光帝对他本人的提拔任命。内云：

“奉上谕：杨芳著补授参赞大臣。该提督素娴军旅，现既授为参赞，一切设谋用间及调度追剿各事宜，必须尽心竭力，与长龄、武隆阿商同妥办，知无不言，言无不尽。总期将张格尔设法擒拿，务在必获。不可因有将军在前，意存迁就观望，方为不负委任。钦此。”

闻命之下，杨芳当即具折谢恩：“伏念臣出身寒卒，知识浅鲜，叠邀圣恩，简畀提督。此次出征，寸功未建，正切惶恐，乃蒙高厚鸿慈，授以参赞重任。自揣庸愚，尤深惕惧，惟有凛遵圣训，尽心竭力，商同长龄、武隆阿相机设法缉捕张逆，务冀早蒇军旅，上慰圣怀。”

感念皇恩浩荡，杨芳周身气脉偾张、热血沸腾。他下定决心，不负圣恩，要排除万难，将张格尔擒拿归案。

不过，在这道上谕中，道光帝已经提示他“设谋用间”，而杨芳当时可能是由于心情过于激动，而未加深刻领会其精神实质，只是仅仅注意到圣上期盼着“将张格尔务必拿获”的急切心情。

当下，杨芳挑派得力官兵，带上通布笼当地的布鲁特头领作为向导，立即前赴藏堪一带侦察张格尔踪迹，寻机掩捕。怎奈山路陡险、溪涧甚多，清军行进速度极为缓慢。

随着秋天的到来，帕米尔高原的天气越发恶劣，才见云似盖，已惊雪如尘。长龄抓捕张格尔的强力意志随之发生动摇，他一面奏报道光帝“因张逆远遁，天气渐寒，士卒未便深追”，一面传令杨遇春、杨芳“如无可乘机会，应即酌量撤回”。远在北京的道光帝也感到“急不可图”，责成长龄“速令撤兵”。

清军此番出卡穷追，至此鸣锣收兵。

前面讲过杨遇春那一路振旅而还，于七月二十一日返回喀什噶尔大营，随即奉旨于二十八日启程，督领吉林、索伦凯撤官兵先行进关，回京觐见；而杨芳这一路却一味冒进，结果入险遇伏，几成铩羽之势。

塔里克达坂之战

且说七月初一日晚，杨芳在山中抓到两个由喀什噶尔逃出的回人，获知他俩原是张格尔的跟役，于是连夜严刑拷讯，得获招供：他们此前跟随博巴克（叶尔羌匪首）、迈玛特呢雅斯等逃到浩罕，后因害怕浩罕将他们拿住献给清军，便纠集逃到浩罕的回人和分散在安集延各处的布鲁特人，共约有二千余人，跑到塔里克达坂潜藏下来。不过，博巴克觉得这里仍不安全，就准备由此潜赴藏堪一带（有与张格尔会合之意），于是便派他二人先到各处探听消息，此后被清军抓获。

杨芳认为像博巴克、迈玛特呢雅斯这等张格尔亲信羽党，今天既然由浩罕逃出来了，就必须迅速截拿。他当即派人飞令正在前面行进的副将郭继昌，将所带官兵折回塔里克达巴罕探剿，自己也亲统官兵前往该处。

七月七日，郭继昌首先侦探到有二千多马步贼匪，正由塔里克达坂北山沟内窜出，他立即督兵迎击。贼匪一见清军，急忙窜上山梁，凭借险要地形，开枪射击，拼死相拒。清军协领寿昌、额外协领都凌阿、总管全灵阿、委参领郭全，率领吉林索伦鸟枪兵弃马步战，与此同时，守备蔡汝寅、千总袁文仲、单存带领绿营炮队赶来，清军枪炮齐发，直上攻击，立毙贼匪二三百名。都凌阿、郭全首先攻上，贼匪放枪抵抗，二将不幸中枪阵亡。稍后，清军接连击毙三个正在督阵的红衣贼目，贼匪这才败退到其后面一道险要的山梁上，企图据险固守。时天色已晚，郭继昌不便继续追攻，即于接仗处扎下营盘。

次日晨，杨芳带兵赶到前敌，与郭继昌合兵一处。他查看贼匪据守的西面山梁，恐其乘夜逃窜，当即派炮队遥为轰击，封锁其逃路；又令副将郭继昌、游击张必禄、守备蔡汝寅等，挑带绿营善于攀援的兵丁，顺着后山地势，于黄昏时潜绕贼营背后埋伏下来。至此，一切部署停当。

七月九日拂晓，杨芳督同领队安福、倭楞泰、祥云保、札克桑阿等统率马步官兵分路进攻，贼匪也分股下压。攻守相持之际，郭继昌率兵由贼后呐喊兜杀而出。贼匪腹背受敌，拼命冲下山来。清军奋力迎截，两面夹击，斩擒贼匪一千五六百人，其余越山逃脱者不过百余人。

塔里克达坂激战一昼夜，前后歼灭贼匪近二千人，击毙贼目毛拉迈买第等五名；清军伤亡亦大，阵亡一百余人，其中都统安福受伤，侍卫色克精阿、委参领巴尔江阿、守备蔡汝寅、协领都凌阿、参领郭全皆不幸阵亡。

然而，叛军大头目博巴克带着百余贼匪趁乱逃脱。这时，当地有人前来报信：见博巴克遁往达尔瓦斯，向藏堪逃去。杨芳判断：博巴克逃往的方向正是张格尔的藏身之所。尽管他非常清楚自塔里克达巴罕前往达尔瓦斯藏堪的道路极为难行，山径愈险，沟岔愈多，尽管长龄已下令撤兵回营，但为报答皇上知遇之恩，杨参赞此刻全然不顾，偏要霸王硬上弓，紧紧尾追博巴克这股残匪，赶往擒拿张格尔。

可是，谁都没有料到，那个报信之人竟是浩罕派来的间谍，意在引诱清军深入险远，二千多浩罕兵正在前方设伏以待。

入险遇伏，苦战浩罕、张格尔

杨芳一马当先，率领追兵在深山中搜索前进。山中形势实在艰险，环顾四周，立石如刀，卧石如虎，令人不寒而栗；再看前路，山岩高峻，难以登攀，势成绝径，寸步难行。日暮途穷之下，杨芳不禁自语：“如若敌军来围堵，生路不会在山间。”话未出口，猛听得一声炮响，枪箭木石随之俱下。

果有埋伏！杨芳大呼不好。的确，杨芳入险遇伏，而且遇到的是当时最为强劲、最为凶悍之敌发起的围攻。清军大兵压境非但没有达到初衷——即所谓对浩罕形成震慑、迫其引渡张格尔及其家属，反倒激起浩罕人好斗的本性，以致杨芳这路追兵陷入全军覆没的生死边缘。

说时迟，那时快，浩罕伏兵四起，转眼间吉林马队被围，情况危急。伊犁马队闻讯，火速奔向激战地点，绕至敌后，出奇不意发起袭击。吉林马队乘势突出，却也付出七十多名勇士阵亡的代价。

战斗进行得异常激烈，硝烟飞腾冲天，夕阳为之变色。硝烟中，杨芳骑着一匹白马，往返驰骋于战场各处，气宇轩昂，沉着指挥。他收拢队伍，奋勇突击，随又依托山险，步步为营。鏖战一昼夜，兵将损伤惨重，最终，杨芳勉强拔全军出险，沿来路严阵而归。

可是，屋漏偏逢连夜雨，船迟又遇打头风，这场苦斗还没结束。

当杨芳带领突围兵马刚刚返回营地，张格尔竟像一头嗅到血腥味的苍蝇，不知道从哪里蹿出，前来添乱。他勾结浩罕兵，并招来布鲁特万余众，攻扑清军营垒，抄断我后路粮道。

杨芳尚能保持镇定。他依托营垒坚固的防御工事，一面督兵力战，一面三次遣兵疏通粮道。

是役，杨芳率孤军悬入敌境，大战五昼夜，击散贼众。

战后之战：舌尖上的攻势

硝烟尚未散尽，浩罕国王马达里汗即派遣亲信头目额尔钦“谒见”杨芳。双方谁也不提前日战事，似乎一切都不曾发生。可杨芳心里非常清楚，这是马达里在试探我方虚实。我方稍有示弱，或被对方看出破绽，就会招致浩罕乘虚来攻。

而当下清军确已疲惫不堪，难以再战。不过，杨芳却胸有成竹，他已准备好发起一场“舌尖上的攻势”，仅凭其三寸不烂之舌，战而胜之。

杨芳之所以有这般信心，是基于他对浩罕虚实有所了解。当时，杨芳获知浩罕地界不大，全靠与我天朝通商致富，人口有限，却四处结仇树敌，正所谓“浩罕，外夷也，东通中国喀什噶尔，卡伦千余里，沿途山狭溪长，皆布鲁特分类散处，依违其间，不奉彼征调；北距哈萨克之塔什，欠五程，夺其地，筑堡据之，雠仇也；西界布噶尔，数百里敌邻也；南逼噶尔提锦、达尔瓦斯，山深路邃，不能力服，利其交易而已。地方数百里，仅八大村落，安集延其一也”。

知彼知己，百战不殆。了解到浩罕诸多弱点，杨芳心里也就有数了。

于是，沿袭惯例，杨芳在中军大帐内摆设筵宴。他居中而坐，神情傲慢，令浩罕来使额尔钦跪在一旁陪酒进食。席间，杨芳先发制人，以居高临下的口气谕之曰：

“汝邦不敌中国一县地方，三面非仇即敌，赖东附天朝，恃大皇帝威德，得世守之。且蒙圣恩，准予通商，凡西、南两面货物，由汝邦往来征关税以自富，利益多矣。倘敢夜郎自大，一阻关则财无所出，一也；三面知汝伯克失欢天朝，必起兵攻之，受兵患，二也；汝俗，奉征调，每人自裹半月粮，八村壮丁不过一二万人，驰行不足千里，胜败即旋，多稽一日，则回军乏食，不战自溃，况前军行三两日而后军犹未裹行，甫行，闻前军败，望风即窜，兵不整，三也。

万一胆大干天怒，取汝邦如反掌耳：只需本帅统步卒三万，传知三面，约期齐赴汝界。我大军逐程为营，接续递进，滚运粮食，直抵汝堡，半程立营，不必与战，只于牵缀汝巢，使三面各夺各方，各据所得。然后齐克汝巢，灭之。以所得三面地方分赏其功，奏凯旋师，何难之有？汝长于马力，我待冬春进兵，马瘦力疲，汝无他能，我步军粮足兵精，只需薪水，汝能伐树扫雪塞泉耶？

然帝德如天，普被万方，得尔地不足以守，得尔民不足以使。

闻尔伯克为色荒，按丁加征金钱一枚，娶妇频征肆掠，民怨邻怒。回示尔伯克再不修省，致干天谴！我大皇帝应天顺人，本帅奏陈汝邦虚实，灭而朝食，悔无及矣。”

杨芳才思敏捷，言辞犀利，他这番高谈阔论向浩罕传达了如下内容：

你们浩罕巴掌大的那块地还比不上中国一个县的地方大，而且你们浩罕南北西三面不是仇人就是敌人，幸亏你们东面依附着我天朝大国，靠着我大皇帝的威德，才得以世代守住你们那一亩三分地。而且，承蒙圣恩，准许你们与天朝通商，使你们靠征收关税富了起来。你们应该富而思源，倘敢夜郎自大，我大清一关闭贸易，则你们就无处来财。此其一也。

你们南北西三面的仇敌如果得知你们不招天朝待见了，一定会起兵攻打你们，让你们遭受兵患。此其二也。

你们出来打仗，每人最多自带半月干粮，能打仗的壮丁总共不过一二万人，行程超不过千里，否则多逗留一日，就会缺粮，不战自溃。

此其三也。

你们如敢胆大妄为，惹恼天朝，把你们灭掉易如反掌。这只需本帅统领步卒三万，联合你们南北西三面的仇敌，一齐攻打你们的巢穴。若要取胜，何难之有？

只不过，我天朝皇帝的大德如天，普被万方，不稀罕你们那块地，也不稀罕你们那点人。

听说你们的头领沉迷女色，肆意征掠民财，以致激起民愤。回去告诉你们的头领，如果再不修身反省，致遭天谴，悔之晚矣。

杨芳剖示利害，加以檄谕，以舌战之功力，洞穿对方心底防线。额尔钦闻之，直冒冷汗，俯首畏服，当场表示浩罕这边情愿出力缉捕张格尔。

翌日，杨芳乘舌战之余威，统领兵马拔营始行。一路上，各队交替掩护，步步卷撤，堪比步步惊心，终于七月二十二日返回喀什噶尔大营。

当时，杨芳本应奉旨紧随杨遇春之后撤返入关，可就在七月二十七日，接到道光帝奖励他前不久收抚和阗并生擒贼目噶尔勒的谕旨。上谕：参赞大臣杨芳上年在柯尔坪前敌著有劳绩，本年收抚和阗，一切布置俱合机宜，并生擒贼目噶尔勒。伊本兼云骑尉世职，加为骑都尉，并挑在乾清门侍卫上行走，仍交部从优议叙。钦此。

在此谕中，道光帝又给杨芳加官晋爵了，尤其是“挑在乾清门侍卫上行走”，更是一种极高的殊荣。

杨芳跪接圣旨，感激万分，立即具折谢恩，请求留下继续战斗。奏言：

“伏念臣以边省武卒，知识浅鲜。此次随征，寸功未建，仰荷殊恩，授为参赞大臣。现今张逆在逃，获咎滋甚，正切恐惶，乃邀逾格恩施，加骑都尉世袭，并赏挑乾清门侍卫上行走，仍交部从优议叙，蒙圣慈无已之优加，问寸心涓埃所未尽，清夜感悚，无可报称，惟有随同长龄，勉力巴结，办理善后一切事宜，稍尽微忱。俟大局勘定，将来统带减撤官兵，再回本任。”

就在杨芳候旨期间，道光帝接到长龄据实陈奏的塔里克达坂战报，愤然朱批：“虚延时日，靡费兵饷，零星残匪仍致损我官兵，有是理乎？”随即降旨谴责诸将孤军深入，劳师靡饷，措置乖方，不如罢兵！下令留下八千名官兵防守喀城，其余的九千名官兵立即随杨遇春入关。当时，吏部以杨芳此战伤亡过多，建议应将其革职，但道光帝却格外开恩宽之，未予惩处，并考虑到当时留防南疆的官兵尚多，不可没有大员统辖，故而准杨芳暂留喀什噶尔，指示他妥速办理所有一切善后事宜，于是这才有了日后杨芳设谋立功的机会。此乃后话。

且说当下：游击队只要不被消灭，就是胜利；正规军不能全胜，就是失败

纵观此次清军出卡穷追，两路驰捕，自四月三十日至七月二十二日，历时三个多月，总共调动八千兵马，行程千里，军悬绝徼，道远饷艰，耗费巨大，折损不少将士，仍不见功。而张格尔自喀什噶尔窜往卡外，牵着清军的牛鼻子，在帕米尔高原深山峡谷中转悠，先后流窜于木吉、拉克沙、达尔瓦斯之藏堪、阿赖等地，辗转勾结，力能存活。卡外布鲁特各部落乃至浩罕虽各有擒献之语，但大多热衷于骗取赏钱，终不得要领，毫无成效。

从地图上看，清军千里跃进帕米尔高原，的确形成南北两路分进合捕之势。但实际上，最终，杨遇春驻军色勒库尔，杨芳止兵阿赖岭下，皆成强弩之末，而且，两军南北相去千里（十余站），没有形成有效呼应，都不免陷于孤军深入的危险境地。

除了在开始阶段，那支由七百精兵扮成的商队，被秘密派往木吉实施抓捕，尚有可能得手外，其余各次行动对张格尔均不构成多大威胁。显然，清军惯于平野排兵布阵，而山地游击战则非其所长。八千多清军在广袤险峻的帕米尔高原穷追张格尔这百十号人马，好比是扛着大炮追打一只飞来飞去的苍蝇，只闻其声，不见其踪，而且我止彼止，我进彼退，结果越追越远，以致遥不可及。

临秋末了，卡外严寒，七月即雪，清军劳师靡费，无功而返。而此时的张格尔仍能纠集二百多号人马，窜伏于卡外各部落间，伺机卷土重来。

第二十二章

善后未善　严责弃守

回疆之役，削平易而善后难。

战后，为收拾回疆民心，道光帝于当年闰五月初一日下旨免除回疆八城两年的粮赋。次日，又命大理寺卿诚端前赴喀什噶尔，帮办善后事宜。

大理寺是中国古代封建王朝执法机构，相当于今之最高法院。大理寺卿是大理寺最高长官，掌握全国刑狱，相当于今之最高法院院长。此番道光帝命大理寺卿诚端前赴喀什噶尔帮办善后事宜，还颇有几分深意。

六月二十七日，诚端抵达喀什噶尔大营，会同扬威将军长龄，设局筹商善后一切章程。

在诸多善后事项中，道光君臣在派兵追捕张格尔残匪、战后重建官署台站、屯田、垦荒、驻防、设卡等方面，所见略同，但在撤兵及留守兵额上，尤其是在战后回疆体制这个棘手的问题上，出现严重分歧。

关于撤留兵额之争

五月初五日，道光帝一接到长龄关于“西四城全经勘定”的奏折，便指示长龄应该及早考虑减撤防守兵力。此后，道光帝一再严饬长龄“速擒逆裔，酌撤官兵”，也就是说，道光帝一边要求长龄迅速擒获张格尔，同时又命他部分撤兵。

闰五月初一日，道光帝申谕长龄：“此时四城已经克复，从逆零匪搜捕殆尽，逆酋穷蹙逃窜，指日就擒，未便仍留全师久驻荒徼，虚糜军饷。”

闰五月初六日，又谕：“目下四城已就肃清，自应酌量凯撤，以节糜费。”次日，道光帝索性指示长龄“于喀什噶尔等处酌留官兵弹压搜捕，其余各路官兵即行分起次第凯撤……”

闰五月二十日，当道光帝看到长龄上报的撤返兵力只有六千多一点时，并不满意，于是发出更为严厉的申谕：“现在军务大局已定，无庸多留兵力，凯撤为第一要务！……多余官兵即令全撤，次第起行，以节劳费。”

长龄接旨后，立即着手安排撤军，但他仅安排后路清兵凯撤入关，而驻守喀什噶尔大营一线的前路清军几乎未动。他在奏报中这样向道光帝解释：现在大营共只官兵一万八千余名，已分前后两路出卡，陆续派往八千六百余名，其余九千余名留驻喀什噶尔。至于后路留防官兵，长龄见圣上语气严厉，便在此前撤减的六千一百名兵额之上，再拟撤减一千五百名。

六月十六日，道光帝收到这份撤兵奏折，仍不满意，降旨长龄，令他将卡外官兵酌撤。

显然，道光帝考虑从回疆撤兵，主要是着眼于节省军费。长龄则不然，主张重兵布防，加紧搜索，务必擒获张格尔，意在“全功凯撤”。于是，君臣之间围绕撤兵多少、留兵若干等细节问题，奏谕往来，讨价还价，直到半年以后才有个眉目。

七月初二日，长龄奏报：“杨遇春、杨芳已分两路带领官兵八千余名出卡前往截拿张格尔，为防范该逆折窜，现在喀什噶尔存兵九千余名，容俟卡外剿捕得手，便立即钦遵谕旨，陆续凯撤，以节糜费……”

七月二十一日，道光帝接奏，当即诘责长龄速令撤兵，谕曰：“计自克复四城后，虚靡帑项不可胜数！长龄等不自知筹办之失宜，仍欲留兵荒徼，俟剿捕得手，再行陆续撤回，岂不思官兵出卡既不能深入穷追，转令外夷窥我虚实，启其轻视之心，所关甚巨！而转饷之难，尚属其次。”

这时的道光帝已不仅仅为了节省些军费，他更担心的是出卡官军会遭遇不测。最后，道光帝命令长龄“接奉此旨，着即将出卡之将领官兵全行撤回！”

当道光帝这道谕旨正在驿路上传递的时候，他所担心的事情还是发生了。这年七月上旬，由提督杨芳统领的那一路清军，在卡外入险遇伏，后虽经苦战突围，却也伤亡数十人之多。

八月初十日，道光帝闻听此讯，十分震怒，降旨申斥长龄：“大兵克复四城已经数月，迄未得逆酋张格尔实在踪迹，虚延时日，糜费兵饷，只遇逃窜卡外零星残匪，竟致损我官兵……殊为可惜，不值之至！”

最后，道光帝警告长龄要小心了：“该将军等一面筹撤官兵，议及善后；一面设法擒拿张逆，小心防范各城。若再稍有挫失，首逆又不可得，试问能当此重罪耶？懔之！慎之！”

九月初九日，道光帝再降旨责备长龄撤兵迟缓，谕曰：“此次现调官兵计三万六千余名，其满汉马步官兵进剿者，共二万一千九百五十余名。朕自五月内，节次降旨撤兵，迄今五月有余，统计长龄等节次奏报，共撤官兵一万零七十七名，计未撤者尚多，何迟缓一至于此？虚糜粮饷，伊于胡底？速撤一日，即早省一日之用。著即次第凯撤，以节劳费。”

在留驻回疆的兵力上，本来长龄已经考虑到了道光帝的吝啬，上奏请留兵八千以资镇抚，起初道光帝也降旨准行，现而今他又有些反悔了：“朕思兵贵精不贵多，且多留一兵，即多一兵之费，著长龄悉心斟酌，能于八千之中，再省二三千更好。”

这时，道光帝希望在回疆仅留驻五六千清军，也希望长龄能够按照他这一思路赶快贯彻执行，毋再迟延！

而长龄接到这份圣旨后，并没有马上复旨，而是先于十月初九日，向道光帝总结了去年西四城迅速陷落的原因。长龄奏言：“查西四城远处边隅，地方辽阔，内则回众殷繁，外则群夷环布。从前原设兵额仅止二千六百余名，分驻各城，未免势形单弱。上年张逆倡乱，远道救援，鞭长莫及，以致相继失守。”

长龄在这份奏折里，特意提示道光帝，并以去年西四城迅速失守为教训，来说明驻兵薄弱的危险性。

一个月过后，长龄估计圣上已经接阅这份奏折了，他这才于十一月初十日又提出了一个留一万八千官兵驻防西四城及阿克苏、乌什的意见。长龄奏言：

“至张格尔以窜败游魂，苟延残喘，诚不值久驻重兵，致滋靡费。屡奉谕旨，自应遵照分别留驻，其余官兵悉令凯撤，何敢妄行渎请？但该逆既经折窜旧地，而阿坦台、汰劣克又复附从，万一再来勾结，卡内回众兵少，势难捍御。查现留官兵一万八千名，除分驻各城卡伦外，喀什噶尔仅存兵九千余名，分别出队守营，已属无多，而卡外自东北至西北一带均系回夷，卡内自喀什噶尔至阿克苏二千余里官兵之后路，亦皆回子。此时，若再撤兵一万，喀什噶尔仅存四千，倘该逆闻风进卡，我兵断不足用，若稍不得手，关系匪轻。是以臣等屡次恳恩暂留重兵，实为筹顾大局起见。”

显然，长龄并未望风希旨，更没有因出卡受挫而气馁，仍固执地要求在回疆“暂留重兵”。

道光帝鉴于有张格尔侵扰之虞，只得勉为同意。十二月初二日降旨，准长龄所请，留官兵一万八千名驻守回疆。

至此，君臣之间有关撤留兵额之争，以道光帝最终做出重大让步而告结束。

事后证明，长龄的坚持是对的。但在当时，作为一国之君的道光帝，心中不免积怨，其后遂有令直隶总督那彦成为钦差大臣“兼程赶往喀什噶尔，前来会办一切善后事宜”之举。此中详情，留待下文再表。

关于战后回疆体制之争

自道光帝登基以来，由于张格尔不断侵扰回疆，致使这一地区连年动荡不安，劳师靡饷，于是，朝中有人提出“西域绝远，得之不为益，弃之不为损”，又以“竭内地以事外夷，散有用以资无用”等理由，主张放弃回疆。另外，张格尔叛乱之后，如何安置西四城成为朝野关注的重点。当时，由于西藏在土司制度的管理下取得了一定的成效，所以部分官员建议仿土司分封制来统治回疆西四城，比如曾任四川总督、后署理陕甘总督并负责筹办本次平叛粮饷的鄂山，就有请将西四城改照土司之议。

尽管道光帝开始对这种主张未置可否，但随着回疆局势日加严峻，一系列问题，诸如怎样才能实现回疆长治久安？如何处理回疆善后事宜？如何改善和调整原来的治疆政策？等等，终将摆到道光帝的议事日程上来。

道光六年夏秋，道光帝还正忙于从各省调兵遣将、部署回疆平叛的时候，他就已经开始考虑回疆善后的问题了。

就在扬威将军长龄统率各路兵马向阿克苏会集、战斗即将打响之际，一份与战事无关的密谕，下至阿克苏清军大营。道光帝向长龄、武隆阿等前线将领征询事平之后，在回疆西四城实行土司分封制度的可能性。但因当时战事吃紧、军务繁忙，长龄等人未能及时回奏。直到来年清军克复西四城，仅剩张格尔本人在逃，长龄这才一面督捕张格尔，一面办理回疆善后事宜。于是，长龄除了要向道光帝报告有关撤兵、驻防、筑城、设卡、屯田等项工作外，对于是否在回疆实行土司分封制这个让人感到棘手的善后问题，也是长龄必须有所奏报的。

这年五月底，长龄就是否实行土司分封的意见，认真拟定了一个方案，首次密报道光帝，他不主张立即实行土司分封，而是建议循序渐进，先朝这个方向着手准备。其要点是：

第一，将回疆参赞大臣和帮办大臣的驻地，由喀什噶尔东移至阿克苏，仍总理回疆八城事务，节制回疆满汉官兵。

第二，将英吉沙尔、叶尔羌、和阗三城原设办事大臣一概裁撤。

第三，在喀什噶尔设回吏大阿奇木（大总管）一员，在英吉沙尔、叶尔羌、和阗三城各设回吏阿奇木（总管）一员。

第四，为应付目前形势，西四城暂驻兵八千，分城镇守，专事操防，不得干预回民事务。

第五，鉴于西四城刚刚平定，如果马上就实行分封，恐怕一时考虑不周，所以，待一二年后，根据情况，酌量从回疆西部全部撤军，再议分封土司事宜。

另外，至于驻防兵丁粮饷不足之处，长龄主张将西四城地亩入官，征税粮以充军食，又提议裁各省绿营兵额为百分之二，每岁可得银三十万两，“除支发留驻兵八千盐菜及预留换防兵丁盘费，每岁尚可余银十余万两”。

综上可见，长龄的主张虽然说是再过一二年后，根据实际情况考虑土司分封问题，但实际上已经主张清廷放弃对回疆西部的直接统治，把回疆的地方政权转手让与当地土官（回吏阿奇木）。只是考虑到张格尔在逃未获，境外又有强横的浩罕及首鼠两端的布鲁特等多方势力存在，当地回众，特别是黑山派回众，难以独立支撑，所以，采取这种维持一二年后再从回疆西部脱身的过渡办法。

长龄的这个意见被称为“捐西守东之议”，实际就是一个放弃回疆西部，退而专守回疆东部，让西部自治，不予设防的方案。须知，如果按照长龄的意见，西四城实行地方自治，清朝的直接行政辖区便退至阿克苏以东，这势必导致回疆西部很快落入浩罕及卡外和卓后裔这些敌对分裂势力之手。

对长龄的“捐西守东之议”，道光帝于当年闰五月二十九日的批示是：“该将军等请暂驻重兵，分城镇守，待一二年后酌量裁撤，所议不为无见。”

这里，道光帝没有否定长龄的计划，但也没有明确肯定长龄奏折中的核心内容。显然，道光帝的态度是有所保留的。稍后，道光帝传下谕旨：西四城各办事大臣、领队大臣仍应照旧设立；喀什噶尔为回疆八城边防要地，仍应以参赞大臣驻守。实际上，道光帝否定了长龄的“捐西守东之议”。

然而到了七月初，长龄口气却产生了变化，在重提“捐西守东之议”的基础上，主张在回疆马上采取土司分封制。显然，长龄这次非但没有望风希旨，竟然还拂逆圣意，反其道而行之。

究其原因，正是在进剿过程中多次重复出现的那一幕幕血腥严酷的场景，令他触目惊心。长龄亲眼看到，那些追随张格尔反叛的白帽回众打起仗来，铺天盖地，如飞蛾投火，不顾死活；被俘后，本可只需表示悔过，便可免除一死，可他们竟如同中了魔障，宁愿引颈授首，也不肯求饶半句，而且至死仍执迷不悟。于是，长龄再次上奏，将已被道光帝搁置了的“捐西守东之议”再次提出，并且这次比原来走得更远。

长龄这道奏折篇幅很长，进一步详细陈述了他的“捐西守东之议”。内容大意如下：

这次张格尔叛乱，攻陷西四城，固然是由于平时防范不严、临战兵力单薄造成的，而实际上更是由于回民宗教狂热、崇信和卓所造成的。众回民不畏官兵，不恤性命，冒死救护叛贼，却毫无怨言。今春，大兵进剿，每次俘获叛贼，均对“从逆”自认不讳，而且甘心被杀，甚至有人至死仍诵念经文、口呼和卓的名号。直到张格尔穷蹙窜逃出卡，官兵严厉搜拿余党，就是在这种情况下，竟然还有人敢与张格尔暗通信息。可见，那些愚蠢的回民崇信和卓后裔之习俗，犹如西番（西藏）崇信达赖喇嘛，已成为“不可移之锢习”……

现在边境地区雪深盈尺，官兵难以久驻。张格尔能否捉获，尚难预料。

即使张格尔不日就擒，但还有其兄玉素普和玉素普之子依山在境外布噶尔，张格尔之子布素鲁克及其弟巴布顶之次子倭里在浩罕，不能全部捉获，总是祸根。数年后，再起叛乱，以现有留防的八千兵力，根本无法抵挡数百万犬羊之众。所以，留兵驻防终究不是长治久安之法。

关于一二年后，另议分封伯克（当地回吏）、令其自守的问题，据查，在现有的伯克中，就人才、名望而论，没有能超过黑山派首领伊萨克和阿布都尔满的。但这两人又不是西四城回众向来心服之人，特别是他们此次随营进征，帮助探捕张格尔，更与白山派回众结恨已深。如果分封他们管理回疆，一有变动，必然求助朝廷，朝廷又不能置之不问，只好再次劳师远征。那时，又怎么办呢？……不如现在就挑选一位比张格尔名望还重的人，令其管理回疆，才可服回疆人心。

据查，京中正白旗蒙古披甲（兵丁）阿布都哈里，是大和卓波罗尼都之子。每年回疆伯克进京，无不到他家中前往看望，资助给他银两（可见其在南疆颇有声望）。阿布都哈里已在京居住六十余年，早已向化清廷，其为人也明白事理、安分守己，其子孙蒙恩已入旗籍。希望皇帝俯念回疆紧要，能赏给阿布都哈里职衔，令其管理回疆西四城事务，并仿照西藏、喀尔喀（外蒙古）的成例，除应奏之事上报参赞大臣外，地方之事均由当地回众自行办理……请皇上敕令阿布都哈里迅速驰驿前来，以便将一切章程妥议办理……

至于东四城，那里的回众生性较为淳朴，我军防守形势亦极严密，容易控制。今后从西四城撤兵时，在东四城的阿克苏、乌什二城酌留兵力分防。如此布局，回疆差不多就可以长治久安了，不会再有什么意外的忧虑了。

综上，长龄这份长篇奏折的中心思想是：朝廷无法控制回疆西四城，唯有将阿布都哈里放归回疆，总辖西四城，将西四城行政管辖权让与白山派和卓家族，以夷治夷，实行地方高度自治，这样才能够维持回疆长治久安。一言以蔽之，那就是：弃守回疆西四城。

书说至此，人们不禁要问：阿布都哈里何许人也？

此人其实就是我们在第二章稍加提及的那个回疆大和卓波罗尼都之子，张格尔本人的亲叔父。乾隆年间，波罗尼都叛乱被杀，当时，阿布都哈里因年幼无知，被清军拿获后送到京师，免于一死，赏给功臣家为奴，直至道光初，始脱奴籍。道光三年，道光帝将阿布都哈里全家加恩编入正白旗蒙古籍；七年六月，因张格尔叛乱，照大清缘坐制度，又被道光帝迁出京师，发往云南监禁。当下，长龄的计划无非是利用这个被羁押六十余年的老朽之身，来对付亡命境外的和卓复辟势力。

与长龄同时上奏、主张放弃回疆西四城的，还有武隆阿。武参赞从所谓战守利弊的角度，支持长龄的意见，奏称：善后之策，驻防回疆的兵力少，则不够应付战守；驻防兵多，则财政困难。西四城周边环列外夷，处处受敌，其地不足以守，其人不足为臣，不像东四城那样是中路不可缺少的保障。因此，与其把有用的兵饷浪费到无用之地，不如归到东四城，这样，只需一半兵费，就可使东四城固若金汤。西四城如同漏洞，浪费国家资财，所以无须更守。

武隆阿的意见，比起长龄的主张更为露骨，干脆主张放弃西四城。从山川形势上看，西四城，尤其是喀什噶尔，乃回疆西大门，说什么“无须更守西四城”，便可使东四城“固若金汤”，实在从逻辑上就讲不通，让朝廷觉得难以理喻。

就时局而论，逃往境外的和卓分裂势力随时准备杀将回来兴灭继绝，浩罕、布噶尔、布鲁特等敌对势力，以及英吉利、俄罗斯这两个非敌非友的趁火打劫者，都在虎视眈眈觊觎天山南麓的回疆地区。试想，如果按照长龄的路线图行事，在回疆实行土司分封制度，则势必意味着清廷抛弃了与之长期互为依赖的黑山派，从根本上改变了清朝六十年来在南疆确立的行政制度，这简直就是开历史倒车！而这种行径势必意味着中央政权事实上将放弃南疆西四城，拱手让之于人，进而丧失对阿克苏西南大片领土的直接管辖；同时，这还意味着让各种敌对分裂势力轻而易举进入南疆腹地，在天山山脉与青藏高原之间嵌入一个宽一千余里、纵深一千五百余里的巨大楔形真空地带，大清朝西北门户就此洞开，南疆及其周边地区将更加混乱、永无宁日。须知，以裂土分封来制约和卓分裂势力，犹如抱薪救火，薪不尽，火不灭，直至整个回疆，乃至整个西域新疆全都落入其手，也未必餍之使足。后果十分严重！

但长龄、武隆阿这边还自作聪明，满以为献上一计既能节省军费又可事半功倍的良策，想必甚合圣意，而事乃有大谬不然者。

一个月后，道光帝在北京览奏，勃然大怒。因张格尔之乱，上月才以大清诛连法处置了阿布都哈里（其实，道光帝抓不到张格尔这只猞猁，便拿脚下这只老猫出口恶气，反正都是猫科动物），现在长龄却提议将其“赏给职衔放归回部，管理西四城回众”，这既是对朝廷威信的莫大讽刺，也意味大清朝放弃对西四城的直辖权。

放弃南疆西四城，道光帝断乎不能接受！须知，大清祖训在先：失寸土者，不得立碑！他本人也曾在列祖列宗的灵位前发过誓：一定要守住祖宗留下来的锦绣江山。再者说，天朝尺土俱归版籍，疆址森然，虽广袤辽远，但无一寸多余，岂有弃守之理？！

本来，道光帝对长龄一直坚持的增兵计划十分不满，今又见其妄言弃守南疆西四城，故此议一出，长龄、武隆阿当即遭到道光帝一通痛斥。

八月初十日，道光帝命军机大臣传谕，严旨切责将军长龄、参赞武隆阿：

“据长龄等奏请筹议善后，请以逆裔管理西四城一折……所奏善后之策，竟请以久经羁留之逆裔阿布都哈里赏给职衔，放归回部，管理西四城回众，尤为纰缪之极！长龄老悖糊涂，一至于此！武隆阿随声附和，俱著严行申饬！为今之计，总当遵奉前旨，将西四城仍照旧章办理。”

道光帝在这道谕旨中，怒怼长龄，斥之为年老昏乱，不通事理，糊涂到如此地步，竟胡思乱想，打算让叛逆后裔阿布都哈里管理西四城，简直是荒谬到极点！指责武隆阿不辨是非，竟还“随声附和”，于是同时给予二人“严行申饬”（即提出严重警告批评），并重申西四城体制仍照旧章办理。

长龄虽已年近七旬，却并没有“老悖糊涂”。在遭到圣上痛斥后，长龄一边督捕张格尔，一边愈加小心办理善后。此后，善后虽略见端倪，但终因张格尔未获，道光帝心病难除，对长龄渐渐冷淡，遂有派直隶总督那彦成前往回疆办理善后之命。总之，正是由于长龄坚持多留驻军，主张弃守回疆，又提请将张格尔叔父放归西四城主政等原因，致其迅速失宠；与此同时，那彦成的强硬政策恰好符合道光帝的胃口，因而得到支持。这一政策有两个关键要点，即封闭边界与裁减驻军，在道光帝看来，这两点不仅能避免放弃西四城，而且还能节省军费。此乃后话。

这期间，新任参赞大臣杨芳因刚刚履新，不便力争，但他与长龄、武隆阿看法不同，由他缮写的回疆南路西四城“弃不如守”一折，从招佃、通商的角度，力议回疆与其放弃，不如固守，侃侃千五百余言，独断敢言，得到道光帝肯定。

在这以后，还有兵部尚书、后出任伊犁将军的玉麟，在奏陈治疆政策时，提出了与长龄相反的意见。玉麟在奏折中指出：回疆自归入中国版图，西四城不仅成为东部的藩篱，而且成为中国前、后藏及西北边境诸部的保障。如果西四城不设官兵，则阿克苏将成为边境，阿克苏以东的库车、喀喇沙尔、吐鲁番、哈密等城的安全就会受到威胁。西四城与东四城的关系，从形势上论，可谓唇亡齿寒；从地利上论，喀什噶尔、叶尔羌、和阗三处是回疆的富庶之区。舍弃肥沃之地而守护贫瘠之地，等于把粮食赏给强盗。所以，要求把喀什噶尔参赞大臣驻地迁移至阿克苏，并非善策。其原文如下：

“伏思回疆自入版图，设官驻兵，不惟西四城为东道藩篱，南八城为西陲保障，即前后藏及西北沿边蒙古、番子部落，皆赖以巩固。若西四城不设官兵，仅令回人守土，诚恐回性无恒，又最畏布鲁特强横，转瞬即为外夷所有，则阿克苏又将为极边矣。其迤东之库车、喀喇沙尔、吐鲁番、哈密等城，必至渐不安堵。以形势论，唇亡则齿寒；以地利论，喀什噶尔、叶尔羌、和阗三处为回疆殷实之区。舍沃壤而守瘠土，是藉寇兵而赍盗粮也……至请将喀什噶尔参赞移迁阿克苏，殊非善计。该处幅员狭隘，不足为重镇，且距喀城二千里，有鞭长不及之患。”

另外，玉麟在奏折中还盛赞“杨芳所谓守善于弃，实不易之论”，认为“其所陈招佃通商各条，则为治边良法”，请朝廷予以采用。

总之，以兵部尚书玉麟为首的官员主张坚守天山南部诸城。

道光帝在权衡利弊之后，否定了土司分封的意见，玉麟的治疆之策被道光帝所认可，并进一步坚定了道光帝设防回疆西部的思想。于是，在战后回疆体制上，道光帝维持旧制，仍将西四城置于清廷的直接管辖之下，严责弃守，不搞土司分封，东西兼顾，寸土不让。其做法尽管保守，却也避免因开历史倒车而出现重大失误。这无疑是正确的。它对维护回疆的稳定，有效地捍卫中国领土主权具有重要意义，特别是在以后历次回疆重大事件中，都显示出了重要作用。

一念可以丧邦，一念可以兴邦，只在愚智之间尔。

在回疆善后处理中出现“捐西守东之议”，再次暴露了一些朝中大臣的苟且逡巡、目光短浅，险些舍弃边疆沃土。若非道光帝胸中已有定见，摈弃此番陋议，回疆形势将不堪设想。

通观在回疆战后体制问题的处理上，尽管没有发生长龄、武隆阿那样的历史倒退，但从道光帝到大臣玉麟，他们在治疆政策上，也不过是墨守成规，一切照乾隆朝订立的旧章办理而已，仍旧实行军府制下的伯克制，即：仍将西四城及广大边疆地区视为内地屏障与藩篱，根本谈不上与时俱进，将天山南北看作与内地诸省同等重要的行政区域，没有强化对这些地区的有效行政管理。这不由得让人生叹：未能远谋。

在此，值得一提的是，当时已有人颇具远见卓识，提出了彻底解决回疆问题的一揽子方案。

就在天子脚下的北京城，有一位名叫龚自珍的浙江杭州进士素有才名，他审时度势，首议新疆设省。

龚自珍认识到西北边疆在国家安全中的重要作用，于道光初年（1821 ~ 1822 年）和道光九年（1829 年）分别写成了《西域置行省议》和《御试安边绥远疏》两篇政论文章，强调新疆建省和废除伯克制的必要性。他的建议指出了解决新疆问题的方向，在当时有识之士中引起了共鸣，魏源、左宗棠也纷纷主张新疆改设行省。这一措施虽未被采纳，但它适应了当时的形势，显露出朝中有识之士处理新疆问题的战略眼光。

尤其是龚自珍那篇《御试安边绥远疏》，是他在殿试中针对张格尔叛乱后的南疆治理，大胆提出改革主张，洋洋千言，令阅卷考官都惊叹不已，但结果却由于楷书写得一般，只被打了个中等分数，连个优良都没评上，以致此番宏论未能上达天听，实在令人扼腕。

龚自珍一生不得志，四十八岁那年，他辞官归隐，身后留下了那句著名的慨叹：万马齐喑究可哀！

第二十三章

书生忧国 首议新疆设省

谚曰：“人活一世，草木一秋。”又曰：“人过留名，雁过留声。”古往今来之仁人志士，更是高扬儒家学说中“积极入世”的思想理念，以天下为己任，努力践行，追求卓越。但且须知：这一历程却是一个充满艰难坎坷的人生苦旅。

他本是一个官职卑微、落拓不得志的书生，谁承想，却忧国成癖，闲愁万种。

这是因为，在大清朝这艘早已被英国人称为“破烂不堪的头等战舰”上，他有志充当一名奋楫者，而不是那类尸位素餐的座上宾。然而，他过于自珍其才，不屑蝇营狗苟，又不懂得跑官买官，更无“拉大旗做虎皮”之能事，反倒想当然地自以为只要拥有一根洁白的羽毛就够了，其结果自然落得个步步维艰，郁郁不得志。

冠盖满京华，斯人独憔悴。

某次，途遇民众祭天，遂以祈祷天神的口吻，拈诗一首，感于中而发之于外，咏叹道：

九州生气恃风雷，万马齐喑究可哀。

我劝天公重抖擞，不拘一格降人才。

这真是一首好诗，借祭神灵以议时政，寓意深刻，感情奔放，加之独具匠心，更成为传诵一时的百年绝唱，而这首诗的作者正是本章的主人公：龚自珍。

我们大多数人认识龚自珍都是通过他写的这首七言诗。龚自珍一生酷爱作诗，但，在这里必须强调的是，他不单单只是个诗人，而且还是一位经世致用的学者，更是大清朝首议新疆设省的有识之士。

话说乾隆五十七年（1792 年）七月初五日，沐浴着盛世的余晖，龚自珍降生在浙江杭州一户官宦世家兼书香门第的宅院内。他自幼受到良好的正统教育，加之天资聪慧，桃李年华便写下大量诗文，间有研究经史之作。真可谓“风发云逝，有不可一世之概”！

十五岁那年，龚自珍读北宋王安石那篇长达万言的《上仁宗皇帝言事书》，深为此君拳拳忧国之心所感染，手抄九遍，爱不忍释。

嘉庆二十三年（1818 年），龚自珍 27 岁，乡试中举。比之那些年过半百才考中举人的“范进”们，可谓幸甚。但次年会试落第，没能考取进士。不过还好，转过年来，即嘉庆二十五年（1820 年），龚自珍以举人身份被挑选为“内阁中书”，在内阁中掌管抄抄写写这类琐事，享受副处级待遇。从七品，始入仕。

这年秋，张格尔在回疆扰边滋事，虽然很快就被驻防清军击溃，但该事件却给清廷上下带来不小震动，也让这位新任内阁中书凭栏仰啸，壮怀激烈。

龚自珍一向有经世济国的抱负，对西北边疆的关注由来已久，并对汉史素有研究。汉朝开拓边疆的壮举，以及张骞、班超出使西域的丰功伟绩，自然不断激荡他内心所蕴含的“剑气”。正直年富力强的他，剑气凌云，也曾萌发建功边疆的冲动。

然而，理想很丰满，现实很骨感，其结果无非是落得一声“绝域从军计惘然”的叹息。

既然请缨无门，那就寄情于边疆史地方面的研究吧，西部关乎国家经略，这对大清朝终归是有用的，龚自珍相信这一点。刚好，新皇登基之始，即提倡“实政”。这对官场风气有何影响暂且不论，但对士林风气的转变却影响不小，促使一些有见识的读书人从“埋头考据”中走出来，去研究和思考社会现实问题。“经世致用”学风在道光年间开始悄然兴起。

道光元年（1821 年），朝廷重修《大清一统志》，龚自珍被委以“国史馆校对”之职，参与这部志书的修撰工作。其间，他利用这次难得的机会，阅读了内阁丰富的档案典籍，钩索旧闻，探讨历代得失，花费两年多时间，写成《西域置行省议》，阐发了他对谋求新疆长治久安的见解，并首次提出新疆建省蓝图。龚自珍的基本构想是：在新疆推行郡县制以代替军府制，移民实边，巩固国防，而且意在进一步拓边——“通西海”。

西海就是今天的咸海，位于乌兹别克斯坦与哈萨克斯坦交界处，是世界第四大水体。中国古称“西海”。汉朝与之交往紧密，唐朝疆域最西端曾达于此。龚自珍希望大清国能够比肩汉唐，括西海如郡县。

《西域置行省议》四千多字，议论风生，见解深刻，思维周密，涉及政治、经济、社会各方面。龚自珍用历史发展的观点，分析了在新疆实施行省制度的必然性；从发展生产、巩固边防、维护国家统一等方面，论证了新疆建省和移民实边的必要性。

如果我们追本溯源，就会发现，早在新疆建省六十多年前，龚自珍即已有此高论，并且还设计出一套完整而具体的实施方案。毫无疑问，他是大清朝第一个提出在新疆建省的有识之士，也是大清朝第一个具体提出“新疆省”行政建置方案的设计师。由此观之，龚自珍不仅是一位愤世嫉俗的诗人，而且更是一位洞悉先机的经世学者。

道光六年（1826 年）夏，张格尔复扰回疆，“喀城回众全行变乱”，形势十分危急。龚自珍不禁“对月思西秦”，担忧回疆变乱会牵动大局。

龚自珍的担忧并非杞人忧天。这是因为自道光朝以来，张格尔屡屡扰边，回疆连年动荡不安，朝廷劳师靡饷，于是就有大臣提出“西域绝远，得之不为益，弃之不为损”的观点，并抱怨“竭内地以事外夷，散有用以资无用”，进而以此为由，主张弃守回疆。

龚自珍坚决反对弃守之说，认为即使回疆悬远难守，也不宜放弃。

他甚至对朝廷既定的“羁縻”、“控制”等“安边之略”也不以为是，主张应在乾隆朝武功的基础上，进一步加强对新疆的行政统辖（“因功而加续之”）。他相信只要在新疆建立完整的行政管理体系，开垦屯田，改善吏治，绥辑得宜，那么，过去与目前的劳费，在将来肯定会换回无穷的利益。其原话是：“现在所费极厚，所建极繁，所更张极大，所收之效在二十年以后，利且万倍。”

然而，举人出身的龚自珍，官级仅仅从七品，人微言轻，而本朝等级制度森严，此等底层发声不可能上达天听，可龚自珍偏偏又是“位卑未敢忘忧国”的那种读书人。这既是出于他试图实现自我人生价值的需要，也是出于所读圣贤之书中一再教导的入世精神，正所谓“人之学也，不志其大，虽多而何为？”

但志向再大，也要服从现实。当时的读书人要获得报效国家的机会，就必须进入大清国决策层；而要跻身大清国决策层，唯有经过科举考试这座独木桥。尽管龚自珍身为“官二代”——准确地说，他至少应该算是官三代，其祖一辈、父一辈均为朝廷命官，官至知府、兵备道及署理按察使等职，品级不低。但是，在大清王朝旧社会，即便是官二代、官三代，要想仕途腾达，也必须经过严格的科举考试。

当年，龚自珍给自己设计的路线图是：考取进士，进而入翰林院为庶吉士，由此侧身大清国决策层。

翰林院是一个带有浓厚学术色彩的官署，是朝廷储才之地，好比今之中央党校或国家行政学院。而翰林院里的庶吉士，则是朝廷最高一级的储才形式，是经皇帝朱笔圈点，由新科进士中择优选出的极少几个精英人才。所以，进入翰林院成为一名庶吉士，在民间被赞为“点翰林”。

平日里，庶吉士负责给皇帝讲解经史典籍，而且还时常帮皇帝起草诏书。身为皇帝近臣，权力很大，好比博士生见习高官，又好比高级后备干部。凡在翰林院任职或曾在翰林院任职者，均被尊称为“翰林官”或“翰林”，他们是传统社会中层次最高的士人群体。能成为庶吉士的士子，都有机会平步青云。有清一朝，汉人臣中多有出于翰林院庶吉士者，如陈廷敬、曹振镛、祁寯藻、林则徐、曾国藩等，不一而足。

当下，龚自珍为了实现报国梦，全力置身科场，屡仆屡起，钻研那些他并不喜欢的八股时文。多少个不眠之夜，孤灯青卷相映，在忙完一天的公务应酬后，还要伏案温习功课。正如那个年代有一首诗所描述的那样："一盏灯火夜深红，猛着心时不计工；他日风云能际会，定应平地步蟾宫。"

是啊！他就是这样燃膏继晷，刻苦治学，盼望着科举功名早一天完满解决，而后就可以尽快从科考的虚耗中抽身出来，致力于济世安邦之实务。

在历经十年寒窗苦读与科场磨砺后，终于在道光九年（1829 年），龚自珍第六次参加会试，得中，殿试金榜题名，名列三甲，赐同进士出身。

科举制度规定，除一甲三人（状元、榜眼、探花）立即授职外，二、三甲进士如欲授职入官，还要再经过朝考，即由皇帝出题再考一次。

时值初夏，朝考在紫禁城保和殿前如期举行。

上年大清国平定回疆张格尔之乱，本年朝考结合时政，所出考题为《安边绥远疏》。真乃机缘巧合，自嘉庆二十五年以来这十年间，龚自珍在应考同时，还一直关注西北边疆形势，从未间断对新疆长治久安问题的探究。所以，我们可以想见，在拿到考题那一刻，这位新科进士有理由信心满满：殿试虽未中状元，朝考必当点翰林！

是日也，天朗气清，惠风和畅。龚自珍仿效北宋王安石《上仁宗皇帝言事书》，用心拟写《御试安边绥远疏》，期盼着自己也能像王荆公当年，以平生所学博得朝廷的赏识与器重。他奋笔疾书，"胪举时事，洒洒千余言，直陈无隐"，纵论新疆平定张格尔叛乱后的善后治理，从施政、用人、治水、治边等方面提出改革主张，又反复陈述本朝边疆形势与前代大不相同，"中外一家，与前史迥异"，汉唐时期的"凿空"、"羁縻"办法已完全不适用了，当下迫切问题是如何加强国家统一、实现中央政府对新疆的有效管理，在新疆建立新的政治体制，"疆其土，子其民，以遂将千万年，而无尺寸可议弃之地"！

好一篇措辞犀利、振聋发聩、为大清朝一统江山社稷思虑筹谋的奇文！

试毕，呈览，阅卷诸公皆大惊！

龚自珍对自己的临场表现亦甚为满意。

可是，万万没有料到，他的功名前程早已被朝中某位老大人的一句评语给断送掉了。

那一年，主持殿试的是大学士曹振镛。这位老兄年长龚自珍一辈，历仕乾隆、嘉庆、道光三朝，官运亨通，备受恩宠。当有门生向他请教为官诀窍时，得到的回答却很简单："无他，但多磕头，少说话耳。"曹阁老为官循规蹈矩，保守而内敛。他曾多次主持殿试，固执地以士子的书法是否合乎馆阁体，作为评判优劣的首要标准。

所谓"馆阁体"就是清代公文的标准楷书书体，强调书写规范，要求字形、大小、粗细统一，字体方正、匀圆、乌黑、光洁。清代科举考试也必须以馆阁体书写。

馆阁体拘谨刻板，千手雷同，泯灭个性，这对于个性张扬、向往"不拘一格降人才"的龚自珍而言，如何写得来一手标准的馆阁体呢？

然而，在曹振镛眼里，书法不达标的士子哪怕文章写得再好、见解再高明、构思再新颖独特，均无足观。于是乎，曹振镛"以楷法不中程，不列优等"，将龚自珍低低地置于三甲第十九名，不得入翰林。

不得入翰林，这就意味着龚自珍自我设计的"中进士、入翰林、参政、议政、济世安邦"的个人奋斗路线图就此落空，报国梦也随之破灭。龚自珍二十八岁中举后，一连参加了五次会试，均名落孙山，直到年已三十八岁时才终于金榜题名考中进士。从年近而立到年近不惑，耗费十年大好光阴。这是龚自珍历经十年寒窗苦读、屡仆屡起之后所取得的科场功名啊！然而，曹大学士就这么轻飒一语，便让他前功尽弃、仕途渺茫。科场竟成为令他伤心之地。

"我劝天公重抖擞"的一切努力，都终归于徒劳。龚自珍只得仍去做他的内阁中书。哪来的回哪，该干吗干吗。

字写得不好，就得不到重用，书法比文章本身还重要，这纯属买椟还珠、本末倒置。不过，现实世界往往在逻辑思维之外。客观地讲，这也不能完全责怪曹大人。在那"万马齐喑"的年月，朝廷开科取士全看一篇代圣贤立言而又脱离实际的八股时文,因其内容空疏而无以见高下,便以楷法是否工整作为评判标准，甚至到了“抑文重字”的程度。由此观之，倒也不足为怪。

科场的不顺，大清朝病态的人才选拔机制，如同一条条毒虫，无情地啮噬着龚自珍那颗自尊而又敏感的心。

日之将夕，悲风骤至；伫听雁过啼鸣，顿感“向之所欣，俯仰之间，已为陈迹……”龚自珍极度失落，满腔愤懑，毅然将自己耗尽“华年心力”的二千篇八股文（科考复习资料）统统付之一炬。他尖刻地嘲笑道：“我家妇人，无一不可入翰林者，以其工书法也！”

此后的他，仕途依然乏善可陈。在冠盖如云的京城里，龚自珍一直不得知用，充任的都不过是一些无权无实、无足轻重的小京官，像什么宗人府主事、礼部主客司主事、祀祭司行走等这类闲差，他都干过，最高职级也只相当于今之正处级某某员而已。

孟尝高洁，空余报国之情；剑气凌云，而屈迹于万夫之下。命也何如？对一个以天下兴废为己任的读书人来说，活在当下，理想与现实之间的差距实在是太大了，正所谓“书生忧国直堪笑”。

不过，另有超凡脱俗者常言道：人生如寄，多忧何为？庙堂有梦终落寞，江湖有酒总关情！愿饮春风醉几回，何苦悲秋枉凝眉？又何苦这般杞人忧天、闲愁万种呢？

然而，说时似悟，对境生迷，君不见“忧国从来是书生”，更何况“江山易改，本性难移”。龚自珍虽困厄闲曹冷职，其家国情怀却未曾稍改，丹可磨而不可夺其赤！其为人忧国成癖，仍旧屡屡上书，指斥时弊，满肚子不合时宜，简直到了“伤时之语，骂坐之言，涉目皆是”的地步。但终归人微言轻，不被理睬，反被同僚视为“痼疾”。

只可叹，嘉道中衰，为官而能不忘初心、替国分忧者，四海之大，有几人欤？

再者说，具有先见之明之高士，自古落寞皆孤独，如若不然，又何来“穷途之哭”？

试将道光帝的回疆善后办法与龚自珍的新疆建省之议稍加比较，我们就不难看到，前者总体保守，旨在维持现状，得过且过；而后者则颇具远见卓识，顺应了当时形势的发展变化，显示出本朝有识之士治理新疆的战略眼光。

而这一切的一切，到头来仅仅换来一声浩叹：既然未得到朝廷留意，那就只得寄希望于未来吧。龚自珍愤而赋诗预言道："五十年后言定验，苍茫六合此微官。"

时光荏苒，岁月沧桑。最终，历史还是再一次印证了司马迁说过的那句话："古者富贵而名磨灭，不可胜记，唯倜傥非常之人称焉！"龚自珍作为一位颇具远见卓识的"非常之人"，他的建议最终在五十多年后的 1884 年（光绪十年）得到了实现。

那一年，清廷在新疆正式建省。

晚清重臣李鸿章面对列强虎视鹰瞵之时局，尽管怯懦欲苟活，但也不由得对道光年间龚自珍所写的《西域置行省议》颇为激赏，赞叹道："古今雄伟非常之端，往往创于书生忧患之所得！"

李中堂此叹，不亦确乎？！

第二十四章

走马换将 密查长龄

前回书说过，长龄为捕捉张格尔督军出卡穷追，移师帕米尔高原，在大山中来回搜索三四个月之久，疲于奔命却不见成效，一时间竟束手无策，临秋末了，无功而返，甚或铩羽而归。

道光帝得知，怒不可遏，将长龄、杨遇春、武隆阿一并交吏部议处。吏部议奏，将三人革职！

道光帝鉴于回疆地处边远，一时找不到可以替换的合适人选，只得从宽发落，遂于八月十六日下旨，历数长龄等前敌将领宗宗过失，尽管措辞严厉，但实际上仅给长龄等人以“革职留任”的处分。圣旨有云：

“长龄等克复西四城距今已六月之久，张逆愈窜愈远，不能立定主见，筹办万全，转顿兵荒徼，虚延时日，糜费兵饷，致零星残匪伤及官兵，虽据奏斩擒一千五六百名，脱逃仅百余人，究属长龄等办理不善，咎无可辞！本应照部议革职，姑念道路辽远，一时难以更换，长龄、杨遇春、杨芳、武隆阿俱著从宽，改为革职留任，以观后效。”

一个月过后，道光帝干脆觉得长龄待在新疆已没有什么作用，于是又于九月二十一日降旨，称“喀什噶尔现有武隆阿等人办理善后，长龄无庸在彼督办，著长龄即刻来京供职”，并收缴其扬威将军印信，还将长龄兼任的伊犁将军一职也补授给乌鲁木齐都统德英阿；至于驻扎喀什噶尔的留防官兵，则交由杨芳统辖。实际上，这就等于长龄现有的所有职权都被道光帝给拿掉了。

而且，更为严重的是：道光帝已开始对长龄进行秘密调查！八月，他命署理伊犁将军德英阿派人调查伊犁及喀什噶尔卡外草地抄近捷路的情况；九月，又给当时正在肃州督办军需的代理陕甘总督的鄂山和前任陕西巡抚卢坤下了一道密旨，要他二人就近秘密调查长龄为何不兵分两路等可疑之事。

深感失望的道光帝对领兵大臣起了疑心。如果张格尔迟迟不能抓到，他是要找替罪羊的。

早在闰五月初二日，道光帝就自京城发出一道谕旨，命参赞大臣杨遇春来京陛见，同时，命大理寺卿（相当于今之最高法院主审法官）诚端前赴喀什噶尔帮办善后事宜。

当时，道光帝把召杨遇春回京的缘由说得很冠冕堂皇，说是考虑到杨遇春已经出关很久了，而由其所兼负的陕甘总督工作也很紧要，还有，凯旋回撤的官兵也不能没有统兵大员加以管束，鉴于此，著杨遇春统管督率所有应撤官兵立即分批启行。待进关后，先行来京陛见，然后再回陕甘总督任上，云云。

这其实就是，道光帝想当面向杨遇春了解收复西四城之时，为何没有抓获张格尔的详实原因。

不过，当这道圣旨下至喀什噶尔清军大营时已是六月初一日，杨遇春已奉扬威将军之命，带兵出卡多日，行走甚远，无法马上折返。于是，长龄代为奏请“暂缓起程”。

但事情并没有完，现在，道光帝已认定长龄“不能信用”，既然杨遇春不能马上进京向他禀报实情，于是便决定通过正在西北督办军需的鄂山与卢坤，就近进行秘密调查，查明长龄是否刚愎自用，乃至贻误军机。

道光帝在给他二人的密折中，宣泄了他对长龄积压已久的种种不满和怀疑。内称：上年张格尔进卡滋事，朕命将出师，志在歼灭张格尔这个元凶，使边疆永远获得安定。可是，西四城克复后，张格尔却这么久没被抓获，逃避诛罚，这都是长龄办理不善的结果。朕心深为愤懑！

鄂山、卢坤，你二人想必都熟悉这些情况。回顾自军兴以来，朕颁发朱谕，指授方略，并于武隆阿离京当日上殿辞别之时，就向他面谕机宜，总体要长龄他们将兵马分为奇正两路，一路由巴尔楚克作正面进攻，一路令武隆阿由乌什草地出其不意，作为奇兵兜擒张格尔，不要让他远逃。

此次调兵三万六千余名，不为不多，完全可以分为奇正两路使用。然而，二月初六日进兵，长龄仍是归并一路进攻。自洋阿尔巴特之役，尽管三战皆捷，但最后仅得喀什噶尔一座空城，张格尔远窜，毫无踪影。

接着，道光帝罗列了一大堆需要调查核实的问题：

一、乌什草地那一路究竟是否像长龄所说的那样有数站地的戈壁荒漠，以致大兵断不可冒险前进，而且还有张格尔党羽在那里埋伏拦截？那里的布鲁特族部落是否真的与张格尔同流合污、助纣为虐？

二、张格尔是否是在喀城攻克之前就已先期逃走了，抑或竟于喀城克复后，趁空子逃出卡外？

三、现在算下来，距西四城平定已过去六个多月了。应办的事很多，可长龄仅奏报两三件，敷衍了事。应该撤回的官兵只撤了一万零七十七名，还有一万多该撤的没撤，虚糜粮饷，这办的是什么事？这是不是由于长龄刚愎自用，抑或是由于他轻听浮言所致？

四、武隆阿既不肯由乌什领奇兵出卡前进，而是在克复英吉沙尔后，前往叶尔羌时，中途因肝气复发回营，病愈后，由图舒克塔什带兵出卡，没走多远，又因臂痛折回。他虽在军中，却不曾勇往直前，是否真的病了？抑或是假借生病有意回避迁就什么？这一点尤须查个明白。或许是武隆阿有所建议，而长龄不予信任采纳，以致武隆阿袖手旁观？这也真说不定。

朕心悬万里，只是每次看到长龄的奏报，都恐怕是纸上谈兵，不是很靠谱。鄂山现在正在前敌办理粮务，卢坤现在就驻在肃州，所闻所见比较真切。倘若长龄刚愎自用，那么责任就在他本人，或是由于轻听浮言，那么过失就在武隆阿。

另外，在这道谕旨中，道光帝甚至还手把手地教给鄂山、卢坤如何进行密查的方法：

现在正值大队人马凯旋回撤之时，通过向陆续经过的领兵大员们广泛了解、前后印证，就会获得翔实完整的真实情况。著鄂山、卢坤以个人名义秘密询访，然后据实复奏，不许稍有含混，亦不许少有漏泄。

最后，道光帝对鄂山、卢坤给予勉励，并加以警示：

朕因鄂山、卢坤平日实心办事，不避嫌怨，特降旨让你们去办理秘密查询这件事。总要还朕一个“实”字！将来领兵各员到京时，朕必将一一详询。假如发现你们有伙同作弊、徇私隐瞒的行为，恐怕你们担当不起这样严重的罪责啊！

道光帝像历史上所有的当权者一样，疑心很重，但，他也心存敬畏，念念不忘父皇生前反复嘱其“屏窥测、杜猜疑”之话语，自认为“即位以来，虽不敢自信恢宏，亦不知粗历偏狭”，而且还时常自我勉励：“事愈大，心愈小；情愈急，气愈和”。再有就是，道光帝很在乎百年之后别人对他的评价。正所谓“君子以亏义为辱”，他可不愿在他当政之时出现冤假错案，让朝中忠臣良将挨整受屈，自己亦遭天下士林非议，甚至被后人骂作“无道昏君”。

正是由于道光帝心存敬畏，才使得他尽管对长龄颇多不满，但对罢黜长龄与否却始终举棋不定，犹豫不决。

有道是：“在专制条件下，我们唯一能祈祷的就是：让掌权的人犹豫一些。我们无法要求他是个神，做个有敬畏心的人就不错了。”

高高举起，又轻轻放下，不失为“犹豫之美”。

道光帝身上果然散发着这种人性的光辉。但，密查是必须的！他要了解事实真相，以便看清人性再出手。

读史至此，固觉凛然，亦不无暖意。

十月中旬，鄂山、卢坤接到道光帝给他二人的密旨，立即着手对长龄进行秘密调查。

几乎是同时，长龄也接到道光帝召他“来京供职”的谕旨。而此时的长龄当然不知道圣上已命人密查自己，他只是感到就此回京，心有不甘。刚好武隆阿又病倒了，于是长龄赶紧以此为由，上奏求情：

“臣接奉谕旨，命臣来京供职。查四城虽复，众志未定，该逆窜至托古斯托罗地方，难保不后萌故智，勾结滋事。此时既当严密防备，尤应设法诱擒。现在武隆阿业经奏请解任调理，臣更未便遽尔回京，致有贻误。惟有吁恳圣恩，准令留营督办，俟事局大定，地方实可放心，再当遵旨回京供职。所以扬威将军印信，现无大员进京，可否暂留钤用之处。伏候圣训。奏入。”

在奏折中，长龄恳请道光帝鉴于武隆阿卧病，准他继续留在营中，待他设法诱擒张格尔后，再“遵旨回京供职”，同时还弱弱地恳请圣上暂且将扬威将军印信留给他继续使用。

可惜，当长龄这道奏折还在驿站传递途中，道光帝在北京就已经物色到可以替换他的人选。

十一月初九日，道光帝降旨，命直隶总督那彦成为钦差，颁给钦差大臣关防，驰往喀什噶尔代长龄筹办善后。这意味着长龄的仕途快要走到头了。

那彦成，字绎堂，姓章佳氏，满洲正白旗人，生于乾隆二十九年（1764年），比长龄小六岁，可其出身门第却比长龄显赫得多。

乾隆五十四年（1789年），那彦成考取进士，尔后擢升极快。嘉庆初年，当长龄还在不显眼的总兵职上埋头苦干时，那彦成已荣任工部尚书兼都统，赫赫然在军机大臣上行走，甚至以钦差大臣总统陕西军务，当时年仅三十五岁。不过，那彦成也曾坎坷过。他三岁而孤，是他的母亲一手把他抚育成人，后来，在镇压白莲教、天理教起义中，他两次出任钦差大臣督军作战，杀人如麻、战功累累，但也由于自以为是，多次遭到圣上贬斥，屡起屡踬。

道光初年，那彦成曾任陕甘总督，对西北情况颇为熟悉，后调任直隶总督。须知，直隶总督可非比寻常，其正式官称是：“总督直隶等处地方提督军务、粮饷、管理河道兼巡抚事”，是清朝九位顶级封疆大臣之一，总管直隶、河南和山东的军民政务。而且，由于直隶地处京畿要地，因此直隶总督被称为“疆臣之首”。那彦成能任直隶总督，可见其无论资历、地位、能力，还是人品、道德、文章，均堪称当今圣上特别亲近信任之重臣。

早在张格尔作乱伊始，那彦成就条议善后之要，力主“首先剿洗白帽回子，已从逆者，童稚不留；未从逆者，按户迁徙云贵闽广各州县安插”。如此惨烈的镇压手段，在道光帝看来也是“窒碍难行”，但那彦成的强硬立场显然会给他留下深刻的印象。

收复西四城后，道光帝一再要求长龄裁撤留守回疆兵额，虽几经裁撤，仍对留兵八千不满，还要长龄“悉心斟酌，能于八千之中再省二三千更好”，但长龄未予响应，终无结果。而那彦成则认为长龄留防八千兵力的计划应“量为减裁”，他提出只要留兵六千五百即“足资镇抚”，而且三年后酌减二千，五年后再减二千，这要比长龄的计划节俭得多。只要是“少花钱、多办事”，便甚合圣意，更何况那彦成还有一个不凡的善后计划，甚得道光帝欢心，因此很快受到宠幸。

那彦成在接到被委以钦差大臣的圣旨后，驿动的心久久不能平静：

那彦成的父亲去世得早，似乎没有给他留下太深印象，但其祖父阿桂却是他心目中一位顶天立地的大英雄，时时激励着他一步一个脚印，努力实践，以获成功。

须知，阿桂乃大清朝一代名将，其戎马生涯战功赫赫，屡统大军东征西讨，定伊犁、平回疆、讨缅甸、攻打大小金川，并参画镇压台湾林爽文叛乱和反击廓尔喀入侵西藏，等等，可以说，乾隆皇帝自诩的“十全武功”，他参与了半数以上，着实为巩固大清朝多民族统一国家立下了汗马功劳。尤其是平定回疆“大小和卓之乱”，他一马当先，亲率劲旅掩至天朝疆域最西端——伊西洱库河畔（即今帕米尔迤西之喷赤河），将叛军斩擒殆尽。

那彦成的祖父阿桂最终成为乾隆朝出将入相之重臣，深得皇上器重，更因新疆军功由满洲正蓝旗抬入属于上三旗的正白旗，官至武英殿大学士兼领班军机大臣，封一等诚谋英勇公，四次绘图紫光阁。即使过世多年，到了道光朝，新皇帝也没忘记其赫赫军功，于登基后第三年二月，下令阿桂“配享太庙”。这可是一个无上崇高的荣誉。

太庙是中国古代皇帝的宗庙，是供奉历代皇帝和帝后灵位的地方。

后来，功臣的灵位也可以被供奉在太庙里。但一般的功臣可不行，必须是有大功于江山社稷的臣子，经皇帝恩准，才可以死后将灵位供奉在太庙里，享此殊荣。

老子英雄儿好汉。抚今追昔，那彦成胸有丘壑，希当大任。这是他第三次被委以钦差大臣，圣上让他主持回疆善后，他决心继承和发扬祖上之丰功伟烈，不堕门风，再创辉煌，为圣上消除心头之恨，亲手抓住首逆张格尔!

干事情首先要搭班子、带队伍。那彦成当面启奏圣上，此行须有一位得力的带兵大员配合他，道光帝当即传谕伊犁领队大臣布彦泰随同前往喀什噶尔，听候那彦成差遣。接着，那彦成又先后奏请携带多名文武官员，组成一套阵容颇为宏大的办事班子，班子成员有：军机章京、户部郎中阿达顺，提督齐慎，长芦运司札隆阿，大名府知府壁昌，宁夏府知府武凌汉，乾清门头等侍卫舒伦保，三等侍卫贵成，直隶参将兴安保，游击万祥，甘肃大靖营游击米兆元，陕西靖远营都司向荣，直隶河间府同知濮城，西安协领德惠，直隶保定营都司郝永泰，守备刘正，等等，并且还要加派一百五十多名亲兵马弁随行。

道光帝平日里精打细算，而这次朱笔挥洒，一概准了。

就在道光帝对那彦成的委任发出后的第四天，十一月十三日，道光帝接阅长龄恳请留营的那份奏折。一见武隆阿又病倒了，道光帝生怕长龄奉旨甩手一走，前敌无主帅坐镇，易被贼匪所乘，赶忙于次日降旨，令长龄“暂缓来京”，并指示长龄“如已起程，即赶紧折回喀什噶尔”。非但如此，道光帝还惺惺作态，犹似多情地在谕旨中对长龄好生“安抚”一番：

朕是因为你偶患脾泻（真不知长龄何曾脾泻），这才令那彦成作为钦差大臣，前去会同你办理一切善后事宜（其言外之意，朕对你的关心和爱护你应该能体会得到）。现在根据你的奏报，四城虽复，众志未定，张格尔窜至托古斯托罗地方，难保不再来捣乱，你请求暂留军营督办，这是很对的。

最后，道光帝指示：“长龄著仍遵前旨，在喀什噶尔办理一切。其扬威将军印信，即著留彼钤用。那彦成到彼尚需时日，其一切善后事宜，应办即办，不必等候。”

书中暗表：其实，长龄一步也没有离开过喀什噶尔大营，他知道武隆阿病发会让他重获留下来的机会。正是武隆阿这一病，无意中拉了长龄一把，道光帝这才降旨勉励长龄继续发挥余热，站好最后一班岗。不过，这番情景并不代表什么，比方讲，道光帝恢复了对长龄的信任。

且说，那彦成这边将手头各项事务料理停当，即于十一月二十四日起程西行。由直隶前往回疆道里漫长，即便是兼程赶路，也总得需要三个月的时间方能抵达喀什噶尔。

就在那彦成上路不久，道光帝忽又想起有些“面谕未尽之言”，于是特追发一道圣旨，谕令已在途中的那彦成：一是善后事宜必当趁春融办理；二是加紧进发，早到一日，就可早一日就理（显然，道光帝这时把希望寄托在那彦成身上，盼着他早点接手善后事宜，尽早换掉那匹还在发挥余热的老马）；最后，道光帝指示那彦成：“抵达喀什噶尔后，会同杨芳办理善后事宜，遇有应奏事件，当联衔具奏”。请注意，这时的道光帝已不再提及长龄了，而是将其视为闲棋冷子。

那边，钦差大臣那彦成正兼程赶来，而这边，长龄虽为自己争得暂且留下来的机会，但心里也非常清楚：极度抠门的道光帝破费大把大把的银子，抓不到张格尔，秋后算账是要找替罪羊的，而现在的他，要么及早抓获张格尔立功受奖，要么就准备日后在规定的时间和地点接受调查。

一般来讲，凡干事的恐怕没有不存在这样或那样问题的，而且一查一准。单就扬威将军而论，且不说进兵之初，长龄没有遵旨兵分奇正，犯下“刚愎自用”之过；也不说浑河沿之战，长龄犹豫不前，可被定为临阵畏缩之罪；甚至也不说长龄“捐西守东之议”多有丧权辱国之悖谬，单说长龄在攻打喀什噶尔回城时，确有贻误战机、纵敌逃逸之嫌，仅此一宗，罪莫大焉，一旦被坐实，就够他一梦！

须知，大清朝对前敌将领纵敌逃逸的惩处是极为严厉的。在此，仅举两例为证：

例一：乾隆二十三年，靖逆将军雅尔哈善领兵将大、小和卓（即张格尔的爷爷和他的二大爷）包围于库车城中，后因玩忽，不听同僚在要隘设防的建议，致使大、小和卓突围逃走，结果被乾隆帝以贻误军机等罪名，处以死刑！

例二：道光四年十一月，协领巴克塘阿带兵出卡，缓程行走已属不合，又听诈言，游移退兵，致张格尔等乘间窜逸。结果，巴克塘阿被革职，枷号半年示众，期满后，发往黑龙江充当苦差，遇赦不赦！

想必长龄应当清楚自己该当何罪：是被处以极刑？还是枷号发配、遇赦不赦？——总有一款适合你！

如果那个末日真的来临，他能像汉代飞将军李广那样，与匈奴决战漠北，因迷道失期，不愿再受那些刀笔吏的提讯与羞辱而毅然决然“引刀自刭”吗？显然，他不能！他没有李将军那种为人刚烈不阿之气概。不过，也许在长龄眼里，李广是个不成熟的男人。不成熟男人的标志是：可以为了理想去壮烈地牺牲。而他却不然，作为一个成熟男人的标志则是：可以为了理想而忍辱负重地活着。当下，他必须忍辱负重，全力办差，以求自赎。

这也多亏我大清朝疆土广袤，从东到西足足有六万八千里之遥，而当时我们人类的交通工具还处于畜力运输阶段，钦差大臣那彦成从直隶到喀什噶尔不能像我们今天乘高铁那样朝发夕至，而是要着着实实地走上三个多月之久。这就使得，即使道光帝对长龄极为不满、极其怨愤，恨不得立即走马换将，但客观上终究存在一个无法逾越的空间障碍，长龄至少还要在现任上发挥一百多天余热，这就给扬威将军留有扭转危机、将功补过，乃至最终扬威的宝贵时间。

但也必须指出，命运留给他的时间已不多了，满打满算，也就只有三个月而已。

必须抓住这一最后窗口期，背水一战，否则，身败名裂，一世英明都将土崩瓦解、狗屁不是！

于是，在那彦成到来之前，为改变自己的处境，长龄经过一番苦思冥想，终于想出一个以大黄、茶叶为武器，迫使外夷帮助擒拿张格尔的“妙计”。

茶叶是我们大家再熟悉不过的了，自不必多说。且说大黄，它是一种多年生草本植物，广泛分布于我国西北、西南和中南地区。中国将大黄入药具有悠久历史，早在西汉初年就已成批运销西方。作为中国主要出口的药材之一，它有攻积滞、清湿热、泻火、凉血、祛瘀、解毒等功效，主治实热便秘、水肿腹满、目赤、咽喉肿痛、口舌生疮等多种病症。

很早以前，长龄就悲哀地发现，卡外那些浩罕、布噶尔、安集延人跟犬羊没有分别，他们非喝牛奶、酪浆就不能维持生命，而牛奶、酪浆不容易消化，胶结在肚子里，必须靠吃大黄和大量饮茶，才能使它化解。假如几个月不吃大黄不喝茶的话，双目就会失明，肠胃就会壅塞。所以卡外最贵重的食品和饮料，莫过于大黄和茶叶，即便最贫苦的人家，他们喝不起茶，也都在胸前挂一小口袋大黄，时常用舌头去舔一舔，或用鼻子去嗅一嗅。而大黄和茶叶，只有天朝才出产，因此，野蛮的夷人必须依赖天朝。天朝只要拒绝通商，那就是说，只要拒绝卖给他们大黄和茶叶，就能立即致那些外夷于死命。届时，让他们没了大黄和茶叶，屙不出屎来、瞧不清东西，看他们把张格尔交不交出来。

于是，长龄上奏道光帝，建议朝廷断绝浩罕、布噶尔、安集延入卡贸易，并严禁大黄、茶叶出卡，在他们无法赖以生存的情况下，或可将张格尔抓获献给清军。

但这是一个缓慢的过程，道光帝并不认可，指斥为“有名无实”！尤其是，当远在北京的道光帝，得到长龄有关张格尔想趁清军陆续撤回之际，仍打算前来抢占喀什噶尔的奏报时，更是怒不可遏，提笔怒批道：“可见狼子野心，虽窜败游魂，仍敢觇我虚实，该将军（即指长龄）前此虚延日月，一无措置，岂未虑及此耶？”

总之，无论长龄这里怎样绞尽脑汁筹议善后，终因未能抓获张格尔，总难平息道光帝的“愤懑”与“失望”，最终还是被处以“革职留任，以观后效”。

长龄接到圣旨，大吃一惊，不由得坐立不安，开始反省思过。他深知自己没有在第一时间抓住张格尔、纵逆逃出卡外、出卡穷追又折损无功、大军久驻边地虚糜粮饷无数，以及在留兵数额、弃守西四城等方面统统惹恼了皇上，诸如此类，不一而足。他深感自己处事无方，有负委任，面对未来，百感交集，恐怕也只剩余生……

但同时更感到很难过，他事事为朝廷卖命，“存乎于心、发乎于情”般的赤诚，没承想不蒙明察，居然受到这等待遇，竟被自己所深深敬仰的主子加以严处，这可真是他始料未及的。每一念至，感慨万千，内心哽咽，就是剖出心肝给人吃，还被嫌有腥味。

当下，风云日紧，道光帝派来的大理寺卿（相当于今之最高法院主审法官）诚端已驾临喀什噶尔多日，整天在长龄眼前晃悠，脸上还总隐约浮现出几分神秘的事务性微笑。尽管圣旨上说“大理寺卿诚端前赴喀什噶尔帮办善后事宜”，但谁都看得出这倒像是皇上派来进行专项巡视的监军，处处暗藏着机锋，随时可以把任何一个失职、渎职的前敌将领拿解回京。果真如此，岂不痛哉！

还有，老将杨遇春奉旨凯撤入关已经行走快半年了，估摸着这会儿已进京面圣，圣上一旦向他问起“克城之日，首逆为何脱逃？”那将如何是好？

大限将至，恐怖袭来，长龄心绪不宁，内心承受着巨大的压力。

如果要问这种压力到底有多大？在此，你我可结合自身遭逢，实际想象一下：比如你在体制内做事，一天，有人向你透风，说你的领导对你有看法了，要查你！你准被吓个半死。看法坏了，你再怎么兢兢业业洗心革面都是徒劳。领导今天对你有看法了，明天你怎么做都不顺眼。看法会让你死也死不了、活也活不好。

就本书而论，当年道光帝早就对长龄有看法了。在那个君主专制的年月里，可以想见，长龄所承受的压力应该远远超出当下你我所碰到的某个驴蹄子马掌的无事生非、没事找茬，而且何止百千万倍！

此时的长龄，表面上气定神闲，一脸的轻松，暗中却忧谗畏讥，独坐愁苦。他多想唤来随营照顾自己的爱子桂轮，闲聊片刻，陪他喝上一杯，只可惜，桂儿已于不久前回京供职去了。漫漫长夜，独酒难饮；望风怀想，能不依依？

人之一生，比成功还要重要的是经历失败。正所谓“人生不是故事，而是事故”，若无磕碰刮蹭，岂不负一路征尘？对于二八年华、涉世不深的后生是这样，对于长龄这位年近七旬、饱经风霜的老臣，也不例外。如果说还非要有什么不同的话，那便是“善败者不亡”。仅此而已。

好在“蒲柳望秋而落，松柏经霜弥茂”，长龄宦海沉浮，早已练就一副抗压腰身。当然，更多亏道光帝是一位仁厚之君，只对事，不整人。此乃长龄之大幸！如若不然，他这个扬威将军恐怕早就被拔去顶戴花翎、威风扫地了。

明君在上，消极、颓萎不属于咱扬威将军。

赳赳武夫，国之干城。

大道朝阳，使命必达。

最后关头，已无暇自怜自艾！长龄急图振作，寻思出奇补救之法，忙请参赞大臣杨芳前来商议：君谓计将安出？

杨参赞略作筹思，献上一计。

第二十五章

设谋用间 张网以待

杨芳出谋

杨芳，贵州松桃人，儿时念过私塾，家贫，十六岁投身行伍。当年，将军杨遇春赴贵州平息苗变，在解松桃之围时，见杨芳虽为小卒，却气宇不凡，勇于任事，异之曰："此将材也！"荐之大帅福康安，拔补把总。杨芳由是渐知名。后从杨遇春镇压川楚白莲教大起义，每战辄为军锋，斩首不可计数，作战甚力，因战功累累获擢升。至道光六年，以固原提督之职从征回疆张格尔之乱，进击柯尔坪，大获全胜；转年，收复和阗，生擒贼目噶尔勒，颇得圣心，升任参赞大臣。

杨芳好奇计，当日谋之将军曰：兵不厌诈，讲求"致人而不致于人"——调动对方而不被对方所调动。圣上也曾示谕我等"用谋设间"。惟今之计，与其出卡穷追、霸王硬上弓，莫若四两拨千斤，趁我军大队兵马凯旋入关之际，匿军示弱，转使细作诱而擒之？

接着，杨芳又做了进一步分析：张格尔世为白山派首领，以和卓自雄，前番占据喀什噶尔期间，滥施淫威，虐杀黑帽回众，黑山派大为愤恨，以故南路诸黑山党徒，多有暗通官军者。鉴于此，在下建议，从黑山派与白山派之间的嫌恨入手，计从此出，用谋设间，诱擒张格尔。不知将军意下如何？

长龄闻听喜形于色，认为参赞所言极是！于是就在这年年底，密遣黑山党徒出卡，深入帕米尔山区，四处散布谣言，谎称清军已全部撤离，喀什噶尔城防空虚，当地回民百姓都正在翘首以盼张格尔和卓卷土再回来呢！

与此同时，卡内清军则开始保持寂默，暗中加紧进行各项准备工作，张网以待之。

在兵力方面，当西四城克复后，经长龄向道光帝力争，最终获准留一万八千兵力暂驻南疆。长龄将其中九千精锐（吉林、黑龙江、伊犁马队三千名，绿营步队六千余名）摆在喀什噶尔一线，由他亲自监督，勤加操演，待机而动，并饬令领队大臣阿勒罕保将所带战马妥为饲养，务必膘肥体壮，以备随时调用；其余八千兵力则分驻乌什、阿克苏、巴尔楚克、牌素巴特、和阗、叶尔羌、英吉沙尔等城，以及各处卡伦，用以担负防守警戒任务。

兵力足够调用，长龄信心满满，在十一月初他上报给道光帝的奏折中，更是溢于言表：现在趁此兵威，赶紧设法诱擒。如该逆等胆敢复来，乘势擒剿，实为极好机会。

但同时，长龄也给自己留有余地，所以在奏折中他又提出：若年内不能即获，明春整齐兵力，确探贼情，分兵出卡，两路进攻，可望得手。

《孙子兵法》讲得好："胜可知而不可为，先为不可胜，以待敌之可胜。"译成白话就是：胜利是可以预见的，但无法强求，所以，要先立于不败之地，然后再去等待可以战胜敌人的时机。

当下，长龄已立于不败之地，自不待言，关键是要看张格尔出不出差错、给不给长龄战而胜之的机会了。

杨芳巧施反间计

强中自有强中手，用诈还逢识诈人。

且说这年七月，张格尔收罗了在塔里克达坂被杨芳击溃的那二百多残匪，便由喀拉提锦流窜到库库苏地方潜匿。落脚后，有布鲁特人赶来报信，说是库库苏附近的达尔瓦斯伯克沙伊布拉依木，正打算过来捉他献给清军。张格尔察觉风头不对，便匆忙带着残匪连夜遁逃。十月初，张格尔逃至布鲁特萨雅克部落所属的托古斯托罗地方，与当地布鲁特头领阿坦台、汰劣克会合，意欲纠集布鲁特部落人马，再去抢掠喀什噶尔，但阿坦台与汰劣克这两个张格尔长久以来的同盟者，非但没有附和，反而将张格尔留住。

当时，由于清军平叛连获胜仗，声威大振，浩罕汗国及布鲁特各部落均不敢轻举妄动，纷纷表示归顺朝廷，除了阿坦台、汰劣克这兄弟二人比较胆大、还敢收留张格尔外，其余的甚至不敢再与张格尔保持联系，加上清军大队人马常驻各处哨卡，搜索封堵，到处追剿，使得张格尔生计困难，势益穷蹙。于是张格尔又玩弄诈降计，派人去见长龄，伪请投诚，其实是借机派人入卡勾结白帽回众，打算再像去年那样来个里应外合，攻取喀什噶尔城。

杨芳识破张格尔诈降伎俩，将计就计，巧施反间之计，故意让张格尔所派之人在喀什噶尔逗留多日，让他亲眼看见那些随张格尔窜往卡外的胁从者的眷属皆安然无恙，更让他看见业已投降者皆获宽待免死。这着实令张格尔所派之人大为震惊！因为他原以为追随张格尔的胁从者均遭灭门，投降者亦难逃一死，没承想，大家还都活得好好的。

当初，清军克复西四城时，许多白山派回众随张格尔潜逃卡外，于是就有人向长龄建议“屠戮叛众”，也就是说将所有与叛乱关联的人全部杀死。长龄对此不以为然。在他看来，西四城失守是因为援兵没有及时赶到所造成的，那些参与叛乱的回人多半是被胁迫的，良莠难分，杀也杀不完，而且卡外遍布外夷部落，假如我们在此大开杀戒，就会引起他们的疑惧，转致铤而走险，这就等于为张格尔增添了羽翼，给自己树下了劲敌。于是，长龄心发善念，胁从者的眷属才得以免被缘坐（牵连获罪），投降者也获宽大处理。

长龄晓得“攻心为上”。他当时这么做，固然出于“一念之善”，但也是想通过此番善举，勾摄并离散张格尔身边那些胁从者的心志，使之总有后顾之忧，不致死心塌地、一味盲从张格尔。这也正是张格尔始料未及的。日后事成，众人莫不佩服长龄筹划之善。

当下，杨芳正是基于长龄“一念之善”，巧施反间计，并初见成效。

张格尔诈降未成，非但没能煽惑白帽回众与他里应外合，反倒中了杨芳的反间计，使自家军心产生动摇。当张格尔所派之人回去后，张格尔的胁从者们私下从这人口中得知各自眷属安然无恙，于是便不愿再随张格尔远逃（比如逃往更遥远的布噶尔等地），有的干脆自行解散，返回卡内投降清军，有的转而怂恿张格尔快快入卡，以便趁机探望家眷。而张格尔对此却没有察觉，犹在梦中矣。

长龄困顿仍执着

这期间,锡伯总管额尔古伦向长龄推荐了手下几个通晓回语的部卒，他们是锡伯马甲色布星额、沙精阿、布扬阿等人。根据额尔古伦建议，长龄多次派他们潜入张格尔隐匿的区域进行侦察。

十一月初，长龄派色布星额前往阿坦台、汰劣克的叔父伊里斯曼底的驻地，传令这个布鲁特萨克雅部落的首领，将一份檄谕代为转交给他那两个侄子阿坦台和汰劣克。长龄在檄谕中责成阿坦台、汰劣克将张格尔引渡给清军。不久，色布星额回营禀报：从阿坦台、汰劣克的叔父伊里斯曼底那里打听到张格尔近日闻听大兵陆续撤回，便分遣手下喽啰前往纠约各布鲁特部落，并向他们借兵借粮，意欲还来抢占喀什噶尔。各布鲁特都知道官兵甚众，不敢应允。至于阿坦台、汰劣克这二人，他们虽然不会帮助张格尔，但也没有把张格尔抓住献给清军的意向。

不久，阿坦台、汰劣克差派巨满拜、托克塔二人来到清军喀什噶尔大营，呈递回函，内称：张格尔到达他们那里已经月余，本要擒送大营，但因张格尔身边跟随着二白多人，不敢轻易动手。现准备把张格尔骗至他们的叔父伊里斯曼底那里居住。张格尔若来伊里斯曼底处，那里距清军卡伦只有八九百里，届时再来禀报官军，请派兵前往掩捕。

然而就在这时，长龄得到线报，巨满拜等人进卡以后，到处探听官军情况，还私下向正在喀什噶尔阿奇木（回务总管）衙门当差的回兵询问官兵实际数目。这显然是假借呈递回函为名，窥探我方虚实，真乃狡谲异常，这令长龄深恶痛绝。他随即传令喀什噶尔阿奇木（回务总管）伊萨克将巨满拜带到营中，当面严加晓谕：你们的头领阿坦台、汰劣克收留张逆，而没有立即拿献，现令尔等回去告知阿坦台、汰劣克，速将张逆擒献或劝其出来投降，本将军自当奏明圣上，饶其一死。倘若执迷不悟，大兵即将开赴尔处，一并剿洗！

巨满拜等人见长龄声色俱厉，又见清军大营兵威壮盛，甚感畏惧。在接到长龄交给他们回文谕帖后，就赶忙告退。

长龄派色布星额随同巨满拜等人同往伊里斯曼底驻地，希望他们在那里能够会同当地部落头领，纠集各部人马，设法诱擒张格尔。可是，巨满拜等人一到伊里斯曼底驻地，未作停留，就马上返回托古斯托罗向阿坦台、汰劣克报信，此后便没了消息。

色布星额在伊里斯曼底那里，探听到张格尔仍在差人向各处布鲁特部落借兵借粮，但各部落均未应许，又探询到张格尔仍在阿坦台那里居住，山内雪大，张格尔随从众多，食物短缺，势甚窘迫，有觅食他往的迹象。

长龄接到色布星额送回的这些情报，认为均系传闻之词，未可深信。但他一时也没有更好的情报来源，只得传令色布星额勤加侦探，随时禀报。

远在北京的道光帝，在得到长龄上述奏报后，指示长龄："现在张逆窘迫情形只系传闻一面之词，不可深信。釜底游魂难保其不死灰复燃，潜来窥伺。该将军等惟当饬各路防兵，随时加意防范。倘有可乘之机，诱之使来，务即就地歼擒，勿留遗孽。不可轻率出卡，亦不可坐失机宜。"

"不可轻率出卡，亦不可坐失机宜"，这种"求全责备"式的指令，让长龄非常难以拿捏分寸。显然，道光帝不同意长龄此前提出的"明春分兵出卡，两路进攻"计划，对于张格尔，道光帝要求长龄只可以"诱擒"。

然而，情报不准，计将安出？

长龄陷入困顿，不过，他仍执着地加派细作，秘密进山，潜入茫茫林海雪原，看似徒劳地在大海里捞针。

重赏之下，伊萨克一手力促谍战获重大突破

事物的发展往往有这样一种情形：有利的情势与主动的恢复，往往产生于“再坚持一下”的努力之中。

就在长龄陷入困顿之时，他的执着终于显露成效，清军谍战获重大突破：张格尔的岳父老丈人被我方收买了。

此前，长龄曾派副将胡超带同伊萨克，亲往张格尔时常出没的阿尔图什等处，将译成回文的简明告示分贴于各个回庄，遍加晓谕，令各庄回民协力擒逆，并重申赏格，以十万赏银购求张格尔。

在十二月下旬的时候，长龄又指令伊萨克选派办事稳妥的回人，分往卡外各部落查探情形，设法诱使张格尔入卡。当时长龄只不过是聊备一手，为的是日后“相机办理”，没承想“无心插柳柳成荫”，一头撞了个头彩。

在此，我们稍息片刻，介绍一下已在本书中反复出现过的这位南疆回部黑山派大首领伊萨克。

伊萨克，又译“伊沙克”，全称“米尔扎·伊萨克”，出身库车维吾尔贵族，乃大清第一代库车王米尔扎·鄂对之孙，属于回疆伊斯兰教派中的黑山派。

在回疆黑山派中，鄂对家族最具代表性。作为库车的黑山派代表，鄂对家族长久以来始终站在反对喀什噶尔白山派和卓家族的立场上，以致在这两大古老的家族间世代延续着一脉古老的恩怨。而正是这种历史形成的宗派恩怨，客观上使黑山派鄂对家族反对白山派和卓后裔从事的叛乱活动，自觉地效忠朝廷，维护国家统一，也正是因为他们这种政治上的忠诚，清廷始终信任这支南疆望族。

伊萨克作为鄂对家族中的一员，忠勇能事，学识渊博，聪慧且具有

远见卓识。他在精通母语而外，还精通满、蒙、藏、汉等多种民族语言文字。所以，当时汉家学者的很多好文章，比方说龚自珍的《西域置行省议》、《御试安边绥远疏》，他都知道，对文章中所讲的国家统一、发展生产、保卫边疆等道理，他也深以为然。

张格尔大规模叛乱爆发前，伊萨克是沙雅尔阿奇木伯克。当时的沙雅尔属库车办事大臣管辖，其政治经济地位落在南疆八城之后，因此，这时伊萨克的名望并不突出。

道光六年，张格尔叛乱的消息传到沙雅尔后，时任该地阿奇木伯克的伊萨克，立即组织当地回众清查内奸，筹备粮草军械，并从当地青壮年中抽出三百人编练成军，日夜操练防守，随时准备配合清军作战。

机会总是留给有准备的人的。

不久，第五代库车王艾扎提•阿巴克因抗击张格尔战斗失利，被削爵，改由其弟伊萨克承袭爵位。伊萨克由此成为第六代库车王。而且，还由于艾扎提•阿巴克所任的阿克苏阿奇木伯克之职也同时被免，清政府遂命伊萨克前往阿克苏接任阿奇木伯克一职，于是，伊萨克便带着手下这支队伍赶赴阿克苏前线，直接参加了清军的平叛作战。

当时，清朝守卫新疆的主要兵力驻扎在北疆的巴里坤、乌鲁木齐、伊犁一线，南疆只有少数换防兵，军事力量较为薄弱。所以，当张格尔发动大规模叛乱、清政府调集北疆驻军增援不及时，南疆西四城便相继失守，而且叛军还想趁大队清军赶来增援之前，迅速向南疆东四城的阿克苏等地推进，妄图占领整个南疆。

阿克苏居南疆八城中心位置，是北疆及内地通往南疆西四城的交通要冲，也是清廷平叛大军的集结地和粮草供应基地，战略地位十分重要，一旦有失，后果严重。

当此危急时刻，伊萨克挺身而出，一到阿克苏便立即参与清军各项军事准备工作，战斗打响后，又带领当地回众积极协助清军抵御张格尔叛军的进攻，还将隐藏在阿克苏蓄势待发的叛军“第五纵队”全部捉拿归案。

道光七年初，清军在阿克苏准备就绪，开始向南疆西四城的张格尔叛军发动进攻。清政府因伊萨克“自军兴以来，屡次出力……且熟悉道路情形”，特命他随大军出征。在此后的大河拐、阿瓦巴特、排子巴特、沙布都尔等一系列战斗中，伊萨克带领部属筹运粮草、侦探贼踪、收集情报、查拿奸细、充当向导，对平叛作战迅速获胜起了重要作用。而且，在这次平叛中，伊萨克本人还主动捐粮食万斤，马二三十匹，矛一百数十件，支援清军作战。

凡此种种，伊萨克被朝廷看重并深受倚任。清军克复喀什噶尔后，即被授以喀什噶尔阿奇木伯克。

这年年末，伊萨克派了一名间谍进山散布清军撤退的假消息，没承想“天上掉馅饼”，或者应该说是“上天不负苦心人”，这次竟鬼使神差般收买了张格尔的岳父他依拉克，他依拉克将张格尔毫无保留地出卖了。正是由于他依拉克的投靠，长龄尔后所得情报就不像以前那样模棱两可、云山雾罩了，而是准之又准。

在此，人们不禁要问：他依拉克为什么要出卖自己的女婿呢？这话还得从头说起。

原来，就在几年前，张格尔还在卡外四处窜伏、混得最惨的时候，身为布鲁特首领的他依拉克觉得张格尔这小子似乎好像差不多、大概可能也许是“一条汉子”，最不济也是枚“暖男”，又见他老大不小还没讨到女人，于是就将自己视为掌上明珠的小女嫁与他，并且还搭上一笔不菲的嫁妆，只希望“贤婿”有朝一日兴起来后，能够富贵勿忘。张格尔对此也没客气，照单全收，下来后就真抓实干。没过多久，他依拉克之女就为张格尔生下一子。

张格尔总算是有后了。一家三口，倒也其乐融融。但好景不长，后因张格尔与浩罕国王马达里汗在喀什噶尔坐地分赃不均而闹翻，马达里怒将张格尔的老婆孩子扣为人质。待张格尔称汗后，曾派人向浩罕索要妻儿，但马达里没有给这个新冒出来的“赛义德 • 张格尔 • 苏丹”（即所谓“圣人后裔张格尔汗王”）面子。张格尔很悲愤，但很快就化悲愤为力量，一口气在喀什噶尔连娶三房妻室，随后便于寻欢作乐之间，反倒把那母子俩抛到脑后了。

这，着实令他依拉克很恼火。

伊斯兰教法有这种规定，允许穆斯林男子可以娶多至四个妻子。当然，不可能每个穆斯林兄弟都有机会享此艳福，能娶多个老婆的只是极少数的社会上层人物，例如国王和王室成员。所以，说句公道话，张格尔攻陷喀什噶尔称汗后，一口气娶了三房妻室，并不有违教法。

不过，在穆斯林社会中，也要求穆斯林男人就算娶了超过两名的妻子，做丈夫的必须同等对待她们，不能厚此薄彼。比如我们有一位穆斯林兄弟娶了两个妻子，他给其中一个买了辆奔驰，至少也得给另一个买辆宝马才行。另外，还有一点，那就是穆斯林男子再娶也并非随心所欲、想娶就娶，再娶时还要考虑现任妻子的感受。而张格尔恰恰没有做到这些。

“由来只有新人笑，有谁听到旧人哭？”就在张格尔的这三位新宠终日锦衣玉食，住在喀什噶尔城内豪华的庄园里，还时不时地得到张格尔汗王临幸之时，远在浩罕苦寒之地的那位曾与张格尔夫君患难与共过的结发之妻，却被拘禁在破毡包内，孤苦伶仃，怀抱幼子，终日以泪洗面。

两相比对，情何以堪？

岳丈很生气，后果很严重！

只不过，这种后果的严重性并没有立马发作，而是作用于尔后最要命的节骨眼儿上。这不，当下正有一位神秘的冰山来客登门造访，兜里揣着十万两银票，欲购得张格尔项上那颗人头。

他依拉克虽说是个部落首领，但就其所拥有的财富而言，其实也就不外乎多拥有几匹马和几群羊，哪见过这么多银子，天底下也只有大清朝才能拿得出。他当即怦然心动：不于此时赶紧把张格尔卖上个大价钱，更待何时？若等到清军通过别的途径将张格尔拿获，他可就连一个铜子也得不到了。更何况，他要用这笔钱把自己那苦命的女儿从浩罕那里赎出来，再供她后半辈子过上贵妇生活，也住在豪华的庄园里，终日锦衣玉食。

于是，张格尔这位年过花甲的岳父对来人说：张格尔打小就离家混世界，这孩子不是个玩意儿，品质恶劣，该怎么办就怎么办吧……

如果说，长龄出卡穷追，体力不支，始终没有撵上张格尔的步伐的话，那么，他在用谋设间方面，却远远赶超张格尔的智商，正所谓“智在贼先”，尤其是在收买张格尔岳父作为内线后，愈加游刃有余，洞烛其奸，一切尽在掌握之中。

张格尔中计

如果张格尔彼时肯于罢手，做个牧民，傍晚钻进帐篷，吹灯上床，一夜无书，白天出来望望蓝天，呼吸点新鲜空气，放放牛羊什么的，倒也一了百了。毕竟南疆地界这么大，长龄也就那么点兵力，不可能进行地毯式搜索，更不可能长期驻扎。可是，似乎天夺其魄，张格尔心魔未除，总想来个咸鱼翻身。有道是：不作死就不会死，侥幸总有用尽的时候。由此推之，其命数便不言自明了。

前文说过，十二月初，长龄得知张格尔在托古斯托罗企图纠结回众，有再次入卡的动向，于是决定秘密派遣黑山派回众在卡伦内外行反间之计，真真假假，大造舆论，称清军已经撤回，就连大家一向所畏惧的“哈萨谙班”（意为“大胡子爷爷”，即指老将杨遇春）也调走了，喀什噶尔防务空虚，广大回众正翘首盼望着张格尔和卓重返喀什噶尔举事呢。

这话传入张格尔耳中，顿时喜出望外，竟信以为真。他先令探马入卡探察，果然不见官兵踪影，杨遇春确已入关，于是中长龄计，误以官兵全撤，喀城空虚，遂于年底，立即纠合残众，蠢蠢欲动，昼夜整备军械，忙个不停，准备第四次入卡。

张格尔原想多带些人马再来攻取喀城，但到阿坦台那里后，因闻喀城清军已撤多日，就只拼凑了一支由五百人组成的马队——原有的二百多贼匪，加上阿坦台处的三百多布鲁特人。他觉得凭这些兵力就足够了，到时候还可以像从前一样，再煽动卡内白帽回众随他一同举事。

张格尔开始向卡伦一线迁徙。十二月十七日来到阿坦台、汰劣克的叔父伊里斯曼底所在的部落，暂且驻扎，补充给养。可没承想，伊里斯曼底这里也已缺粮多日。当年，张格尔自逃窜出卡，便带着他那帮百十号党徒到处游弋，传食各部落。所谓“传食”就是辗转受人供养，说白了就是随处蹭吃蹭喝、白拿白用。他们这伙饕餮之徒，把那些原本并不富裕的部落吃得锅釜见底。只是碍于张格尔号称“和卓后裔”，即所谓“排罕巴尔后裔”——天使的后代，所以，尽管这么能吃能喝可劲儿造，大家表面上还得处处敬重他，但实际上，各部落早就不堪其扰，生计日蹙，渐渐供养不起了。

当下，张格尔也难免随之挨饿，于是就亟思纠合残部，趁清兵过年松懈之际，摸进卡内抢劫，捞它一票。

但临要出发前，阿坦台、汰劣克及其所属的那三百布鲁特骑兵却都不愿随他进卡了，张格尔只得将他们遣回。当时，阿坦台、汰劣克都预感到情况有点不太对劲，就连博巴克、托呼达、迈玛特呢雅斯这些常年追随张格尔的死党，这次也都没敢陪着张格尔冒险入卡，唯独只有张格尔的岳父老丈人他依拉克竭力促使张格尔最终做出了入卡的决定。

在岳父大人的“鼓动”下，一向嗅觉灵敏的张格尔，唯独这次对长龄设下的骗局没有丝毫起疑，遂又神气活现地纠集了当地二三百穷苦的布鲁特人，做一番战前煽动，召唤一嗓子“没饭辙的跟我走”，于是加上原班人马，竟又凑成了一支五百人的马队。

张格尔准备出动了。

终结者：一份准确的情报，成为张格尔的催命符

周公伍豪有云：不入虎穴，焉得虎子。侦察工作要有入虎穴的精神，方为上乘！

长龄的谍战仍在继续，特别是到了年底，锡伯马甲色布星额等人又一次人不知、鬼不觉地深入张格尔所驻扎的营地，买通了布鲁特萨雅克部落首领伊里斯曼底及其侄子汰劣克，并与之相商，促使张格尔前来入卡，以便官军易于擒捕，随后又带回一份重要情报——张格尔欲复率五百骑兵，乘官兵除夕不备，入卡煽众，潜袭喀城。

这个情报极为准确，时间、地点、人数、图谋无一不明明白白、清

清楚楚。长龄深信不疑，因为它不再像以前那些出自伊里斯曼底（阿坦台、汰劣克的叔父）嘴里的二手情报，也不再是阿坦台、汰劣克胡编滥造的烟幕，而是源自张格尔的至爱亲朋，真实不虚，简直就如同一道张格尔的催命符，果真灵验。所以，事后，白山派普遍认为，他依拉克应对张格尔入卡发生的事直接负责。

万事俱备，只等张格尔自投罗网。长龄、杨芳这边镇静守望，以六千精兵张网以待。

长龄信心百倍，他于十二月二十八日向道光帝奏报："臣已命令各队官兵裹带口粮，一闻确信，刻即分路迎剿。现在卡外天寒雪大，官兵未便出卡。如该逆果于岁底前来，诱其入卡，更可一鼓歼擒！"

谚曰："谋事在人，成事在天。"也就是说，事情是人做的，但成与不成，就要看你的运气了。

当下，考验长龄运气的时候到了。

第二十六章

新春伊始 天示奇象

爆竹声中一岁除，春风送暖入屠苏。

千门万户曈曈日，总把新桃换旧符。

在除夕夜的爆竹声中，旧的一年——农历丁亥年（道光七年），正在逝去；新的一年——农历戊子年（道光八年），如期来临。

元旦这天（也就是现今的春节大年初一），凌晨子时，道光帝来到养心殿东暖阁。按照祖上定立的老规矩，作为大清当朝皇帝，要在每年新春伊始之时，举行开笔仪式。

道光帝首先亲手把屠苏酒注入一只特制的酒杯内，陈于案上，而后又亲自点燃玉烛，伴随着烛光，濡墨挥毫，工工整整地写下“天下太平”、“福寿长春”等吉祥语。要是在往年，道光帝接下来便开始浏览有司呈进的新年历书，不过，他今年却久久注目于那只酒杯，若有所思。

这个物件是他爷爷乾隆皇帝于而立之年，命内务府打制的。酒杯金质、鼎式、圆形、直口，外壁满錾宝相花，杯沿镌有“金瓯永固”四字为名，寓意颇深。

书中暗表：金瓯，乃古时盛酒器，用以比喻国家疆土。

值此新春佳节、辞旧迎新之际，道光帝注视着“金瓯永固”这四字铭文，心里默默祈祷着江山社稷平安永固，金瓯无缺。

次日，大年初二，就在重华宫茶宴之上，道光帝仍惦念着回疆战事，命在场的一班廷臣酬和他的御制新诗，其中有“边徼红旌捷速传”这样的诗句。的确，他仍在期待着一场企盼已久的胜利快快到来。

茶宴散后，已是掌灯时分，千千阙歌犹余音绕梁。道光帝独自静坐于养心殿内，徐徐回望自己在这才将过去的战斗的一年里，与回疆反叛势力、境外敌对势力和朝中因循苟且行为的斗争，以及即位八年来，他志存高远，不忘初心，勤于政务，自策自励，在惩处贪腐、整饬吏治、练兵振武、治理河漕、开通海运、改革盐政等诸多方面所取得的伟大成就，于是乎不由得记起《尚书》里的两句话：“功崇惟志，业广惟勤。”

不是吗，在他八年来兢兢业业、勤勤恳恳地操持下，现如今“天下乂安，海内无事”，本朝形势一片大好，唯有张格尔之乱自他即位时起，便如影随形，久拖未决。上年平乱之战，原本预想三四月间便可大功告成，孰料经过一年辗转，直至今日，逆首仍未就擒。他天天盼着回疆早传捷报，边患扫除，几乎望眼欲穿，只可恼，腊月三十看黄历，估计是年内无期了。如果要怨的话，就该怨那长龄老儿！一元复始，万象更新，而他仍旧只会劳师靡费，全无制胜奇计，实在有负委任，深失朕望！

道光帝无奈之下，举头仰观天象，子夜星空是那么辽阔而深邃。突然，惊见一颗彗星自西北天际横空滑过，放射出诡异不安的光芒，沿着大殿前的树梢徐徐陨落……

道光帝立刻警觉起来，心里一阵阵发紧，暗想：天象必不虚示！西北方向肯定出大事了，此乃上天在先期示象。

难道是回疆前线我方折损大将？抑或逆酋为我剿擒？

道光帝不敢再往下想了，心里七上八下，忐忑不安，不时地又燃起希望的烈焰、响起春雷……

正月二十二日酉刻揚
威將軍長齡參贊大
臣楊芳由八百里加緊
馳奏紅旗報捷於卡
外喀爾鐵蓋山督率
大兵生擒首逆張格
爾邊徼肅清大功告
蕆用成七言八韻以
誌欣慶
四城克復已逾年元
惡稽逃尚苟延除夕
功成意能料新春捷
報佑從
天閭舒克塔什先通
信喀爾鐵蓋早據巔
盡力窮追趋卡外舍
生立獲在軍前揚威
難參贊協忠兼勇勁
旅營兵銳更堅震讋
邊荒安絕域酬庸懋
典大勳全
己丑新正
御筆

第二十七章

除夕之日 生擒首逆

月黑雁飞高，单于夜遁逃，欲将轻骑逐，大雪满弓刀。

——（唐）卢纶《塞下曲》

还真让远在北京的道光帝猜着了，西北方向真的出事了，而且是出大事了！

且说道光七年岁末，张格尔第四次入卡作乱。

此番作乱能否得逞？这出上演了八年、堪比“小丑跳梁”式的闹剧是不是该收场了？且容慢慢道来：

这年腊月二十五日，岁时节令已过农历小年，眼看就要到大年三十了，而喀什噶尔清军大营却毫无过年气氛。因为，据可靠情报，张格尔正准备乘除夕这一天潜入卡内，窜往喀什噶尔勾结滋事，于是，全营将士整顿兵马，严阵以待。

咬定青山不放松，守得云开见月明。长龄的坚忍与执着终于显露成效，甚或成功在即，那只狡黠的猞猁终于要出洞了，猎捕它的机会终于出现了。

十二月二十八日午刻，长龄接探马密报：昨晚，图舒克塔什守卡官兵看见有骑贼三百余人、步贼二百余人，均向东北一带奔窜，有去往伊斯里克卡伦的迹象。

长龄判断：此乃张格尔所率贼匪无疑！这厮仍将由旧路入卡进犯，即取道伊斯里克卡伦附近的开齐山路，先行潜往阿尔图什回庄，纠结当地白帽回众聚集滋事，然后再来攻取喀什噶尔。长龄当即差派千总索文、马兵叶荣，速往阿尔图什一带再探再报，随后又与杨芳、武隆阿急商对策，最后决定：留祥云保、硕隆武镇守大营，他本人与杨芳各带一队人马直扑阿尔图什回庄；同时嘱令仍在抱病的武隆阿，与道光帝派来的大理寺卿（相当于今之最高法院主审法官）诚端——当前可以认为是道光帝派来的监军，同赴喀城附近各处回庄弹压稽查，严防有白帽回众与张格尔勾结。

可怜参赞大臣武隆阿，近几个月来，陪着长龄连遭圣上严斥，直至被革职留任，身心被创，以致堂堂武参赞都快要变成林妹妹了：不在愁中即病中。一言难尽，不说也罢。

单说清军兵分两队，长龄带领总兵副将胡超、二等侍卫庆安、署阿奇木伯克贝子伊萨克、锡伯总管额尔古伦，点齐伊犁马队和凉州、宁夏、河州步队；杨芳带领领队大臣阿勒罕保、吉勒通阿、苏清阿、那桑阿，点齐吉林索伦马队和固原汉南步队。两队清军共计六千多兵马，迅速出动。

一路之上，长龄催兵快行。中途，迎见索文、叶荣飞马来报，称张格尔现已由阿尔图什回庄沿原路折奔出卡，黑帽回众正跟踪追去。

原来，就在这天上午，张格尔带领马队由开齐山路潜入卡内，窜至靠近卡伦的阿尔古回庄，企图纠约人马，随他起事，但该处白帽回众却闻风逃散。张格尔当时并没在意，还在那里喂马稍歇，随后又向阿尔图什回庄奔来。孰料该庄黑帽回众不肯附从，甚至还有四百多庄民手持兵械，阻拦他入庄。

白回奔窜，黑回抗拒，张格尔见眼前这番情景，并非如卡外所闻“回众翘首以盼，箪食壶浆以迎”，他这才猛然觉察到其中有变，暗叫不好，慌忙拨马折返，由伊斯里克奔逃出卡。

当清军赶抵伊斯里克卡伦时，天已昏暮，追兵扑空，张格尔又一次脱逃。但长龄不敢轻言放弃，他心里很清楚，这是他最后翻盘的机会，必须放手一搏，遂不顾道光帝“断不可轻率出卡”之命，与杨芳商议：“既得贼踪，不可稍缓。惟相距尚远，我兵必须赶出卡外，分路兜剿，方可得手。”当下，长龄命杨芳出卡追击，他本人在卡伦旁边扎营接应。杨芳立功心切，得令后即派索文、叶荣头前带路，连夜率官兵分三路赶出卡外。

卡外地形复杂，歧路纷乱。清军尚不知张格尔确切逃向，加之深更半夜，若漫无边际穷追，极易迷路走失。幸亏锡伯总管额尔古伦也参加了这次追击，他路遇布鲁特（柯尔克孜族）牧民，特以好言相询。布鲁特人害怕隐瞒不报，放走了张格尔，日后遭清军报复，于是如实相告：张格尔逃往喀尔铁盖山。

喀尔铁盖山，就是今天新疆阿合奇县西南的喀喇铁克山，汉译“黑羊山”，位于天山南脉的东段。

当下，杨芳急命叶荣返营，将这一重要情况向长龄报告，同时传令大队人马向喀尔铁盖山追剿。那些正在黑暗中摸索行进的众官兵，闻听此讯，顿时群情激奋，急催战马，狂奔向前，一路齐声高呼：“今日必擒张格尔！”

次日（十二月二十九日）拂晓，叶荣驰回大营向长龄报告：“探得该逆出卡后，窜奔喀尔铁盖山。”长龄闻听兴奋不已，随又极度紧张。近一年来，他追捕张格尔屡屡失手，连遭圣上严责，有如巨雷轰顶，又似万箭穿心，今逢天赐良机，万万不可功败垂成。长龄立即差人手持其扬威将军金鈚令箭，飞驰晓谕各队马步官兵：竭力追捕！如有稍懈，定按军法从事！

当此之时也，边月微明，阵云忽起。万队之貔貅共奋，四山之风雪交鸣。振奇兵而迅击，气夺先零；听飞骑之传呼，生擒颉利。

话说杨芳与胡超各率一队兵马，分路由间道抄进，不顾山道艰险，急驰 昼夜，终于在当日上午，远远望见有五百多贼匪窜出山沟。两路清军迎头奋击，赶杀八十余里。至午时初刻，赶至喀尔铁盖山内，追及贼尾，马步争先，分路兜剿，立毙贼匪二百余人。

张格尔策马抢占半山腰，率领马步三百余贼迎面冲来，清军以排枪齐射抵敌。杨芳见状，急令马队抄及贼后夹击，领队大臣阿勒罕保、吉勒通阿、苏清阿、庆安等，分两路带兵下压，复毙贼匪三百余人。余匪力不能支，随后向山沟逃窜。

此时，张格尔身边仅随三十余骑，几成孤家寡人，惶惶如丧家之犬。再看我天朝威武之师，红旗招展，铺天盖地，人如猛虎，马似蛟龙，弓箭凝霜，刀锋映雪，将那喀尔铁盖山团团围住。

贼我势不两立，巅峰对决，擒拿首逆的最后关头到了！

但见副将胡超一马当先，飞骑直前追捕。格斗中，擒获贼目伊斯拉木素皮查克。胡超、伊萨克横刀讯之，得知张格尔骑一匹青马，身穿蓝色金丝缎袍，足蹬绿皮毡靴。这一讯息被迅速传达下去。官兵认准贼首装束，飞马力追，皆欲亲手擒之而后快。

张格尔一伙拼命打马奔窜，终因日夜狂奔，坐下战马早已堪堪废命，加之山高路滑，众贼匪不得不弃马而逃，护拥着张格尔徒步攀爬，妄图隐没在群山沟壑之中。

胡超、额尔古伦、伊萨克、段永福率官兵六七十人紧随其后，见状，亦弃马登山，全力跟追。追逐中，又毙五贼。余贼滚山逃窜，复奔大梁。

张格尔身边仅剩下十余死党，仍作困兽之斗，一边拼命向山上攀爬，一边投石回击。

将及山巅，段永福、胡超、额尔古伦各带手下兵丁一拥而上，奋力抢近。

见官兵逼至，张格尔情急绝望，拔刀欲自刎。说时迟，那时快，锡伯马甲讷松阿、舒兴阿、绿营兵丁杨发、田大武，以迅雷不及掩耳之声势，扑将过去，夺其刀；胡超、段永福、额尔古伦，以闪电不及瞬目之光速，飞身进前，生擒之！

天交未正，红日偏西，尘埃落定。

正在营中焦急等信的长龄，薄暮时分，忽听得营门外飞骑传呼："生擒张格尔，大功告成！"

闻听之下，长龄欣喜若狂，如获至宝，他生怕杨芳连夜押送张格尔回营，路上稍有闪失，故而急忙派人飞马告知杨芳：官兵一昼夜爬山剿贼，实为奋勉辛苦，张逆既已就获，不必匆忙，饬令缓程入卡。随后又催运粮草进山，接济杨芳。

其时，杨芳也不打算冒险夜行。抓到张格尔后，他一边指挥搜山，一边吩咐就地扎营。

是夜，正值农历丁亥年（道光七年）除夕夜。就在内地万家灯火、喜迎新春之时，我大清六千多名戍边将士，远离故乡和亲人，在天山南脉的喀尔铁盖山上，幕天席地，度过了一个风雪交加、令人难忘的除夕之夜。

书说至此，在下不由得抄录下纳兰性德那首《长相思》，与同学们激赏：

山一程，水一程，身向榆关那畔行，夜深千帐灯；

风一更，雪一更，聒碎乡心梦不成，故园无此声。

纳兰公子乃清初第一才俊，满洲正黄旗下，大学士明珠长子。其出身显赫，才华横溢，国士无双，既金榜高中，赐进士出身；又秉承满洲尚武习俗，精于骑射，授御前一等侍卫；更几多峥嵘岁月，扈从康熙大帝出巡各地，壮游四方。这首描述塞外军旅途中思乡寄情的纳兰词，清丽传神，缠绵而不颓废，幽怨之中越发彰显男儿置身边关、慷慨报国之情怀。其中那句“夜深千帐灯”，真不愧为“千古壮观”是也。

或问：因何抄录这首词？无他，偶然想起而已。为何想起？似乎被一种豪气所感染，而本朝当下这种豪气已经不多见了。

第二十八章

红旗报捷 论功行赏

道光八年正月初二上午九十点钟（巳刻），杨芳统领兵马将张格尔押至清军喀什噶尔大营。当日，扬威将军长龄与参赞大臣杨芳、武隆阿公同讯问，录下供词，具折奏报。

书中暗表：正是这天傍晚，远在京师的道光帝仰观天象，惊见彗星自西北天际横空陨落。

此前，道光帝曾指示长龄：一旦拿获张逆，务必即刻驰报红旗，用八百里加紧具奏。

所谓“驰报红旗”，也就是“红旗报捷”，清代军队出征时，一旦大获全胜，就立即派专人手持红旗，急驰进京，向皇上报捷。

所谓“八百里加紧”，也称作“八百里加急”，此乃古代驿站制度专门用来表示传递紧急公文的最高紧急程度。它要求信使骑快马日行八百里以上，途中不得间歇，换马不换人，吃喝拉撒睡全在马上解决。就这样，速度起来后，一日甚至可达千里。然则，八百里加急，基本上是跑死马的结果，往往将公文送达目的地以后，马匹堪堪废命不说，信使本人如果体质稍差一些，也会因劳累过度而气绝身亡。因此，非到万不得已十万火急，断不可用八百里加急传递公文。

当下，张格尔终于落网，尽管大大超过了道光帝所规定的期限，但扬威将军长龄仍极为兴奋，一颗悬着的心终于落了地。大年初二，长龄即与杨芳、武隆阿联名具折，向道光帝飞章报捷。

在贺折中，三人诚惶诚恐地写道：“此皆仰赖圣主威福，士卒用命，将积年元凶首恶正于除夕日生擒，并剿尽余孽。从此新疆永靖，回夷共享太平。奴才等及在营官兵曷胜钦感欢忭之至！谨遵旨，由八百里加紧，驰奏红旗，上慰宸廑！”

值此新春佳节，这是长龄呈献给道光帝的一份最好的新年贺礼，比奉上一座金山还要给力。

鉴于事关重大，长龄特派乾清门侍卫、副都统阿勒罕保星驰赴京，代他本人暨杨芳、武隆阿二位参赞向圣上“叩贺天喜”，将这一特大喜讯从喀什噶尔飞递京城。

喀什噶尔与北京相距万里之遥。驿道凝云，长空寥廓，但见阿勒罕保一路上快马加鞭，日夜兼程，如风驰电掣般，跨越戈壁沙漠，踏破天山冰雪，纵穿河西走廊，飞掠中原大地，望京师方向疾驰而去……

且说春节过后的北京城，多少显得有些萧条和沉寂。虽然已是初春时节，但北方的白昼依旧很短。

道光八年正月二十二日这一天酉刻，也就是下午五六点钟的光景，太阳已早早落山，闾阎扑地的北京城与金碧辉煌的皇宫渐渐被笼罩在暮色里，大街小巷行人稀疏，买卖店铺也都早早收摊打烊了。

兔走乌飞，又是一天过去了，一切都仿佛平静如常。

忽然，猛听得一串急促清脆的马蹄声由远及近，打破了京城黄昏时的沉寂。一骑绝尘，飞驰入城，手执红旗，沿途厉声高喝："八百里加急！八百里加急！阻者死，逆者亡！"转眼间，狂奔至兵部门前，但见黄尘翻滚，人影一闪，跳将下马，此乃红旗报捷信使阿勒罕保是也！他仅用二十天，便将扬威将军的贺折从喀什噶尔送达京师。

兵部门房急忙接下紧急公文，不过，当时正赶上兵部已结束白天办公，列位司员都已散去。俗话说"没出正月都是年"，大家都各自早早回家吃饭歇息，或相约把酒言欢，而值夜司员尚未到班，一时竟来不及找个合适之人递送进宫。幸好，在角落里发现有一位老司员仍在班上。这位老哥性情恬静，行动迟缓，正不紧不慢地办理着白天没办完的差事，还不时地打着瞌睡。于是，他被紧急唤起，临时受命。

当年，大清兵部衙门就坐落在天安门东侧宫墙外（今国家博物馆一带），距紫禁城内廷乾清门有四五里地。而当前这位老哥睡梦初醒，揉着惺忪的睡眼，一见是"十万火急"，没敢片刻耽搁，立马起身，抖擞精神，手擎折本，一路跟头咧斜，飞也似的送进宫去。

掌灯时分，道光帝用过晚膳，一如往常，在养心殿内，兀自秉烛批阅奏折。案无积卷，事不过夜，这是他每天的生活习性。

就在这时，奏事处太监疾步走到龙书案前，呈上那份刚刚由兵部转来的折子。一见是发自回疆的"八百里加急"，道光帝内心不由得一阵狂跳：莫非是……但愿这次不要令朕失望！

他迫不及待地拆开，于红烛之下，定睛观瞧，只见上面赫然写着：“生擒首逆由八百里加紧驰报红旗。”

览此捷奏，道光帝几近失态，惊跃而起，以手击额：张格尔，我为你，朝思暮想，今日如愿遂心肠，哈哈……哈哈……哈哈哈。

许久不见的笑靥，在道光帝那瘦削的脸颊上绽放开来。

这是一个盼望已久的特大喜讯。在整个平叛过程中，道光帝“始终经画，宵旰焦劳”，运筹帷幄，周密部署用兵路线与后勤供应，并根据形势变化，做出了一系列重大决策，保证了平叛战争的顺利进行。只可惜，出师以来，首逆屡屡逃脱，一举成擒每每落空；转瞬期年，几乎无望，哪曾料想，现而今，峰回路转，完胜！

道光帝一字一字地仔细阅罢捷报，随即提起一支头号毛笔，饱蘸浓墨，挥毫写下两个大字：绥边。

清代帝王多善书法，而在清朝十二位皇帝中，尤以康熙、雍正、乾隆三位皇帝的书法最好，道光帝仅次之。在位期间，他勤俭做人，认真写字，书法墨宗正道，结体方正，笔画规整，稳健厚重，守成君王之正统风范扑面而来。这幅“绥边”二字，清晰地表达出道光帝遵守祖宗成宪，力求边境平安无事，从而获得统一安宁的治边理念，同时也是道光帝对平定这场持续八年之久的边乱所作出的最终总结。

当晚，道光帝派太监连夜前往绮春园向母后钮祜禄氏请安贺喜，过后又念及兵部臣工如此恪尽职守，勤于王事，当场奖谕：“传递捷报者，赏戴花翎，命其在军机行走。”道光帝那时的心情实在是太好了，简直好到了爱屋及乌的地步。而那位还在料峭寒夜中气喘吁吁、四脖子汗流的老司员，本已临近退休，升迁无望，没承想今晚这一趟没白跑，竟得到皇上的赏识和提拔，自然是喜从天降，连忙跪谢，倍感皇恩浩荡，周身如沐春风一般。由是观之，踏实工作的老实人也会有好报的，只是这样的幸事并不多见罢了。

再说道光帝这边，自大兵进剿回疆以来，日夜盼望早传佳音，生擒首逆，就在几乎无望的情况下，猛然间柳暗花明，红旗报捷。当晚，道光帝自是欣感交加，夜不能寐，欣于“露奏才驰，妖星陡落”，感于“以逾年之逋寇，一朝就缚，岂非天夺其魄，佑我成功耶？”

一向“敬天法祖”的道光帝，内心笃信此次全胜，首先有赖于上天和列祖列宗的保佑；再有就是曹振镛等一干廷臣参与决策，赞襄有功，支持有力；而长龄等前方将士，则更是“厥功实伟”，一日夜间扫除遗孽，边帅之忠勇，兵力之坚锐，俱堪嘉奖！

道光帝遥望西北，心潮澎湃，浮想联翩……

不知不觉间，新的一天来到了。

旭日临窗，晨光扑面，道光帝提朱笔，在贺折上笔走龙蛇，批示道：“览捷奏，欣悦何如？嘉奖之情，笔难尽述！即有恩旨。钦此。”

当日一早，道光帝就匆忙赶往位于京西的安佑宫、恩慕寺、恩佑寺行礼。安佑宫建于乾隆年间，是清帝御苑中的皇家祖祠，完全仿太庙而建，殿内供奉着康熙、雍正、乾隆、嘉庆皇帝的巨幅御像。恩慕寺、恩佑寺是道光帝的爷爷（乾隆帝）、曾爷爷（雍正帝）和祖爷爷（康熙帝）早年间工作和生活过的地方。道光帝赶到这里行礼，就是要告慰列祖列宗，叩谢祖宗在天之灵对自己的护佑。随后，道光帝又亲往绮春园向母后报喜问安，极尽晚辈之孝道。

傍午回宫，连下四道恩旨论功行赏，如水银泻地一般：

其一：

长龄著加恩锡封威勇公爵，世袭罔替，并赏戴宝石帽顶、两团龙补服，授为御前大臣，赏用紫缰，换戴双眼花翎；

杨芳著加恩锡封果勇侯爵，世袭罔替，并赏用紫缰，换戴双眼花翎，在御前侍卫上行走，并颁赏双眼花翎一枝；

长龄、杨芳并开复一切处分。

杨遇春、武隆阿任内一切处分，悉予开复。

总兵胡超著加提督衔，赏给骑都尉世职。

总管额尔古伦著赏加副都统衔。

都司段永福著赏给云骑尉世职。

马甲讷松阿著赏给侃勇巴图鲁名号，舒兴阿著赏给绍勇巴图鲁名号；兵丁杨发著赏给直勇巴图鲁名号，田大武著赏给确勇巴图鲁名号；以上四员，均照例赏戴花翎。

贝子伊萨克著加恩晋封郡王。

书中暗表，自进兵之初，清军即张榜广而告知，宣称“献缚张格尔者，封王爵，赏十万金”。事成之后，赏金去向自不待言，而封王锡爵则非伊萨克莫属。道光帝下诏，彰其功绩，称“伊萨克自军兴以来，诸事奋勉，实心出力，兹复带领回众，随同杨芳等出卡擒贼，忠勤可嘉，著加恩晋封郡王”。自此，“库车王”伊萨克在南疆八城中，不但地位处于维吾尔族其他王公伯克之上，而且威望也超过了乾隆年间参与平定大小和卓叛乱的其祖父鄂对。

其二：当此大获全胜之时，道光帝没有忘记关老爷多次显圣助战，故而特传圣旨，给他老人家加“威显”二字封号，用答神庥，并刻碑以记。碑文如下：

道光八年正月二十三日，奉上谕，我朝定鼎以来，关帝屡彰灵佑。

据长龄等奏，上年张格尔煽乱，遣其逆党扰近阿克苏，当官兵冲击之时，陡起大风，尘沙飞扬，该逆等遥见红光烛天，即被歼擒。

又，长龄等督兵进剿，师次浑河沿，该逆等竟夜扰营，风起猛烈，官兵乘风冲贼，俘馘无算。次早接仗时，据活贼佥供：因见红光中兵马高大，不能抵敌，即各窜逸。

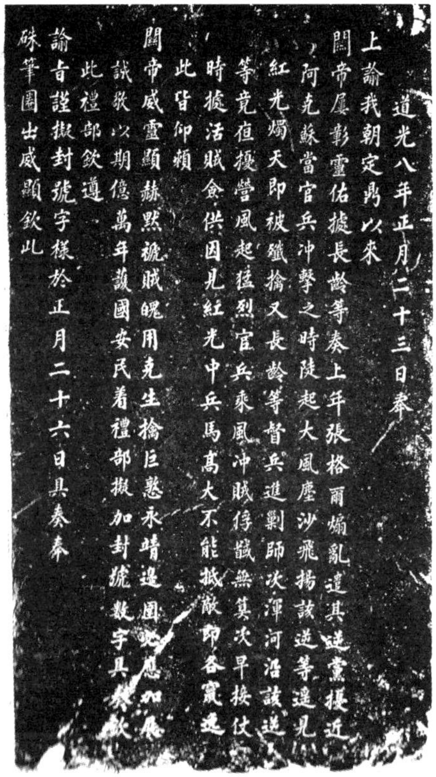
道光八年正月二十三日奉
上諭我朝定鼎以來
闔帝屢彰靈佑據長齡等奏上年張格爾煽亂逞其逆黨擾近
阿克蘇當官兵沖擊之時陡起大風塵沙飛揚該逆等遙見
紅光燭天即被殲擒又長齡等督兵進剿師次渾河沿該逆
等竟敢擾營風起猛烈官兵乘風沖賊俘馘無算次早接仗
時擒活賊僉供因見紅光中兵馬高大不能抵敵即各竄逃
此皆仰賴
闔帝威靈顯赫默褫賊魄用克生擒巨憝永靖邊圉必應加展
誠敬以期億萬年護國安民着禮部擬加封號數字具奏欽
此禮部欽遵
諭旨謹擬封號字樣於正月二十六日具奏奉
硃筆圈出威顯欽此

此皆仰赖关帝威灵显赫，默褫贼魄，用克生擒巨憝，永靖边圉，必应加展诚敬，以期亿万年护国安民。着礼部拟加封号数字具奏，钦此。

礼部钦遵谕旨，谨拟封号字样，于正月二十六日具奏。奉朱笔圈出“威显”，钦此。

其三：赏负责督办粮台的署陕甘总督鄂山、山西巡抚卢坤头品顶戴。

其四：赏呈送捷报的奏事处接报员外郎兴保、兵部捷报处总办郎中恩龄花翎，候补主事恒祥蓝翎。

隔日，又下恩旨，奖赏廷臣，曰：“自道光六年喀什噶尔用兵以来，军机大臣曹振镛等佐朕运筹军务，夙夜勤劳，承书谕旨，钜细无遗……大学士曹振镛著晋加太傅衔，赏用紫缰；吏部尚书文孚著晋加太子太傅衔，赏用紫缰；户部尚书王鼎著赏戴花翎；兵部尚书玉麟著晋加太子太保衔；工部尚书穆彰阿著晋加太子少保衔，即在军机大臣上行走。仍俱著照军功交部议叙。其满汉军机章京等，著军机大臣编列一二三等，候旨施恩。”

正月二十四日，参赞大臣杨遇春抵京，在圆明园具折请安。此前二日，道光帝已接到生擒张格尔捷报，圣心大悦，先后五次召见杨遇春，详细询问克复四城实在情形，赞其“调度有方，实为尽心出力”，赏用紫缰，加恩实授陕甘总督，谕令即回本任。

尔后，道光帝又特意召见了那位千里走单骑、驰报红旗的副都统阿勒罕保，详细询问了官兵追擒张逆情形，大为嘉悦，赞其“行走甚为迅速”，加恩在御前行走，并补授正黄旗护军统领。

在本章结尾处，不知列位看官可否注意到，杨遇春抵京的时间真个是不早不晚，恰到好处。当初，道光帝急召杨遇春回京，就是为了要当面向他询问兵临城下而张格尔却为何最终仍能脱逃？杨遇春对此亦心知肚明，不过，这令他很是为难。杨遇春虽对长龄因私贻误战机有气，本可奉诏急急回京告御状，可他终究不是那种嫌怨必报的宵小之徒。与长龄同朝为官，毕竟袍泽，怎能乘人之危而落井下石呢？于是便采取“拖”字诀，在返程途中，老将杨遇春先以腿疾为由，而后又以绕道乌什巡防为由，奏明圣上，借以拖延时日。因为人老腿先衰，巡防乃其分内职责，唯有这样，才不会引起圣上猜疑。结果，本应三个月走完的路程，杨遇春竟然走了半年。直到驰报红旗的信使赶在他头里抵京，他这才于两天后进京面圣。想必此时的道光帝正沉浸在全胜的喜庆中，龙颜大悦，自然不会再问及那些令人为难的问题了吧。

自古朝堂明争暗斗，水深浪急，不过，在作为封建士大夫行为准则的《论语》中也讲求“君子成人之美，不成人之恶”。显而易见，杨遇春以德报怨，成人之美，而长龄此前之所谓忧谗畏讥，则纯属多虑。由是观之，杨老将军高风亮节，真乃一高尚士也！

第二十九章

午门受俘 宣示天威

天地风霜尽，乾坤气象和。生擒张格尔后，大清朝上上下下总算都松了一口气。扬威将军长龄随即派令镶红旗蒙古都统哈朗阿专门负责将张格尔押解回京，又派令大理寺卿副都御史诚端、副都统吉勒通阿、祥云保，带领凯旋撤返的吉林、黑龙江马兵一千名、西安固原步兵一千名，一路护送张格尔囚车入关，并令伊萨克挑派五品伯克斯底克迈玛特带上十名回兵，沿途照料张格尔的饮食起居。

道光八年（1828年）正月初六日，押解张格尔前往北京的队伍起程。在大队清军的护送押解下，张格尔上路了。尽管道里漫漫，但对张格尔来说，早已是风前烛、瓦上霜，来日短、去日长。

正月二十一日，官兵二千七十八员名押张格尔过阿克苏境。

正月二十二日，红旗报捷驰达北京，道光帝欣喜之余，对押解张格尔来京一事极为重视，在收到捷报的第二天即降下谕旨，指示张格尔被押解进关后，沿途各地督抚须派令文武大员带领兵丁，按站接替护送，不得稍有疏忽！

张格尔一时间成了"国宝级"的重量人物，享受到无微不至的照料，其沿途饮食起居、精神及身体状况是否正常，每到一站，都要随时向道光帝做详细奏报。道光帝生怕途中有丁点闪失。这倒不是张格尔有多么招人待见，而是道光帝现在需要张格尔健康地活着，以便用来做一篇名垂千秋的大文章，而且还要从张格尔的嘴里了解一些他一直都想知道的有关回疆的真实情况。

二月初五日，押张格尔出库车境。

二月十一日，押张格尔出喀喇沙尔境。

二月十六日，押张格尔出吐鲁番境。

三月初九日，押送队伍进入嘉峪关。

三月二十五日，途经兰州。

四月初三日，入陕西境，十五日护送出境。

五月初六日，押解至直隶保定府。

经过四个多月的行走，在五月十日（夏至）这一天，都统哈朗阿率解俘将校，终于将俘囚张格尔解送至北京。

在清代，凡边疆有乱，以兵征剿，王师凯旋之日，则有献俘、受俘之礼。面对此次平定回疆、生擒首逆之全胜，道光帝决定铺张一回，仿乾隆朝盛事，举行献俘、受俘等一系列隆重典礼。

献俘于太庙、社稷

献俘是古代一种军礼，远在上古西周王朝即有之。当出征的军队凯旋后，要前往太庙、社稷告奠祖先、土地神和五谷神，献上俘虏和战利品，报告胜利，显示战功，用以表示胜利是祖宗护佑的结果，也是国家的福分。此举被称为“献俘”。《清会典・礼部》载明：解送俘囚至京师，钦天监择日献俘于太庙、社稷。

太庙和社稷均为王朝权力的象征。依照周礼“左祖右社”的定制，大清朝的太庙和社稷，分别位于紫禁城天安门东、西两侧。

五月十一日这一天，乃是钦天监择定的献俘之日，都统哈朗阿率解俘将校，将俘囚张格尔反剪双手，颈系白练（寓意举白旗投降），自天安门带入，至太庙街门外，俟承祭王至，命俘囚张格尔北向跪伏，承祭王入太庙，行礼毕；之后，哈朗阿又率诸将校，将张格尔带至社稷街门外，北向跪伏，承祭王入社稷，行礼如前仪。至此，献俘礼毕。

午门受俘

首先说说午门。午门是紫禁城整体建筑的一个重要组成部分，它是故宫的正门，是真正的“宫门”。进了天安门、端门，这只是宫廷的“前奏”，进了午门，才算是进了宫。

午门的建筑形制很特别，它是建在一个凹形的城台之上。城台上正面是一座九间重檐庑殿顶的城楼，左右两侧有重檐方亭四座。城楼与这四座方亭之间，有廊庑相连属，稳重而不笨拙，玲珑而不纤巧，极有气派。

再说“午门受俘”，据大清《国朝宫史》记载：“国家有所征讨，凯旋献俘，皇帝御午门受献俘礼。”清朝以武功定天下，大凡边陲有乱，出兵征讨，只有取得重大决定性胜利，大军凯旋而归，为显示辉煌战果，才能于午门举行献俘仪式。届时，皇帝莅临午门城楼，主持大典，接受献俘，降旨对俘虏进行发落。此乃大清朝一项隆重的国家典礼，称为“午门受献俘礼”，简称“午门受俘”。

自清军入关至道光八年，这一百八十多年间，大清朝共举行了四次受俘典礼。第一次是康熙征准噶尔获胜，第二次是雍正平定青海获胜，第三次是乾隆平伊犁获胜，第四次是乾隆平两金川获胜。这次道光帝平定回疆大获全胜，御驾午门城楼受俘，乃大清朝第五次举行午门受俘典礼。屈指算来，距乾隆四十二年（1777 年）第四次午门受俘已相隔五十年之久。换而言之，大清朝这五十年来的文治武功，文治姑且不论，武功竟无一全胜，而且多为险胜、假胜，乃至惨胜如败！现如今，这一不佳记录总算被道光帝改写了。

道光八年五月十二日这一天，艳阳高照，日华灿灿，整个北京城热闹非凡，主要干道早已提前洒扫几遍，大街两旁各买卖店铺、茶楼酒肆、旅馆客栈都张灯结彩；男女老少穿戴一新，欢天喜地，涌向十里长街。

照常理，整个长安大街不准行人往来，而此刻长街两侧竟挤满京城父老。因为今天是受俘吉日，道光帝终于有机会登上午门，主持这个期盼已久且来之不易的"受俘"仪式，他也想向天下百姓显显威风，夸功于民，于是便下令，今儿个破例，不实行净街，平民百姓可以站在路旁自由观看。

此前道光帝渴望一次完全的胜利，现而今，他要用全胜的光环来装点自己治理下的泱泱"天朝"，使它看上去华丽如故。

君不见，受俘典礼场面宏大，现场气氛隆重肃穆，如同一幅长卷渐次延展开来：

自皇宫太和殿到午门，一路地铺红毡，御林军沿道站立，谨慎防守。

午门正楼正中设御座，檐下张黄盖；各种仪仗、法驾、卤簿（仪仗队、军乐队、礼炮队、护卫队等）陈设在午门城楼下，沿两厢排列，直到端门；其他仪仗如辇辂仗马、护朝宝象、大乐钟磬等等，亦排列停当，一直排到天安门。

王公大臣、文武百官于午门前分班侍立，既兴奋又严肃。都统哈朗阿率解俘将校，早已押着俘囚张格尔预俟午门外西侧，听候发落。

吉时，道光帝乘舆出内宫。起驾时，午门鸣钟；行至太和门，鸣金鼓、奏铙歌；及至午门前，更是"大乐鼓吹，金鼓全作"。在鼓乐声中，道光帝登临午门城楼，升御座。在其左右，文武群臣簇拥鹄立，赳赳侍卫雁字排开。

道光帝正襟危坐，俯瞰着下面广场上发生的一切。

但见午门楼下，事先早已等候在午门之外的都统哈朗阿，率数名将校，将俘囚张格尔牵至楼前。兵部尚书玉麟趋前高声奏报：“献俘！”随之鼓乐大作，礼炮轰鸣，欢庆胜利。典礼官引吭唱道：“行礼！”哈朗阿率解俘将校呐喊行礼，声震九霄。行礼毕，哈朗阿喝令俘囚张格尔面向正北，正对午门跪伏。

道光帝俯视着那个曾经不可一世、而今却像一只兔子似的匍匐在地、浑身簌簌打战的叛酋张格尔，心中暗笑：你这厮当初那副嚣张气焰今儿个都哪里去了？

这时，鼓乐渐停，午门前广场一片寂静。

兵部尚书玉麟高声跪奏：“平定回疆，生获俘囚张格尔，谨献阙下，请旨。”

道光帝传旨，命王大臣会同刑部严讯。刑部尚书毓明迈步出班，下跪领旨。张格尔遂由兵部司官移交刑部，由八名刑部官兵接管过来，押出天安门。

道光帝随又传谕：加恩晋封长龄太保衔，赏戴三眼花翎；杨芳加恩赏加太子太保衔；哈朗阿、诚端、吉勒通阿、祥云保等解俘有功，交部优叙；其他如所有解俘官兵，途中接替护送官兵，在京王、贝勒、贝子、公等，在京文武大小官员，八旗兵丁等，均有赏赐，以示普天同庆、共享太平盛世之至意！

圣旨宣罢，金鼓器乐再次齐鸣高奏，满朝文武大臣、王公勋贵望阙行庆贺礼，三叩九拜，山呼“万岁”，而且一浪高过一浪，声震檐瓦，响彻云霄。在场者无不为之动容。

尤其是道光帝，心潮澎湃逐浪高，早就陶醉不已。

此次西北用兵，乃是道光帝登基以来第一次大规模用兵，尤其是经年即获全胜，所以，彻底平定回疆张格尔之乱，终将成为其一生中最引以为豪的盛事。

当此登基第八个年头，作为晚辈，竟能与康乾盛世的三位先祖一样，在皇城午门举行风光无限的受俘大典，而且，在此还必须指出的是，无论是康熙帝，还是雍正帝，他们所谓的受俘，都仅仅是接受凯旋将领所呈献的敌酋尸骸或首级，唯有道光帝与他的爷爷乾隆帝这爷孙俩，才真正做到了将敌酋“生致阙下”。就此而论，道光帝能不沾沾自喜吗？

那一刻，他端坐在高高的午门城楼之上，仿佛看见他统御下的帝国处处洋溢着盛世气象，在那弥望的田野上升起袅袅炊烟，阡陌纵横交通，商旅络绎往来，城镇星罗棋布，百姓安居乐业，即使在那遥远而广袤的边疆，也是遍地田园牧歌，一派安宁祥和……比起太祖、太宗当年的金戈铁马，顺治、康熙、雍正朝的血雨腥风，他治下的王朝上承乾隆盛世，下至于兹，主明臣贤、父慈子孝、百姓安乐、天下归心，诚乃“遐迩一体，中外禔福”是也！

在万方乐奏、万众欢呼声中，道光帝充满道路自信和理论自信，心头还不禁升起一丝自得：这，大概就是我的“盛世梦”吧。朕之文治武功，比起康熙、乾隆两位先帝也未必差得了多少，而且，来日方长，大清中兴之重任，还非朕莫属呢……

踌躇有时，他这才于欢呼声中缓缓起身，恋恋不舍地摆驾回宫。至此，受俘礼毕。

道光帝这篇“午门受俘、宣示天威”的鸿篇巨制，作得相当华丽、圆满，他在午门城楼之上，让天下见证了大清一统江山，圣圣相承，文德武功，千秋永固！时人称颂为“圣朝盛事”，盖自乾隆中叶以来，数十年间所未有之盛况也！

的确，此番平叛功成名就，不但稳定了回疆的局势，保卫了大清疆域之完整，而且也有效地震慑了浩罕这等恶邻，甚至还暂时阻遏了英国殖民主义者在中亚的扩张野心，堪称“盛事”无疑。怎奈“夕阳无限好，只是近黄昏”，须知，道光帝此次午门受俘，终将是清王朝最后一次在午门举行此项大典了，大清皇帝也是最后一次登临午门城头宣示天威了。

廷讯，廓然大公下的阴影

所谓廷讯，就是皇帝当廷亲自审讯重要案犯。

就在举行受俘典礼的两天后，即五月十四日，道光帝御驾静明园廓然大公殿，主持廷讯。

连日来晴雨应时，气和令正，这让道光帝深切地体会到“天心悦顺，众志欢欣”，可见“除恶卫民，感召之理昭然不爽也！”此前，十二日、十三日，他已指定群臣会审俘囚张格尔，录下供词。今天，群臣提交最后定罪奏折，道光帝据此呈堂证供，要在大殿之上，秉持“天道大公”，亲自审讯张格尔因何反叛天朝，以申国宪。

可是，正应了那句戏词：“山外青山楼外楼，能人背后有能人”，意想不到的事情发生了：

当道光帝问跪在面前的张格尔话时，只见他口角吹沫，样子极为痛苦，对皇上提出的所有问题，一个也不能回答。

实际上，张格尔已经说不出话了。

何也？

书中暗表：就在廷讯的前一天，大清朝的疆臣们联想起嘉庆二年发生的一件往事——当年清军在四川抓获白莲教匪首王三槐，嘉庆帝命将王三槐押送到京，亲自审判，结果反被王三槐告发“官逼民反”的糗事。

这次，他们害怕张格尔在最后做垂死挣扎之际，也会像当年王三槐那样，在圣上面前大放厥词，扰乱圣听，胡乱编出回疆吏治腐败的真相，所以，为防患于未然，就事先用一种毒药灌到张格尔口中，使其咽喉腐烂，不能言语。

起初，道光帝还被蒙在鼓里，见状，心里甚觉纳闷：不是沿途奏报都说张格尔情绪稳定、能吃能喝、能屙能睡吗？前个儿午门受俘，虽说离得远点，却也将张格尔的面目看得真真的，并没有发现有什么异常，怎么今个儿竟变成这副模样了？是轻度中风，还是水土不服？

其中必有蹊跷！

道光帝之最强大脑奔腾般飞速运转，搜索着，刹那间，他猛地明白了是怎么回子事。原来如此！

道光帝也想起了大约三十年前发生的廷讯那些事儿。君臣之间，一前一后，最终想到一块儿去了。

那时的道光帝尽管还只是个年轻王子，但他仍清楚地记得，父皇嘉庆帝命人将王三槐押送到京，亲自审问他为什么要造反，王三槐乃是个红脸汉子、血气之人，回答只四个字："官逼民反！"父皇将信将疑，教他举例说明，王三槐就把当地官员们贪污暴虐的情形一一说出。父皇大为震动，忙追问："四川一省官皆不善耶？"——四川全省，难道就没有一个不贪污的官员吗？王三槐回答说："唯刘青天一人而已。"

书中暗表，王三槐所说的"刘青天"乃指四川南充县令刘清。其实，刘县令在当地也没什么造福乡民的善举，只不过做到了一个朝廷命官应该做到的为官"勤谨清正"而已。唯因衮衮大小官员，仅其一人清流，于是乎就有似凤毛麟角一般，显出他是青天了。

尽管嘉庆帝对官员们的贪暴大为震动，但事已积重难返，他对这种群体性、塌陷式的贪腐也无力回转，既不能因"官逼民反"之说就饶过领头造反的匪首，将其无罪开释；更不能偏听一面之词，进而全盘否定我大清官僚队伍总体上是好的，或者说是比较好的；甚至对那位被誉为"青天"的刘县令，除了赋诗一首、称赞一番外，也别无过多回护。

当下，道光帝想从张格尔嘴里打听些回疆真实情况的愿望，显然是落空了。事实上，他最终没有从张格尔口中得到半点他本想深入了解的有关回疆的信息。

这是谁干的！？不好说，也不便说，更不能说。

后人奚落道光帝比他老爹还要低能，他根本无意也无力弄清楚这场事变的真相，所以，他并没有命人将张格尔松绑，让他用笔写出来，也没有追究张格尔何以喑哑如此。

但，在下以为，其实不然，这正体现出道光帝是个聪明人，更准确地说，是一个无奈的聪明人。当然，首先要说，给张格尔灌哑药的那位是个聪明人，他以这番“苦肉计”的手法，哀婉地启禀万岁“为官不易”，伏乞吾皇圣明，特开睿鉴，俯察“人艰不拆”——人生已经如此艰难，有些事情就不要拆穿了；接着要说，道光帝也不傻，很快就醒过闷儿来：算了，不必再审了，金无足赤，人无完人，为官者“既有清流之清廉，又有循吏之干练”，古之罕见，今之少有。乾隆爷生前在一首御制诗中不是也写得很清楚吗：“水至清无鱼，人至察无徒；无鱼非水德，无徒势云孤；知一贵知二，通变乃达常。”自登基以来，朕素以仁君为能事，事到如今，又何必背负个“狡兔死、走狗烹”的骂名呢？更何况我军刚刚大获全胜，天朝当前形势一片大好，无须自煞风景，再对谁加以责罚了。总之，昔非今是，一切休论，还是尽早安定民心、军心、官心为好。想到这里，事情反倒变得简单了，摆在道光帝面前的就只剩下唯一一个选项，那便是：张格尔，去死吧！今日之日就是你的夺魂之日，你且上路好了。

廷讯就此草草收场。见午时三刻将至，道光帝下令：将这个“千古逆贼”着即“寸磔枭示”！也就是说将张格尔凌迟处死，并割下首级，挂到城门上示众。

道光帝派协办大学士，尚书富俊，尚书明山，侍郎钟昌、奕经，前往监视行刑，又指示庆祥之子文辉、乌凌阿之子忠泰，同往刑场看视，以抒积愤。

书中暗表，喀什噶尔参赞大臣庆祥、领队大臣乌凌阿，均于去年张格尔攻打喀什噶尔时，守土抗战，为国捐躯。道光帝始终没有忘记张格尔欠下的这笔“殊堪发指”的血债，誓言今生“以血还血、以牙还牙”，为那些尽忠报国的疆臣报仇。

当日，道光帝还下令，行刑后，刽子手先将张格尔摘心，交给战死回疆的庆祥之长子文辉，让他在先父灵前致祭，用以告慰忠魂；余下的残骸丢去喂狗，以“犬决”了事。

这一谕旨于当日被不折不扣地迅速执行了。

刑惩虽极野蛮，但，后果前因彼此不爽。

张格尔搞分裂、闹独立，犯上作乱八年之久，由其建立的反叛朝廷、割据一方的伪政权仅存活不到一年，而今都于晚风残照中就这么飘零了。正所谓：犯天朝者，虽远必诛！

只可怜那张格尔，恐怕到死也没猜着究竟是谁把他给出卖了吧。不过，当他被砍下脑壳的那一瞬间，不知他是否魂归故地了呢？他那游魂是否听到了天山深处的布鲁特牧羊人在传唱着他依拉克出卖张格尔和卓的那支民谣？不知他是否依稀看到他那位岳父老泰山正坐在一座新盖成的庄园内，一边惬意地晒着太阳，一边笑眯眯地数着那些滴着血污的银子？……

附：张格尔遗毒哑考

发生于道光初年的张格尔之乱，不仅是清代南疆历史上，也是有清一代震动全国的重大历史事件之一。清军经过近两年的平叛作战，最终于道光七年除夕之夜成功抓获张格尔。对于此后张格尔的命运，日本学者稻叶君山在其著作中有比较详细的记载。

稻叶君山是 19 世纪 90 年代日本明治后期、研究中国历史的权威学者，其代表作《清代全史》是第一部全面叙论清朝历史的学术著作。该书中译本曾于民国初年畅行于我国，被学者专家作为权威性的引证之据，成为一部学术名著。作者本人学养深厚，所引史料十分丰富，对清朝的历史地位做出了比较公允的评价，尤其是对历史细节的描述，更为学界所罕见。

在书中，稻叶君山这样写道：“张格尔获送至北京时，囚以铁槛，以供众览。清帝意欲见之，大臣等恐张格尔于帝之前陈吏治之恶弊，进以毒药，使失其口舌之能，故于帝前，口角吹沫，情形甚苦。所问之事，一不能答，遂判决寸磔之以饲犬马。”

稻叶君山的这段描写极富传奇性，但由于“孤证不为定说”，作为一个史学概念，故后世史家多不采用。

在此需要指出的是，凡历史事件只要发生过，无论其多么隐晦，都会留有蛛丝马迹可寻。今依据部分清朝档案及时人记载，对张格尔遭毒哑一事进行考证如下：

早在清军克复喀什噶尔之前，道光帝就下旨：“如张逆刻已成擒，即著遴派干练文武大员妥速解京，倘竟临阵歼毙，亦即割取首级，函送献馘。”但张格尔在清军攻克喀什噶尔之前即已逃走，直至当年除夕，清军才将张格尔抓获。长龄在抓获张格尔后，当即派人押解张格尔赴京。

道光八年五月初十日，镶红旗蒙古都统哈朗阿押解张格尔入京，交由兵部武库司关押。次日，哈朗阿又押解张格尔前往太庙和社稷行献俘礼。五月十二日，道光帝亲临午门，行受俘礼，张格尔被移交刑部。道光帝命郑亲王乌尔恭阿、定亲王奕绍及托津、富俊等人会同审理张格尔，并留下了一份简短的供词。五月十四日，道光帝在圆明园廓然大公殿亲审张格尔，并于当日将其处死。

张格尔是否被人毒哑与此次皇帝亲审情形密切相关，遗憾的是清朝档案中并未留下关于此次亲审的详细记录。不过，未留下记录并不代表张格尔当时被毒哑以致留不下记录。

给这个大问题提供旁证的是一个后来在鸦片战争期间颇出风头的小人物。

此人姓张名喜，出身于一个没落地主家庭，乃两江总督伊里布之心腹仆役，善辞令。

道光二十年（1840 年），定海初陷，伊里布受命为钦差大臣赴浙江督师，张喜随往。

当年十月，张喜数次被差遣至定海城，与英军交涉用英方俘虏交换定海事宜。在交涉间隙，张喜与英军统帅义律（Charles Elliot）互间对方国中情形。张喜记道：“义律问张格尔之事，喜以实对，言至送讯献俘，彼俱吐舌摇头。”（见（清）张喜：《探夷说帖》，齐思和、林树惠、寿纪瑜编：《中国近代史资料丛刊·鸦片战争》（第五册），上海，神州国光社，1954 年，第 342 页。）

张喜从何获知关张格尔事详情？

他作为伊里布的家奴，有关张格尔事详情并不一定获知于伊里布。经查伊里布履历，道光八年，张格尔被押解进京时，伊里布正在外省任职，当不知张格尔事详情。不过，张喜在跟随伊里布之前，还曾在一个名叫舒炘的都察院官员手下做掾吏（即官府中辅助官吏），职位不高，但消息灵通。他很可能在这期间了解了此事的详情。按照张喜的记载，张格尔在临讯时很可能已经丧失了语言能力，“吐舌摇头”与聋哑人的表现非常相似。

那么，张格尔的表现有没有可能是因为他心高气傲而不愿向道光帝屈服呢？可能性很小。首先，在张格尔被押解进京的过程中，“沿途安静”，无反抗倾向；其次，如果张格尔不愿屈服，那他就不会在乌尔恭阿等人面前招供，就不会有供词留下。

那张格尔的表现有没有可能是语言不通造成的呢？张格尔自幼长于浩罕、布哈拉等地，应当既不会汉语也不会满语。道光帝长于皇宫内院，应当也不会维语。但在押解张格尔进京的队伍中，有十几位维族同胞随行，其中不乏通事（翻译）之人，可为道光帝提供翻译。所以说，也不存在“语言不通”这种可能。

因此，在排除掉各种可能性后，张格尔被人毒哑的可能性就非常高了，而下毒时间很可能是在乌尔恭阿等人审讯完毕的当晚！

接下来的问题就是，张格尔被毒哑是因为大臣们“恐张格尔于帝之前陈吏治之恶弊”吗？

很有可能！根据道光年间著名的思想家、政治家、文学家魏源所记，清朝的南疆办事大臣位高权重，且缺乏相应的监察机制，易生弊政。还在张格尔之乱未平之时，道光帝就已对历任喀什噶尔参赞大臣的所作所为发出质疑，表示不满。平乱接近尾声时，负责善后的直隶总督那彦成也曾揭露南疆存在的吏治弊病，主张增强对南疆官吏的考核。道光帝对此亦有认识，他在谕旨中指出："至近年各城大臣，及本处章京、司员、笔帖式等，并大小各伯克，剥削回众，弊非一端，必应将陋规概行裁汰。"乱平后，道光帝很想通过张格尔的揭发，来获取南疆吏治弊病的第一手材料。但对弊病的揭发必然会影响到历任南疆官员的仕途，而他们中的不少人已身居高位，有两三位甚至已是中央重臣。因此，当道光帝打算亲审长期活动于南疆地区、深谙地方吏治民情的张格尔时，必然会引起他们的紧张。正是为了隐瞒实情，他们很可能上下其手，甚或还走通了都察院一干人等，将张格尔毒哑，使廷讯不了了之。

续写辉煌垂史册

平定张格尔叛乱，是道光皇帝引以为豪的一大武功。他认为，在他爷爷乾隆皇帝平定回疆大小和卓叛乱六十余年之后，自己又铲除了张格尔这一"逆裔遗孽"，此乃奋祖上之余烈，振长鞭而御宇内，足以名垂史册，于是，钦定御制碑文，命勒石于太学大成门外，建碑于回疆喀尔铁盖山前，以垂久远；又下令将平叛功臣绘像紫光阁，纪实铭勋；同时还传谕将平叛各次战役一一绘图，以炫耀其赫赫战功；尤为庄严的是，重新定名八城，以示寸土未丢，等等，不一而足。

1. 立碑太学及喀尔铁盖山，自我歌功扬名

还在张格尔被押解进京途中，道光帝想起了先祖康熙、雍正，还有乾隆爷，他们每次平叛获胜，都御制碑文，勒石太学。尤其是当年他爷爷乾隆帝，为纪念平定准噶尔叛乱的格登山之战所取得的决定性胜利，下令于伊犁格登山刻石记功，并亲自撰写了碑文。这通乾隆格登山记功碑至今仍立于格登山巅，威镇西域新疆。

鉴于此，道光帝心想，我乃大清一代帝王，何不效法列祖列宗，勒碑太学，立碑于喀尔铁盖山生擒张格尔之处，告功大卜，扬名回疆。我虽在政绩上暂且逊于先祖，但在平定回疆叛乱一事上，自忖足可与之比

肩。至于将来政绩如何，我承继大统也就才八个年头，只要兢兢业业，勤俭为德，体察下情，约束吏制，那么，来日方长，我大清也会再创盛世辉煌。

于是，为纪念平定回疆的胜利，道光帝“钦定”御制碑文，命勒石于太学大成门外，建碑于回疆喀尔铁盖山前，以垂久远。

时至今日，这通《御制平定回疆 剿擒逆裔 告成太学碑》仍完好地保存在北京的孔庙和国子监博物馆内，伫立于北京孔庙第一进院落西侧的碑亭中，在苍苍古柏掩映下，历久而弥新，供游人参观凭吊；而那座立于遥远南疆喀尔铁盖山前的纪功碑，不知在“黯淡了刀光剑影，远去了鼓角铮鸣”之后，是否还能在塞外漫天飞雪与滚滚黄沙中，寻觅得见？

2. 命绘功臣像于紫光阁，表彰功臣战绩

大清年间，在北京皇宫西苑太液池（今中南海）西岸，矗立着一座金碧辉煌的楼阁，朱栏玉砌，雕梁画栋，气宇轩昂，名为“紫光阁”。自康熙帝开始，就在紫光阁前测试经科举考试被兵部录取的武举们的技艺，紫光阁同时又是清廷每逢新年赐宴外藩蒙古王公之处所。到了乾隆年间，随着当朝天子“十全武功”的建立和帝国版图的扩张，紫光阁的地位便愈加显赫。乾隆二十五年（1760 年），为纪念平定准噶尔、回部，统一西北边疆这一辉煌胜利，乾隆帝下令重修紫光阁，仿照汉代的云台和唐朝的凌烟阁，将功臣像绘于紫光阁上，用以表彰功臣战绩，展现帝国赫赫武功，供那些年班入觐的外藩蒙古王公在阁内沐恩宴聚时瞻仰，

使之畏伏天威；也供那些前来应试的武举们在阁外比武前躬身行礼，缅怀英烈风仪。

此次平定回疆大功告成，道光帝效仿乾隆爷遗风，于二月二十二日谕令将平定回疆功臣照从前成例绘像紫光阁，并指定将长龄、杨芳、杨遇春、武隆阿列入。四月十三日，因上报名单开列人数过多，谕令有司除长龄、杨芳、杨遇春、武隆阿及伊萨克应行列入外，择战功最多、劳绩最著者，无论有无勇号及官阶之大小，始得列入。最后，于五月十九日，命将扬威将军长龄、参赞大臣杨芳、杨遇春、武隆阿，以及胡超、长清、伊萨克、额尔古伦等诸将，乃至直接上手生擒张格尔的四名士卒——锡伯马甲讷松阿、舒兴阿、绿营兵丁杨发、田大武，共计四十位功臣像，绘于紫光阁上，作序而外，还亲笔为每幅画像题赞，用以“纪实铭勋”。

其中，赞扬威将军长龄：“总统王师，皤皤英俊，扬威威震，重定新疆！”

赞参赞大臣杨芳：“黔省之英，自幼之兵；战功久著，谋而后行；竭力追擒，助大成功！”在整个平叛过程中，杨芳的地位迅速上升，尤其是他亲自指挥了生擒张格尔的追击作战，一举成名天下知，由最初与诸将同列，到最后先被封侯，紫光图形排名超过杨遇春、武隆阿，仅次于扬威将军长龄，位列第二。

赞参赞大臣杨遇春：“少年从征，进不知退。拍马横矛，善穿敌队。参赞戎机，克城贼溃。畀以封疆，无惭简在。”

赞参赞大臣武隆阿：“阅历亦久，先驱恐后”，但对他出征不久，便卧病数月，未能参与生擒张格尔的战斗，略表遗憾：“未获贼酋，盖非时否？”后人评说：“武隆阿回疆战功与二杨（杨遇春、杨芳）相埒，以言弃地获谴，未膺优赏。宣宗（道光帝）念其前劳，仍列功臣，绘像紫光阁。”

赞敢与贼匪持矛单挑，并追驰喀尔铁盖山、手缚逆酋的新任提督军务总兵官胡超：“雄勇超群，名实克称。”

赞在紧要关头固守危城的阿克苏办事大臣长清：“以守为战，孰敢觊觎？”

赞随大军出征，立下奇功的回疆库车维吾尔贵族、黑山派首领伊萨克："库车望族，深明大义；仓猝军兴，首先誓志；捐助军实，从征襄事；备极勤劳，宜彰宠赐。"

赞锡伯英雄额尔古伦："逃出重围，赎罪思奋；立功铁盖，执讯以归；棱棱霜气，簌簌风威。"

对于直接上手生擒张格尔的那四名士卒，道光帝更是热情点赞，而且运笔生动传神。

赞讷松阿："弃马登山，擒贼擒王。"

赞舒兴阿："力可扛鼎，心手相应。"

赞杨发："天生雄才，机不虚发；生致逆渠，形神超越。"

赞田大武："大武其名，大武其力；鼓勇身先，卒获生俘。"

可以想见，平定回疆四十功臣像绘毕紫光阁后，自此以往，每当新年元旦，道光帝在此赐宴那些藩属王公或番邦使节时，便可让他们见识见识，本朝仍一如乾隆盛世，忠臣如云，勇将如雨，尤其是当今圣上亲为题赞，更能彰显出一种君臣团结如一人，试看天下谁能敌之恢宏气势。

3. 命绘战图，彰显全体参战将士劳绩

当年，道光帝又传谕，将平定回疆各次重要战役一一绘成战图，曰："凡我将士，劳绩卓著，均应绘成战图，以彰武成盛典。"于是从道光八年二月开始，至道光九年正月，绘成八幅战图与后加的两幅庆典画图，前后用了将近一年时间。

在中国古代绘画中，有一类纪实性的历史画作，它们是以表现帝王功绩和描绘帝王日常工作生活场景为内容的。平定张格尔叛乱战图卷，就是以"新闻摄影"的方式，真实地记录了平叛作战主要过程的一套组画。组画采用长卷形式，共分十幅，这便是我们在相关各章中分别见到的：《浑巴什河之战》《柯尔坪之战》《洋阿尔巴特之战》《沙布都庄之战》《阿瓦巴特之战》《克复喀什噶尔》《收复和阗》《生擒张格尔》《午门受俘礼》和《于正大光明殿凯宴成功诸将》。各幅纵 51.4 厘米、横 89.4 厘米，每幅均有道光帝七言御题诗，前八首述各

次战役情况，后两首述受俘与凯宴盛况。画卷不仅场面宏大、人物众多，而且在艺术表现手法方面也有一些新的探索。如作品突破了时间和空间的限制，将不同时间和地点所发生的事件分几个层次表现在同一画面上，这就便于观者把握事件进展的连续性和完整性；作品以全景式的构图，将宏阔激烈的战争场面集中表现在一个画面中，充分展示了战争的规模和全貌，代表了清代纪实性历史画作的最高水平。

平定张格尔叛乱图卷以特定的艺术手法，真实地再现了道光年间这次重大的历史事件，为我们了解清代政治、军事历史以及宫廷礼仪等提供了难得的形象化资料。在照相术刚刚发明、还未被引入天朝那会儿，这些以中国传统的工笔重彩加西洋透视画法、如实再现历史事件的作品，便成了历史事件的真实记录者，历经岁月沧桑，愈显弥足珍贵。

该图卷现藏于辽宁旅顺博物馆。

4. 定名八城，以示不弃寸土

道光帝于八月二十七日，钦定回疆八城名称：定喀什噶尔城名“恢武”、叶尔羌城名“嘉艺”、英吉沙尔城名“辑远”、和阗城名“威靖”、阿克苏城名“普安”、乌什城名“孚化”、库车城名“巩平”、喀喇沙尔城名“协顺”，又命将八城新定名称的满、蒙、汉、回四种文字的标准写法，颁发天下周知。

为八城定名，大概是道光帝想以此祈祝回疆长治久安。尽管这些人为新定的地名日后并未广为流传和使用，但在当时，却也显示出道光帝“不弃回疆寸土”的坚定意志。

声威远播

平叛后，道光帝特意派人不远万里，向西藏、蒙古活佛宣示捷报，而像浩罕这等中亚汗国，以及卡外布鲁特各氏族部落，则主动向清廷道贺，就连深居南亚次大陆北端喜马拉雅山南麓的廓尔喀王朝，也不顾雪域险阻，执意要派专使进贡朝贺。另外，一年过后，道光九年十月，远在东南亚中南半岛西侧的缅甸国王闻讯，也遣使进金叶表，向清廷祝贺“平定回疆，生俘首逆”，一副畏服欢喜状，后由云贵总督代为奏进。

道光帝总算用一次渴望已久的全胜光环，来装点起自己治理下的泱泱大清，使它看上去华丽依旧，威仪不减当年。不过，他仍保持着以往的谦冲，没有同意群臣呈请“加上尊号”的奏请，而在他亲笔为有功将士图形紫光阁所作的像赞序中，声称：“朕志先定，默叩天祖，勉竭寸忱，非敢邀功拓土，只以失守旧疆是惧。”——我不敢希求什么赫赫战功,也不想开疆拓土,只是害怕没有守住祖宗留下的这片旧有的疆土啊!

也许道光帝真的没想“邀功拓土”，但不知他是否注意到，这次西北用兵实际上已经暴露出清廷对边疆地区的治理及清军战斗力、应变能力等诸多方面弊端丛生。为了对付张格尔这伙乌合之众，清廷动用了近四万人的正规军，花费了一千多万两白银，并且前后折腾了八年之久，才最终平息叛乱，西部边疆也暂时得到了巩固。对此，道光帝是有功的。然而，整个平叛过程却有许多发人深省之处，如边疆官吏的腐败、体制制度的过时、军队战斗力的下降，等等，种种弊端暴露无遗，而且积重难返，就算道光帝怀有一腔抱负，意欲重振大清往昔盛世辉煌，那恐怕也只能是一种美好的憧憬吧。而道光帝似乎又不愿意对这些令人心烦的深层次问题作更多思考。

第三十章

得胜还朝 功过评说

现在，让我们回过头来，再说说正在西行途中的钦差大臣那彦成。

一年之计在于春。道光八年正月初一，春节这一天，那钦差不辞辛苦，率大队人马出嘉峪关，浩浩荡荡继续西行，数日后，途经安西驻次。

安西，古称“瓜州”。安西之名，始于康熙年间。康熙帝曾在这一带挥师大败准噶尔汗葛尔丹部属三千余众，遂称“安西”，取“安定西域”之意，这寄托了康熙帝誓将平定西北边疆的夙愿。

安西位于河西走廊西端，俨然铁关雄视。它东依绿洲，西接荒漠，沿古道西行直抵新疆哈密。据考，唐代玉门关就设在这里。放眼望去，山峦起伏，烽燧林立，关内的沃野草场与关外的大漠戈壁形成鲜明对比。自唐朝设玉门关以来，这里便成为天朝将士出征西域的誓师之地，唐人豪迈的诗句“长风几万里，吹渡玉门关”，曾经回荡于此，而那“羌笛何须怨杨柳，春风不度玉门关”的咏叹，更道尽戍边将士思乡之苦与塞外苍凉凄美的风景线。

此时此刻，夕阳西下。那彦成驻足古道，凭吊雄关，登高望远，神采飞扬。但见唐代遗留下来的烽燧城垣，虽经千百年风雨剥蚀，至今仍巍然屹立于大漠戈壁之上，重沐晚霞，熠熠生辉，竟然构成另一番壮美奇绝的风景线。此情此景，不禁让眼前这位钦差大臣生发怀古之幽情，再联想起当年康熙大帝之圣明英武，内心愈加受到鼓舞，不由得壮怀激烈，暗念：当今圣上虽未御驾亲征，而是将主持回疆善后的重任交与自己，这正是替皇上分忧之际。他必须妥处善后事宜，还要迅速拿获张格尔，一举扭转回疆战事久拖不决的被动局面。总之，平定回疆之大业，终将由他完美收官。

方今域内，舍我其谁？那彦成踌躇满志，真个像戏词中所唱的那样：这一去，若得胜还朝，圣上自有加官赐赏哩……

可就在这时，突然间远远望见古道西端地平线上，红霞落处，一骑信使手擎红旗，自西向东，风驰电掣般狂奔而来……及近，始知此乃扬威将军长龄由八百里加急发往北京、启奏圣上“生擒首逆”之红旗捷报，正巧途经安西，与那彦成相遇道左，撞了个满怀。

如此突如其来的捷报，着实令那彦成顿感有些难言的尴尬与失落，万丈豪情刹那间只剩了一襟晚照。须知，正是这面鲜艳夺目、与落霞齐飞的报捷红旗，已在毋庸置疑地表明：此番平定回疆大业，最终还是由长龄圆满完成，而无须他人代劳！

长龄，人如其名，长命也，身怀逢凶化吉、遇难呈祥之运势；那彦成，哪言成？至少此番出关功未成！一如长龄在向道光帝报捷的奏折中所附带建议那样：“此时张格尔业已生擒，其余善后事宜，武隆阿熟悉情形，足资办理……那彦成似可无庸前来。”

稍后，那彦成也接到了长龄特地写给他的公函，有请钦差本人“缓程前进，恭候谕旨遵行”云云。

那彦成一时间进退两难：长龄现已大功告成，一夜蹿红，善后章程亦将完备，他若继续如期前往喀什噶尔主持善后，恐怕已显得多余了；但作为钦差大臣，在没有接到圣上班师回朝的谕旨之前，又不能擅自返程。

经过左思右想，那彦成决定先折回嘉峪关，奏请皇上明示，如仍令前往，则兼程赶路，于三个月内即可赶到喀什噶尔，不误行期；如接到返回直隶的命令，他就立即从嘉峪关动身回京。

事到如今，那彦成倒也知趣，他将随行的文武官员及道光帝派来的侍卫就地遣返，各回原任，又安排所带官兵各自回营归伍，将随行粮台（行军时沿途所设置的办理军粮的机构）一律裁撤，以节靡费。他本人则蜗居在关上等候谕旨。

一月二十二日，也就是道光帝在北京接到捷报的当天，他没有采纳长龄的建议，而是分别降旨长龄、那彦成，首先谕令长龄俟那彦成到后，将善后事宜交给那彦成办理，其本人迅即来京朝见，以慰圣眷；同时，道光帝又以六百里加急，谕令那彦成仍须迅速驰往喀什噶尔军营，及早与长龄会晤，以便长龄将经手之事当面与之交接，尽快起程回京。

二月初二日，这是一个春寒料峭的日子，那彦成接奉谕令，星夜束装出关，匆匆赶往喀什噶尔办理善后事宜。此番出关，那钦差不免显得有些形单影只，行走天地间，忽如远行客。

彼一时也，昨日风光不再，身为钦差，情何以堪？

怎奈“东边日出西边雨，道是无晴却有晴”，此一时也，笼罩在长龄头顶上的连阴天已是拨云见日，无有恐怖，远离颠倒梦想，究竟“了却君王天下事”，而且还将“赢得生前身后名”。

二月初十日，道光帝传谕长龄：那彦成现已出关，计三月内可抵喀什噶尔。随又嘱令长龄，俟那彦成到达，与之完成公务交接后，须赶紧起程来京。沿途如有可以兼程行进之处，须酌量赶路快行，以便及早觐见。

当时正值早春二月，道光帝生怕天气乍暖还寒，长龄在塞外苦寒之地受凉，特意通过驿站，由万里之遥赏赐给长龄一件白玉喜象暖手，还有御用大荷包一对、小荷包两对，用以表达他们君臣间的深情厚谊。

书中暗表：自红旗报捷以来，道光帝静下心来，反躬自省：长龄老将军哪里老糊涂呀，分明是我大清“擎天白玉柱、架海紫金梁”嘛！再者说了，人非尧舜，何得每事尽善？心静则明，于是乎，所有前嫌积怨涣然冰释，而且对长龄的好感急剧升温，宠信有加无已，天天急盼着及早与之相见，互诉衷肠。

这正是：忽如一夜春风来，道光长龄两相爱！

长龄这边也急切盼着早日进京面圣，感沐圣恩，故而一接到圣旨，便于三月初三日自喀什噶尔起程，十五日，在阿克苏迎晤那彦成。在此地，长龄用了整整三天的时间，将繁复琐碎、费力劳神的善后事宜，当面与那彦成做了交接，心无挂碍，就此别过，于十八日携扬威将军大印，跃马扬鞭，得胜还朝。

时为三月，序属阳春。阳春布德泽，万物生光辉；春风得意马蹄疾，扬威将军终扬威。一路之上，鞭敲金镫响，人唱凯歌还，多少落寞惆怅，都随暖风飘散，遗忘在天山的驿路上……

三月二十四日，道光帝得到长龄自喀什噶尔起程回京的奏报，览奏欣喜，立即降旨告知长龄："朕专待面晤"（我专门在等着与你会面），并再次要长龄沿途如有可以兼程行走之处，务必赶紧行走，以纾盼注。

次日，道光帝考虑到天将入夏，担心长龄在途中中暑，又特意通过驿站，由五百里加急，赏给长龄一柄折扇，并亲笔在扇面上绘以墨菊，题诗一首赐予长龄，诗云：

欣闻马首已旋东，与朕同心建大功。宣力三朝清且慎，扬威西极勇兼忠；琼楼绘像群英冠，铁盖垂名众望崇。先遣延年昭眷注，边风永靖播仁风。

题诗而外，道光帝还补授长龄兼任正红旗满洲都统。长龄又加官了。

四月十一日，道光帝以长龄就要进关为由，特命长龄之子、时任内阁学士的桂轮，由驿站驰赴前途接迎，陪同乃父一道来京，并颁赏珍玩，交桂轮带往。不久，长龄父子于长武途遇，把酒言欢，自是感念皇恩浩荡，激动不已。

五月十二日，午门受俘圆满举行的那天，长龄尚在途中，道光帝念及其赫赫战功，尽管此前已经重重赏过，但当此"大礼庆成"之际，仍需加恩再赏。当即降旨："加恩晋加长龄太保衔、赏戴三眼花翎"。长龄又晋爵了。

次日，道光帝据奏得知长龄现正日夜兼程，预计六月初即可抵京，于是一面降旨催促长龄"务即迅速前来，以纾廑盼"，一面指示礼部等衙门筹备举行"郊劳"典礼。

郊劳，亦称“郊迎”、“迎劳”，意为皇帝亲自或委派王公到郊外劳军，迎接慰问那些远征边地、大获全胜、凯旋而归的将领。对于得胜还朝的将领而言，皇帝举行郊劳典礼，这是他所能荣膺的最高礼遇，极为稀罕，即使是在文治武功达到鼎盛的乾隆朝，乾隆帝也只举行了两次郊劳典礼，一次是平定准噶尔，另一次是平定两金川。

此次道光帝为了迎接长龄平定回疆得胜还朝，早在五月初一日，就批准了由礼部拟定的郊劳方案，准备在长龄凯旋到京时，照乾隆朝惯例，派遣廷臣在卢沟桥地方举行迎劳典礼。后来到了五月二十四日，道光帝最终决定派朝中德高望重的郑亲王乌尔恭阿代他本人，率松筠、格布舍、哈朗阿、奕经等大臣，前往更远一程的良乡迎劳。随又降旨，命内务府派两名御膳房章京（司官）届时随往，颁赏筵宴，以昭示对长龄的优待和眷顾。

六月初六日，长龄行抵良乡，受到亲王大臣的隆重迎接。乌尔恭阿亲王代表皇上迎劳，赐长龄茶酒；御膳房那两位章京大厨，遵照圣意，亲手烹炒煎炸，特为长龄摆下一席盛宴。长龄感激涕零，面北三跪九叩首，遥谢皇恩浩荡。有诗为证：衔恩倾旨酒，天厨丁品降。日月恩光照，风云宠命膺；宴喜明时洽，光辉湛露凝。大哉尧作主，天下颂歌称。

这绝非应景之作，而是一位臣子受宠若惊时的真实写照。

次日（六月初七日），长龄至京，顾不上一路鞍马劳顿，征尘未洗，便手捧扬威将军大印，直奔御园面圣。

当天，道光帝也在廷臣的陪伴下，早早来到御园勤政殿。他端坐在金銮宝座上，回想起自前年秋天，他命长龄为扬威将军，两年之内，回疆底定。自出师那天算起，克复西四城没超过一个月，擒拿张格尔没超过一年，万里遄征，速建大功，这实在是长龄老爱卿运谋以制胜啊……

正沉思间，乍见长龄趋步入殿，三跪九叩，恭缴印信。道光帝欣喜万分，忙起身离座，步下丹墀，扶起长龄。他仔细端详着眼前这位令他眷念多日的老臣，但见老爱卿苍颜虬髯，虽饱经边关风霜，却仍精神矍铄，尽管战功赫赫，却愈加礼意虔诚。握手言欢之余，道光帝不禁感慨万千：正是将军能百胜，不须天子筑长城。

接着，令在场群臣为之动容的一幕出现了：大殿之上，当今天子以九五之尊，与长龄行抱见礼。

所谓“抱见礼”，全称“抱腰接面礼”，是满洲传统的相见大礼，只有当迎接多年不见的亲朋故旧，或儿女亲家初次见面之时，才行此大礼。其仪：行礼双方对面而立，先左后右以肩相碰，碰毕，互以右手抱腰，左手抚背，并交颈贴面，最后互相执手问安。清初，抱见礼被定为宫中规格最高的相见礼仪，进而也就成为王公大臣觐见皇帝时的一种最高等级、最为隆重的礼节。由此观之，道光帝在其内敛的性格中，也有其性情中人的一面。

抱见礼毕，道光帝赐坐、赐茶，又特例赏赐长龄一盘御用珊瑚朝珠和一件四团龙补褂，命人当廷宣旨：

“扬威将军大学士公长龄，复定边疆，生擒巨恶，朕喜悦嘉奖之心，实难备述。前不久已加恩晋锡公爵，并赏赐红宝石帽顶、两团龙补服、双眼花翎、紫缰；嗣后，又在午门受俘典礼举行之日，特地再次加恩，晋太保衔、赏换三眼花翎；今当凯旋朝见之日，正宜再降恩施，用酬伟绩，长龄着赐御用珊瑚朝珠一盘、四团龙补褂一件，并恩准即行穿用四团龙补服，用以显示朕眷念忠勤、懋赏褒功、有加无已之至意。”

最后，道光帝还殷殷勉励长龄：从现在起，紫光阁上有你的功臣画像，青史上有你的留名，你我君臣共议治国安邦之道，你辅佐朕治理好国家，朕对你寄予着厚望啊！（圣上原话是：“从此凌烟耀彩，汗简垂青，论道经邦，弼成予治，实有厚望焉！”）

对于长龄来讲，这半年来，尤其是回到京城天子脚下，喜事连连，好不风光！加官晋爵、施与赏赐、宠信褒奖……雨露之恩从天而降，令他应接不暇。前不久还是走投无路，祸不单行，现而今，人走时气、花开富贵，正所谓“福无双至今日至，祸不单行昨日行”。

一切都转变得如此之快，而且还在继续进行中……六月初七日，奉上谕，长龄被授为御前大臣。上谕曰：“扬威将军大学士公长龄，前此奉命专征，声威远播，四城迅复，巨憝生擒，从兹永靖边陲，厥功甚巨。朕嘉绩酬庸锡封懋赏而外，并授为御前大臣，以昭荣宠。”六月初九日，奉旨，长龄总理理藩院事务，管理雍和宫、咸安宫、蒙古官学、唐古忒学、托忒学事务。六月二十五日，奉旨，长龄管理户部三库事务，授为阅兵大臣（阅兵总指挥）、总谙达（教授皇子骑射的总师傅）。八月初一日，奉旨，长龄补授正黄旗领侍卫内大臣，充崇文门正监督。

八月初七日，道光皇帝在圆明园正大光明殿举行盛大宴会，召见群臣，赐“凯旋宴”，欢庆平叛胜利。殿内案几铺陈，众珍罗列；殿前鼓

乐喧天，张灯结彩。蒙皇上赐宴的除了以扬威将军长龄为首的平叛有功诸将士外，还有在京的王、贝勒、贝子、公、文武大臣，以及朝鲜国使臣等。席间，扬威将军长龄奉觞上寿，举杯祝皇上万寿无疆。道光帝亦兴致勃勃，亲为长龄赐酒，又赏给他银五千两、大缎宫绸各四十卷，晋太保，赐三眼花翎，图形紫光阁。其余有功将士，皆由皇上身边的侍卫分觞授饮，各获赏赐有差。

八月十七日，道光帝命长龄充任翻译乡试正考官。

九月初九日，长龄陪同道光帝自圆明园起程，恭谒东陵、西陵。

十一月十八日，逢长龄七十生辰，道光帝特派内务府大臣送来由他亲笔题写的匾额一面、对联一副和功臣像赞一张。匾额上书“平格功成”四字；对联的上联是：“黄扉赞化星辰近”，下联对：“紫阁图勋剑佩高”。在御制功臣画像中，道光帝亲笔为长龄题写赞辞：“进剿渠凶，授将军印；总统王师，皤皤英俊；欲生生擒，扬威威震；复位新疆，褒封宜晋。”

这些文字，都是圣上经过斟酌，对长龄本人及其所建功绩给予的高度概括和褒赞。

另外，道光帝还赏赐长龄御书“福”字、“寿”字各一方，御赐佛像一尊、玉如意一柄、大毛熏貂帽、宝石帽顶白玉翎管、三眼花翎、四团龙补服、缂丝蟒袍、嵌金带板、宝石朝珠、大小卷江绸、大小荷包、陈设九件。

长龄仰蒙圣恩赐寿，叩头恭领。

在他回到京城的这些日子，尽沐皇恩，无时无刻不处于兴奋之中，时而诚惶诚恐，时而感激涕零，念及皇恩浩荡，简直到了集万千宠爱于一身之境地，不过，曾记否，从最初的“老成谙练”，到后来突然间被痛斥为“老悖糊涂”，再到今天“皤皤英俊”的华丽转身，凡此种种，历历在目，想必扬威将军内心深处恐怕更多的是酸、甜、苦、辣、咸，五味杂陈吧。

长龄从宦多年，官场经验丰富，老谋深算，且堪忍辱负重，他没有雨过忘雷，自然不会忘记当初张格尔漏网在逃之时，圣上是何等的声色俱厉，自北京发来一道道诏书、谕旨，除了叱责就是训斥，直至怒骂，如五雷轰顶，震耳欲聋。那时的他，曾将祸不单行，何敢言福？甚或命悬一线，哪敢言寿？

咳，只有经历了才会懂，正所谓：雷霆雨露，俱是天恩。

所以，这时，也只有在这时，当他跪捧皇上专门写给他的“福”字和“寿”字的时候，才猛然间灵照觉知，转迷开悟，从纷繁中脱离，看到事物的真实面貌，参透何谓多福？何为多寿？这便是：多替皇上分忧解难，这就叫“多福”；至于“多寿”，那就是能多活几年，用以报答圣上知遇之恩。

仅此而已矣。

除此而外，若曾萌生其他什么私心杂念，则皆为妄作！

十二月二十三日，春节前夕，道光帝赐长龄御书“平安如意”四字。至此，道光帝自红旗报捷以来，对长龄有如甘霖骤降般的恩典才暂告一段落。对此，当年有人这样评说：“恩礼优渥，并用乾隆朝事，时称盛焉！”

长龄，字懋亭，姓萨尔图克氏，蒙古正白旗人，乾隆二十三年（1758年）生。长龄最初由翻译生员步入仕途，早年从征甘肃、台湾、廓尔喀。嘉庆年间参加过镇压白莲教起义，历任总兵、领队大臣、提督、巡抚。道光初年，长龄年过花甲，这时才真正走红，加太子少保，以直隶总督任内擢文华殿大学士，在军机大臣上行走。平定回疆后返京，更是飞黄腾达，步步高升：晋太保，直至太傅，加恩在紫禁城内乘车，擢大学士之首。道光十八年（1838年）卒，享年81岁，谥文襄，入祀贤良祠、伊犁名宦祠，可谓勋高位尊，乃有清一代八旗贵族中之佼佼者也。

长龄在伊犁将军任上时间不长，其后任扬威将军也就一年有余，但所办军务对新疆影响很大，其个人仕途蹉跎与骤迁，也都与这一历史事件密切相关。

长龄的功绩，不仅在于统领兵马击退来自境外的侵扰，擒捕张格尔以消除动乱最直接的根源，而且还在于由他主持下，清廷革除了一些回疆的行政弊端，重新部署了边防体系，健全了南疆办事大臣等考核制度，招募内地商民开垦回疆土地以充裕军食，还针对任用当地维吾尔官员以及清廷在南疆地区主政、施政等方面，建立了多项制度安排，从而加固了清王朝在南疆的统治基础，其对维系边境安定，在一段时期内确有其效。这不妨视作长龄安边业绩。

然而，我们也必须客观地指出，长龄个人虽因生擒张格尔而一夕名就，但这并不意味着大清边政就此一朝功成。身为主帅，曾一度主张放弃回疆西四城膏腴之地，封叛逆后裔以退守东四城，这已暴露出八旗勋贵之短视与苟且；而面对那个发育不良的邪恶邻邦，一个小小浩罕国的挑衅与嚣张气焰，尤其是在剿灭张格尔之乱过程中，浩罕与清廷事实上已处于军事上的直接对抗状态，长龄非但没能将其有效制服，甚至连从浩罕那里引渡张格尔之子及亲属也没能实现。

张格尔就擒后，长龄曾借全胜之余威，再一次檄谕浩罕，要求其献出张格尔家属。稍后，浩罕遣使来贺，声称俘虏可返，唯回人经典中没有献和卓子孙之例。长龄别无良策，唯有上报，清廷亦知终不可得，只好自我打圆场，声明“逆属无足轻重”，以隐忍妥协为代价，勉强保住了“天朝”既有的颜面，实则遗患于不久的将来。对此，长龄难辞其咎。

当然，这一切又都有其特定的历史背景。

自嘉庆以降，清王朝由盛转衰，边疆经略多受此影响，乃至弊政丛生。张格尔之乱是道光帝即位之初遇到的最棘手问题，前后折腾了八年之久，而此番西北用兵实际上已经暴露出清廷在治边和边防上，包括清军在作战能力等方面诸多积弊。

前面介绍过，清政府在新疆实施军府制，对回疆地区实施军府制下的伯克制，将民事委任地方伯克管理，过于轻视民事，而更侧重武力威慑。但这种威慑随着清朝国力、军力的衰落，其效力已大大减弱了。单就张格尔之乱而论，从嘉庆二十五年（1820 年）其第一次入卡滋事时仅有 300 多党徒，到道光六年（1826 年）第三次入卡作乱时，喀什噶尔全行变乱，回众响应，旬日万计，清廷在回疆的所谓军事威慑转瞬间土崩瓦解，被扫灭殆尽。

为了对付张格尔这伙乌合之众，清廷从伊犁、乌鲁木齐、陕甘、宁夏、西宁、四川、吉林、黑龙江等多地，调用了三万六千多正规军，长途远征，耗费了一千多万两白银，竭尽移山心力，才将叛乱平定下去。这表明清廷威仪尚存，亦有杨遇春等若干宿将可恃，而道光帝更是渴望着一次完胜，渴望着用胜利的光环来装点自己治理下的泱泱"天朝"，使它看上去"强盛"如故。然而，此一时也，彼一时也，江河日下，嘉道中衰，道光帝在处置回疆张格尔之乱时所表现出的保守做派，远不及他爷爷乾隆帝在处置大小和卓之乱时那种雄姿英发、万国来朝之盛世气象。他只知一味守成，即使在大获全胜的情况下，清王朝却仍丧失了对境外各藩属国的控制，其境外势力范围大大萎缩，比如说浩罕，就是在这一时期最终摆脱了对清朝的藩属地位，进而野蛮生长、日渐猖披起来。而作为一个体量规模数百倍于浩罕的泱泱大国，却奈何不了一个弹丸小国，这不能不说是正处于衰落中的大清国的悲哀。而道光帝仍旧自恃天朝大国，其眼光仅仅局限于华夏九州之内，不愿再有西顾之忧。

再有就是斌静案，该案自嘉庆二十五年（1820年）案发，至道光八年（1828年）结案，斌静最终被赦免，前后处理时间长达八年，几乎与平定张格尔之乱相始终。斌静一开始对自己的所作所为极力掩饰，而道光帝则在案发伊始就怀疑张格尔入卡作乱必有缘由，应当是"激变"所致，故而多次谕令伊犁将军庆祥严查。而庆祥欺瞒朝廷，袒护斌静，只是在道光帝的严厉督促下，斌静才被革职拿问，仅以"办理不善"，"发往黑龙江效力赎罪"，草草收场。直到若干年后，复由伊犁将军长龄彻查，"斌静案"这才最终真相大白，定罪为"激变良民"。

张格尔入卡作乱的原因有三，既是和卓家族这股分裂势力在回疆地区阴魂不散、野心积聚的恶果（这是内因、主因），也是浩罕、英吉利等境外敌对势力纵容支持的产物（这是外因），但同时也必须看到，在内因、外因都具备的情况下，发生激变还需要一个诱因，而这一时期清廷派驻回疆的地方官员日趋腐败，尤其是喀什噶尔参赞大臣斌静，作为镇守天山南路的最高军政长官，他的种种不法行为，便点燃了张格尔入卡作乱的导火索，成其诱因无疑！

斌静所犯罪行，按《大清律例》都是死罪。对于斌静这等罔顾廉耻的贪官污吏，清廷本应实行严厉制裁，完全可以将其处死，以儆效尤，同时起到平息民愤、安边绥远的作用。但道光帝却在最后时刻，对斌静法外施恩，免其一死，并没有站在回疆维稳的高度上去处理“斌静案”，终究失之于宽。

平定张格尔之乱的第二年九月，道光帝远赴关外盛京谒祭祖陵。当年他曾作为王子随父皇嘉庆帝来过此地，弹指一挥间，十一年过去了，旧地重游，道光帝心里真是感慨万千。他要将西北边疆安然无恙的消息告诉长眠于地下的祖先英灵，也借此机会向天下宣示，他不是一个无所作为的守成之君。在龙兴圣地，他沉浸于成功的喜悦之中。可他没有想到，一个更为棘手的问题——如何对付汹涌而来的鸦片烟毒，已经悄悄地但十分严重地摆在他的前方不远处，并且像一场做不完的噩梦，在此后十年间时时刻刻纠缠着他。

不过，这是十年以后的事情了，不在本书叙述范围内，单就平定回疆而论，当年道光帝毕竟守住了大清朝既有疆域，这是历史公认的。

正是道光帝坚定不移地粉碎了分裂分子张格尔的叛乱，使得回疆没有从中国的版图上分裂出去，应该说，道光帝对我们中华民族的贡献是巨大的。虽然后来在第一次鸦片战争中割让了香港岛，但与面积一百多万平方公里的回疆比起来，不到一百平方公里的小小香港岛，只有回疆的万分之一。更何况那里北依大陆，南临大海，乃一绝地，故而终将得以回归。设若当年回疆脱离，那恐怕就势同今日之外蒙古或外东北了吧。

这就好比发生了一场大地震（那时已步入衰世的道光朝，遭逢“千年未有之变局”，其情形确如发生了一场大地震），在道光帝面前一张摇摇欲倒的桌案上，摆着一个大西瓜和一粒小芝麻，道光帝尽了最大的努力，抢先搂住了那个大西瓜，只是在万般无奈的情况下，忍痛丢掉了那粒小芝麻。

据史料记载，就在批复（即：同意还是不同意）签订《南京条约》的前一天，道光帝退朝后，负手绕殿徘徊往复，从早到晚不吃不喝，未尝稍息，身边侍从只听到他不停地叹气。的确，割地赔款的屈辱，让这位颇想重振大清雄风的守成之君深陷懊丧与悲怆，以致蹒跚于深宫内院不能自拔。直到次日五鼓拂晓，有侍从看见圣上忽而顿足长叹，旋入殿，以朱笔草草书写一纸——此乃道光帝万般无奈之下，痛苦地批准签订城下之盟。待廷寄发出后，道光帝连连流泪，自言自语：“愧对祖宗”、“愧对天下百姓”。后来，他还下令取消在他的百年吉地前立“圣德神功碑”，用以自惩。

唉！时来天地皆同力，运去英雄不自由。事已无可奈何……

尽管“剿抚洋艘”会遭败绩，但是，其平定回疆之功，亦足以暴于天下！

遗憾的是，我们后人多无视这一事实，却因割让香港、丢了一粒小芝麻，而忘了道光帝复定回疆、保住大西瓜的功劳。

青史昭昭，岂可尽成灰飞？

在下著此书，就是不想让鸦片战争的硝烟，遮掩住那面“平定回疆、剿擒逆裔”，由八百里加急、与落霞齐飞的捷报红旗。

从中国历史发展自身的脉络来看，平心而论，大清至道光一朝尽管国家机器问题多多，但大体上也还能运转正常。当朝天子道光皇帝，固然算不上身负雄才大略，但也勤恳敬业，对于要经营好祖宗留下的这份基业抱有强烈的使命感，而且，始终能够兢兢业业地竭尽自己作为一国之君的职守。若非遭遇那场千年未有之变局，他肯定是一位堪称模范的守成之君。

怎奈时运不济，命途多舛，转瞬间，落日残烟，西风骤至。嗟乎！嗟乎！尚何言哉？尚何言哉？……

这或许真的不是道光帝无能，而实在是世事难料！

别来沧海事，语罢暮天钟；万丈红尘三杯酒，千秋帝业半壶茶。

书说最后，还是让我们重温御制文《平定回疆 剿擒逆裔四十功臣像赞序》。从道光帝这篇自述性质的文字中，依稀可见一位封建帝王力图守成的坚定意志。

原文：兵凶战危，古人垂戒深矣！然兵可百年不用，岂可一日无备？历观史册，凡开创之初，无不兵强将勇；中叶以后，享承平而尚安逸，率以偃武为辞，不加练习。设遇不逞之徒，将何以御之？渐形衰弱，职此之由也。夫偃武非弃武也。盖不可无故兴戎、贪功构衅，又其可不训练于平时以待不得已之用也？

况我大清龙兴东土，统壹寰区，祖宗之神谟大烈，无远弗届；伊古以来，幅员未有如今日之广大。疆域愈广，保守愈难。予小子仰承皇考付托之重，兢兢业业，勉绍鸿图，于今八载，深恐弗逮。幸天下乂安，海内无事，乃和卓木逆裔张格尔者包藏祸心，殆非一日，突逞狼贪，攘窃我皇祖所开之边域，戕害我官兵。此国法所难容，人心所共愤者也！

事已至此，岂容置之而弗顾？实应兵非佳兵也。于是特简元戎，遄征劲旅。虽万里而遥，诸端匪易，朕志先定，默叩天祖，勉竭寸忱，非敢邀功拓土，祇以失守旧疆是惧！

译文：战事凶险，古人深以为戒！然而，可以一百年不打仗，却怎么可以一天不备战呢？纵观历史，任何一个朝代在开创初期，无不兵强将勇；但从中期以后，享受和平光景久了，习惯于安逸的生活，于是都以“偃武”为说辞，不再勤加练兵习武了。假设这时遇有因心怀不满而闹事捣乱的歹徒，那将用什么来抵御他们呢？当今军力渐渐表现出衰弱的迹象，都是由于这些原因造成的啊。“偃武”不是“弃武”。不可以无故兴兵、贪求事功而挑起争端，但又怎么可以不在平时严格训练，为非打不可时做好准备呢？

况且我大清兴起于东三省，统一天下，列祖列宗的神谋韬略与丰功伟绩，名扬四海，自古以来，疆域从没有像今天这样辽阔广大。疆域愈广大，守住就愈难。我作为晚辈，仰承父皇寄予的重托，兢兢业业，努力接续这份伟大基业，到今天已有八年了，而内心深恐有负先辈重托。

好在天下安定，海内无事，只有个和卓逆裔叫张格尔的一直包藏祸心，突然放纵其豺狼般的贪婪，妄图窃夺我爷爷所开辟的边疆，而且还杀害我大清官兵。这真是国法难容，人心共愤!

事已至此，怎么能置之不理呢?这实在是应战，而不是好战啊。于是，我特地选任将帅，紧急征调精锐军队。虽然战场远在万里之外，运筹每件事都非常不容易，但我早已下定决心，默默地向上天和列祖列宗叩首发誓：竭尽全力，排除万难，去争取胜利。我不敢希求什么赫赫战功，也不想开疆拓土，只是害怕没有守住祖宗留下的这片旧有的疆土啊!

——这，才是持续至今的力量!

平定回疆 剿擒逆裔 大事记

嘉庆二十五年（1820 年）

七月二十五日，嘉庆帝突然驾崩，皇子绵宁匆忙即位。

八月十一日，张格尔第一次入卡作乱。旋败走。

八月二十七日，绵宁在紫禁城太和殿前举行登基大典，改元“道光”。三天后，回疆叛乱报闻京师。

道光四年（1824 年）

八月二十二日，张格尔第二次入卡作乱。旋败走。

道光六年（1826 年）

六月十四日，张格尔第三次入卡作乱。

六月二十一日，喀什噶尔被围。

六月二十五日，喀什噶尔回城陷落。

六月二十三日，英吉沙尔失守。

七月一日，叶尔羌失守。

七月二十日，和阗陷落。

七月二十四日，道光帝授长龄为扬威将军，杨遇春、武隆阿为参赞大臣，赴回疆统兵平叛。

七月二十七日，浑巴什河激战歼敌。

八月二十二日，阿克苏攻防激战获胜。

八月二十五日，喀什噶尔汉城失陷，喀什噶尔参赞大臣庆祥自缢殉国。

十月十五日，柯尔坪之战。清军转守为攻，夺取前进基地。

道光七年（1827 年）

二月六日，出师。清军主力由阿克苏西进。

二月二十三日，洋阿尔巴特之战。大获全胜。

二月二十五日，沙布都尔庄之战。大获全胜。

二月二十八日，阿瓦巴特庄之战。大获全胜。

二月二十九日，决胜浑河沿。

三月一日，克复喀什噶尔。

三月五日，收复英吉沙尔。

三月十六日，收复叶尔羌。

三月二十九日，收复和阗。

十二月二十八日，张格尔第四次入卡作乱。

十二月二十九日，除夕日，生擒张格尔于喀尔铁盖山。

道光八年（1828 年）

正月二十二日，道光帝接到红旗捷报。

五月十二日，午门受俘。

主要参考史料

《大清宣宗成皇帝实录》，即《道光实录》，（清）贾桢、花沙纳、阿灵阿、周祖培修。

《钦定平定回疆剿擒逆裔方略》，（清）曹振镛等纂。

《时斋府君（杨遇春）年谱》，（清）李光涵等编，清道光间硃格抄本，见北京图书馆编《北京图书馆藏珍本 年谱丛刊》第123、124册，北京图书馆出版社。

《忠武公（杨遇春）年谱》，（清）杨国佐、杨国祯编，见《北京图书馆藏珍本年谱丛刊》第122册，北京图书馆出版社，1999年版。

《宫傅杨果勇侯（杨芳）自编年谱》，（清）杨芳自编，南海傅氏宝和堂，清道光二十年（1840年）。

《懋亭（长龄）自定年谱》，（清）长龄自编，（清）桂轮续编，清道光二十一年（1841年），桂丛堂版。

《杨忠武公（杨遇春）记事录》，（清）杨永澍编，清宣统三年（1911年），宝环堂版。

《清史列传》，1987年，中华书局版，王钟翰点校本。

《圣武记》，（清）魏源撰。

《新疆图志》卷一百十五兵事，张格尔之乱，（清）王树枏著。